Erich Bauer

Das große Praxisbuch vom Horoskop

Erich Bauer

Das große Praxisbuch vom HOROSKOP

MOEWIG

Hinweis: Die Anleitungen in diesem Buch sind sorgfältig recherchiert und geprüft worden. Dennoch ist jegliche Haftung für Personen-, Sach- und Vermögensschäden ausgeschlossen, soweit gesetzlich zulässig. Insbesondere handelt es sich bei den Ratschlägen und Empfehlungen dieses Buchs um unverbindliche Auskünfte gemäß § 676 BGB.

www.MOEWIG.de

Umschlagfoto: Getty Images, München
Printed in Germany
ISBN 3-8118-1009-X

Inhalt

Einleitung

Lieber Leser!

Es ist mir eine besondere Freude und gleichzeitig eine Bestätigung meiner Arbeit, dass Sie mir vertrauen und dieses Buch jetzt in Händen halten. Wir werden nun eine Zeit lang gemeinsam durchs Leben gehen.
Ich bin sicher, dass wir uns gemeinsam Ihren Zielen nähern, Ihre Träume verwirklichen, Ihre Pläne durchsetzen können. Ich bin davon überzeugt, dass uns beiden gemeinsam alles gelingen wird, was Sie sich vorgenommen haben und zwar mit Hilfe Ihres Horoskops. Es wird uns gelingen, wenn Sie nur wollen. Wenn Sie wirklich dazu entschlossen sind und wenn Sie sich nicht durch Bequemlichkeit von Ihrem Ziel abbringen lassen.
Gehen wir gemeinsam diesen Weg. Ich werde Sie unterstützen, ich werde Ihnen den Weg weisen, Ihnen zeigen, wie Sie Gefahren umgehen können in dem ich Sie vor diesen Gefahren warnen werde. Ich werde Sie führen, Ihnen beistehen, in dem ich Ihnen helfe, Ihr Horoskop und damit Ihre Persönlichkeit besser zu verstehen: Was sind meine Schwächen? Ist die Umwelt offen für meine Anliegen? Wie erblüht meine Liebe? Wann kann ich meine privaten Probleme überwinden? Wie muss ich auf die Menschen zugehen? Auf welche Weise finde ich Anschluss? Wie kann ich meine Finanzen ein für alle mal in Ordnung bringen? Was hilft mir, meine größten Sorgen, meinen Kummer loszuwerden?
Wir werden es gemeinsam herausfinden, Sie und ich. Und Sie werden dabei Ihre Ziele erreichen, da bin ich zuversichtlich. Ihre Sterne werden Ihnen dabei helfen. Sie müssen nur auf sie hören, sie lieben und sie leben, ihre Energie in sich aufnehmen. Von den Sternen geht eine positive Kraft aus. Sie müssen nur den Schlüssel finden. Und dabei werde ich Ihnen helfen.
Zweifeln Sie nicht an sich selbst, zögern Sie nicht, schwanken Sie nicht. Gehen Sie Ihren Weg. Versprechen Sie mir das? Dann wird alles gut. Es spricht wahrlich nichts dagegen, dass Sie alles erreichen, was Sie sich erträumen. Haben Sie Mut. Ihre Sterne geben Ihnen zusätzlich Kraft. Sie werden in unserer gemeinsamen Zeit von Stufe zu Stufe mehr von sich selbst kennen lernen. Und dadurch werden Sie stärker. Stellen Sie sich das bitte so vor, dass wir gemeinsam ein Haus bauen. Ein besseres Haus für Ihre Persönlichkeit. Ein Haus wie eine Burg, von der aus Sie Ihre Wünsche, Ihre Träume, Ihr Leben verteidigen können und gleichzeitig Ihre Ziele erreichen werden. Ich liefere Ihnen den Bauplan dazu.
Mit Hilfe meines Buches können Sie Ihr gesamtes Horoskop entschlüsseln. Alles, was Sie brauchen finden Sie in diesem Buch. Und damit finden Sie auch alles, was Sie über sich selbst wissen müssen. Sie erfahren, was Ihnen die Sterne mitgegeben haben. Sie können daraus ablesen, auf welche Stärken Sie sich konzentrieren müssen, um jetzt Erfolg zu

haben. Welche Stärken Sie bisher vernachlässigt haben, auf die Sie jetzt gemeinsam mit mir zurückgreifen sollten. Und welche Schwächen Sie bisher in Ihrem Leben leider zu sehr ausgelebt haben. Und wie Sie diese Schwächen überwinden können.

Sie haben mit Hilfe meines Buches sogar die Möglichkeit, auch andere Menschen – Ihren Partner, Ihre Kinder, Ihre Freunde und Bekannte – besser zu verstehen und ihnen Tipps zu geben. Aber, das ist wichtig, dass Sie das verstehen: Mein Buch ist in erster Linie für Sie gedacht. Sie sollen glücklicher werden! Denken Sie nicht gleich wieder an andere, und was Sie tun können, damit sie glücklicher werden. Ich habe daher auch die wichtigen Passagen in meinem Buch in „Ich-Form“ verfasst, als Zeichen, dass Sie – Ihr Ich – mir am wichtigsten sind. So werden Sie in der gemeinsamen Zeit mit mir von Stufe zu Stufe mehr von sich kennenlernen. So werden Sie mit mir gemeinsam am Haus Ihres Lebens bauen. Diese Astro-Schule ist auf Erkenntnissen der Psychologie und -therapie aufgebaut, in der wir auch erst langsam von Schritt zu Schritt unsere Persönlichkeit erkunden. Die uns lehrt, langsam, und dadurch intensiver, tiefgehender unsere wahren Probleme zu erkennen, unsere Persönlichkeit zu entdecken und zu leben.

Sie werden bald mehr über sich wissen. Und Sie werden bald mehr über dieses wunderbare Medium „Astrologie“ wissen, sich eingebettet fühlen im Raum der Sterne. Ja, ich möchte Ihnen meine „Heimat“ zeigen, Sie auch dorthin führen, weil ich weiß, dass Sie dort am besten aufgehoben sind, sich wohl fühlen, zu Hause sind.

Ich habe mir geschworen, dass ich alle Menschen, die mir vertrauen, zu einem besseren, glücklicheren Leben führen werde. Ich werde dabei immer ehrlich zu Ihnen sein, denn Lügen und Schönfärberei, bringen nichts.

Ich weiß, dass wir beide Erfolg haben werden. Denn Ihr Erfolg ist mein Erfolg. Nochmals danke für Ihr Vertrauen.

Ich wünsche Ihnen gütige Sterne

Ihr
Erich Bauer

Teil I: Grundlagen

Lektion 1:

Die zwölf Tierkreiszeichen

Am Anfang steht der Tierkreis. Es handelt sich dabei um einen gedachten Kreis in der Unendlichkeit des kosmischen Raumes. Dieser Kreis, Ekliptik genannt, setzt sich aus den zwölf Sternbildern Widder bis Fisch zusammen.

Diese zwölf Sternzeichen, Tierkreisbilder oder Sternbilder stellen die Grundenergie aller astrologischen Aussagen dar. Die Abbildung links zeigt den Tierkreis mit diesen zwölf Abschnitten Widder bis Fisch. Dieser astrologische Tierkreis lässt sich als eine Folge von zwölf Urprinzipien, Archetypen oder „Ideen" im Sinne der Platonschen Philosophie verstehen. Jedenfalls sind sie weder Materie noch Energie und es geht keinerlei kausale Wirkung von ihnen aus. Sie erfüllen den gesamten Kosmos und daher auch jeden Menschen. Die Aufeinanderfolge der einzelnen Abschnitte spiegelt ein universelles Gesetz. Jeder Abschnitt baut auf dem vorhergehenden auf und führt ihn weiter. Alle zwölf Abschnitte aber erfüllen sich im Kreis, in dem jedes Prinzip seinen Teil am Ganzen trägt. Im folgenden werden die 12 Urprinzipien kurz vorgestellt. Es sind wie gesagt Vereinfachungen. Die Darstellung dient dem Zweck, dem astrologischen Laien ein Bild von der Gesamtheit des Tierkreises zu vermitteln. Es wird dabei noch kein Bezug auf die Bedeutung der 12 Tierkreiszeichen für die in diesem Abschnitt geborenen Menschen genommen.

Der dynamische Widder
Der astrologische Tierkreis – jetzt lässt sich sagen: der Kreis der zwölf Urprinzipen – beginnt mit dem Widder. Er steht am Anfang, und er symbolisiert tatsächlich einen Neubeginn. Stellen Sie sich ein Ei vor, das gerade aufbricht, aus dessen Innerem sich ein neues Wesen mit aller Kraft nach außen, hinaus in das Leben, drängt. Dann bricht die Schale, das neue Lebewesen nimmt seinen ersten tiefen Atemzug und beginnt den Raum zu erobern. All das gehört zum Tierkreiszeichen Widder: aufbrechen, sich ausdehnen, erobern, einnehmen.

Der ruhige Stier
Irgendwann wird unser Neugeborenes vielleicht einen bestimmten Platz als seinen eigenen erleben und durch entsprechende Vorkehrungen wie Markierungen oder Abgrenzungen versuchen, ihn zu seinem Revier, seinem Eigentum zu erklären. Damit haben wir das zweite astrologische Prinzip, nämlich Stier: absichern, Fuß fassen, Raum nehmen, schützen, bewahren, sammeln, aneignen, besitzen.

Die sozialen Zwillinge
Das dritte Prinzip, Zwillinge, wirkt in dem Augenblick, an dem unser fingiertes Wesen anfängt, andere Lebewesen wahrzunehmen und mit ihnen Kontakt aufzunehmen. Eine erste soziale Realität entsteht. Sie ist getragen von gegenseitiger Anziehung und Abstoßung, Lustgewinn und Vermeidung von Angst. Die Zwillinge-Realität kann man – ide-

altypisch – am besten mit dem Spiel von Kindern vergleichen. Sie sind völlig in Kontakt miteinander, der jedoch bei der kleinsten Störung oder Unstimmigkeit abgebrochen wird und sich in Auseinandersetzung und Streit verkehrt: das ist noch keine soziale, reife, von gegenseitigem Respekt getragene Beziehung oder gar Partnerschaft.

Der seelische Krebs

Mit dem vierten Zeichen, dem Krebs, beginnt eine völlig neue Seinsebene: Jetzt geht es nicht mehr um die Eroberung, Inbesitznahme und die Erforschung des äußeren Raumes, sondern des inneren. Das Krebszeichen ist das erste Wasserzeichen (siehe den Abschnitt über die Elemente) im astrologischen Tierkreis. Man kann daher sagen, der Mensch, der sich bisher das Feuer (Widder) zu eigen gemacht, dann sich die Erde (Stier) angeeignet und zuletzt das Element Luft (Zwillinge) erobert hat, steht im Abschnitt Krebs vor dem Wasser. Begibt er sich hinein, betritt er diese geheimnisvolle Welt des Wassers, in der die Seele wohnt. Er beginnt eine Reise in sich, zu sich, ins Land der Träume, Mythen und Märchen, und damit in das Reich der Flüchtigkeit

Der selbstbewusste Löwe

Der Löwe verkörpert die Kulmination des Ichs. So wie der Löwe der König der Tiere ist, und so wie der August (der Geburtsmonat der Löwen) den Höhepunkt des Sommers darstellt, zeigen Löwe-Geborene etwas von einer königlichen Selbstverständlichkeit. Löwe-Menschen, einmal idealtypisch betrachtet, genügen sich selbst, leben im Hier und Jetzt und nehmen aus ihrer Umwelt nur das wahr, was zu ihrer Bedürfnisbefriedigung und Wunscherfüllung taugt.

Die nachdenkliche Jungfrau

Jedes einzelne der Tierkreiszeichen symbolisiert jeweils eine bestimmte existentielle Seinsweise, und jeder Abschnitt greift das Thema des vor ihm liegenden auf und entwickelt es weiter.

Die Jungfrau ist das sechste Zeichen in diesem Zyklus. Unmittelbar vor ihr befindet sich der Löwe. Als darauffolgendes Zeichen greift es diese Thematik auf und führt sie weiter, indem es die Ichhaftigkeit des Löwen mit der Wirklichkeit aller anderen Existenzen und mit der Vergänglichkeit konfrontiert. Aus dem „Ich bin, was ich bin“ des Löwen wird „Ich bin, was ich kann“, und aus dem „Ich lebe im Jetzt“ wird „Ich lebe mit der Zeit, die ist und die kommt“. Die Jungfrau-Menschen kennen zweifelsohne das Löwe-Prinzip, sie tragen es in sich, aber sie haben es zugleich verloren, weil sie wissen, es ist nicht das einzige und allein gültige. Dass sie über das Hier und Jetzt hinausschauen können, macht sie weise, aber auch melancholisch, nachdenklich und verhalten. Sie haben sozusagen das „Paradies der Selbstverständlichkeit“ verloren.

Die stimmige Waage

Ab dem Zeichen Jungfrau wird der Mensch sozial, er nimmt wahr, dass da draußen, außerhalb seines Selbst, eine andere Realität existiert, die genauso wichtig und wertvoll ist wie die eigene.

Auf der Ebene der Waage, dem nächsten Zeichen, ist dieser Prozess abgeschlossen. In jeder Waage schlummert vom ersten Tag ihres Lebens an dieses Wissen, dass die anderen Wesen da draußen genauso wichtig sind wie man selbst. Um diesem Sachverhalt das richtige Gewicht zu geben, schuf die Astrologie das Bild der Waage. Eine Waage ist ein Gegenstand, eine Sache, leblos, ohne Gefühle. Die Astrologie will damit zum Ausdruck bringen, dass auf dieser Ebene Gefühle stören könnten. Das bedeutet auf keinen Fall, dass Waage-Geborene gefühllos wären. Ganz im Gegenteil, Waagen sind ausgesprochene Stimmungsmenschen. Ihre Gefühle und Stimmungen kommen jedoch nicht – wie zum Beispiel bei Widder oder Krebs – unmittelbar aus dem Bauch oder dem Herzen. Die Gefühle der Waage resultieren aus der Stimmigkeit zwischen ihr und anderen Menschen. Sie entstehen sozusagen verzögert, erst über die Reflexion über einen anderen Menschen.

Der hintergründige Skorpion

Das Leben kennt die Liebe also, wenn es sich auf die Ebene des Skorpions begibt. Aber diese Liebe reicht nicht, den Tod zu überwinden. Sie ist zu unbeständig, folgt der Lust, die heute so und morgen ganz anders ist. Vergänglichkeit ist das wichtigste Thema für den Skorpion. Ende Oktober und im November „stirbt" die Natur. Skorpionmenschen werden mitten hineingeboren in die Zeit des Abschiednehmens. Und was ist nun ihre Antwort auf das Sterben, Loslassen, Vergehen rings um sie herum? – Sie lautet: „Neues Leben erschaffen." Aus der Sicht des Skorpions reduziert sich das Dasein in einem immerwährenden Prozess von Werden und Vergehen und wieder neuem Werden. Das einzelne Leben erfährt dabei eine ungeheure Reduktion. Denn das Ich, dieses Gebilde, das sich im astrologischen Tierkreis vom Widder bis zum Löwen zu majestätischer Größe aufgebaut hat, wird auf der Ebene des Skorpions zu einem Glied in der endlosen Kette, die aus der Vergangenheit kommt und in die Zukunft weist. Die letzte Wahrheit, die der Skorpion in sich entdeckt, ist die, dass der einzelne vergeht und unbedeutend ist.

Der aufgeklärte Schütze

Im Übergang vom 8. Sternzeichen Skorpion zum 9., dem Schützen, geschieht etwas Neues: Etwas im tiefsten Wesen der Menschen erwacht, das sich der bloßen Natur entgegenstellt. Aus der Sicht des Skorpions zählt nur das Überleben der Gemeinschaft, der Sippe, des eigenen „Blutes", der eigenen Rasse und die dies alles bewirkenden Triebe: geboren werden, sich entwickeln, ums Überleben kämpfen, Nachfahren zeugen, sterben! Im 9. Abschnitt jedoch, dem Schützen, entsteht ein

Sehnen nach einer anderen Wirklichkeit, die über dieses Naturgesetz hinausreicht: der Wunsch nach Sinnhaftigkeit, nach Licht, nach Unvergänglichkeit. Mit diesem Sehnen wird der Schütze-Mensch geboren, ein Wesen, das nicht mehr nur seinen Trieben folgt. Dass Bevölkerungsgruppen und Rassen friedlich nebeneinander leben, dass man von einem Territorium ohne Lebensbedrohung in ein anderes reisen kann, dass es (sportliche) Wettkämpfe gibt, bei welchen der Sieger den Verlierer nicht tötet oder verjagt, dass es Bücher, Museen, Universitäten und Kirchen gibt: das alles beinhaltet Schütze.

Der überpersönliche Steinbock
Im astrologischen Tierkreis oder Zodiak gibt es ein Oben und Unten. Diese Positionen sagen bereits durch ihre Lage etwas Bedeutsames aus. So symbolisiert das vierte Zeichen, das sich an der untersten Stelle des Tierkreises befindet, der Krebs, tatsächlich auch so etwas wie einen tiefen inneren, ganz persönlichen und intimen Bereich. Der oberste Punkt wiederum, das zehnte Zeichen, der Steinbock, versinnbildlicht entsprechend ein übergeordnetes Prinzip: über den Dingen stehen, sie von oben herab betrachten, Distanz einnehmen, dirigieren, kontrollieren und leiten. Das alles sind Eigenschaften, die wesentliche Züge von Menschen widerspiegeln, die im Zeichen des Steinbocks geboren sind.

Der freie Wassermann
Das Prinzip des Wassermanns ist der Kontrapunkt zum vorangehenden Steinbock. Er verkörpert seine Aufhebung, die Befreiung. Er ist stets gegen etwas, er ist der Rebell, der Andersdenkende, der Ausbrecher, der Außenseiter, das Genie, er ist der „Verrückte". Reduziert sich auf der Ebene des Steinbocks alles zum Prinzip, zum Maß und Gesetz, so erhebt auf der Ebene des Wassermann das geläuterte Individuum, der wahre Mensch, der Homo sapiens, der die Gesetze des Zusammenlebens verinnerlicht hat und daher keine Kontrolle mehr nötig hat.

Die stillen Fische
Das letzte Zeichen, die Fische, schließlich ist die Stufe, in dem das Leben die Fähigkeit entwickelt, sich selbst zurückzunehmen, um Platz zu machen für eine neue Existenz – für neues Leben (das dann mit dem Widder von neuem beginnt). So beinhaltet das Tierkreiszeichen Fische Begriffe wie „Verzicht, freiwilliges Zurücktreten, Sich-selbst-nicht-wichtig-Nehmen, Sich-selbst-Negieren, Nicht-angenommen-werden, Platzmachen, Schwinden und Verschwinden".

Das große All-Eine
Das gesamte Universum ist das große All-Eine, das sich aus diesen zwölf Urprinzipien Widder bis Fische zusammensetzt. Aber auch jeder einzelne Teil besteht aus einer besonderen und einmaligen „Mischung" dieser zwölf Prinzipien: jeder Stein, jede Pflanze, jedes Tier, je-

der Mensch. Nichts existiert also jemals als ein einziges Prinzip allein. Trotzdem spricht die Astrologie von jemandem als einem Krebs oder einem Wassermann. Aber das ist eine „kindliche“ Vereinfachung. In Wirklichkeit ist niemand nur ein Krebs oder ein Wassermann, sondern eine einmalige und besondere „Mixtur“ aller zwölf Sternzeichen. Allerdings besitzt ein Krebs-Geborener beziehungsweise ein Wassermann seine spezifische Tierkreisenergie recht ausgeprägt. Deswegen ist es auch legitim, von einem Krebs- oder Wassermann-Geborenen zu sprechen. Aber man darf dabei nie vergessen, dass jeder noch aus viel mehr besteht und zusammensetzt als aus dieser einen Qualität. Damit komme ich zu einer weiteren Vereinfachung, die sich die Astrologie erlaubt: Sie spricht zu jedem, als wäre er ein typischer Vertreter seines Sternzeichens. Das ist aber wahrscheinlich niemand auf der ganzen Welt. Von daher ist es wichtig, alles, was man über sich erfährt, nicht einfach wörtlich nehmen, sondern als Anregung dafür, über sich nachzudenken.

Die Planeten

Vor dem Hintergrund dieser zwölf Tierkreiszeichen ziehen die Planeten, drehen ihre Bahnen, seit Jahr-Millionen auf den Bruchteil einer Sekunde genau. Sie bringen das bewegliche und dynamische Prinzip zu den statischen Qualitäten der Tierkreisenergien.

Zu allererste ist da die Sonne, unser Zentralgestirn, um das sich alle anderen Gestirne drehen: Merkur und Venus innerhalb der Erdbahn, Mars, Jupiter, Saturn, Uranus, Neptun und Pluto außerhalb von ihr. Und auch die Sonne zieht ihre Bahn um einen Punkt in der Milchstraße, die wiederum um eine galaktische Achse rotiert: Alles ist im Universum in Bewegung.

Bevor jedoch die einzelnen Planeten-Prinzipien erläutert werden – allen vor an die Sonne – zuvor auf den nächsten Seiten noch einig Details zum astrologischen Tierkreis.

Lektion 2:

Die vier Elemente

Die zwölf Tierkreiszeichen werden in Untergruppen zusammengefasst. Es gibt Elemente, Charaktere, Polungen, Quadranten und Hälften. In diesem Abschnitt geht es um die vier Elemente Feuer, Erde, Luft und Wasser.

Früher nahm man an, dass sich alles in der Welt aus den vier Elementen zusammensetzen würde. Jedes Ding – ein Baum, ein Stein, eine Wolke, ein See – aber auch jedes Lebewesen wurde als eine besondere Mischung dieser vier Elemente angesehen. Die Astrologie „denkt" immer noch so. Je nachdem wie stark ein einzelnes Elemente vertreten ist, ergibt sich eine andere Wesensart, ist sie feurig, wässrig, luftig oder erdig. So wie das ganze Universum aus diesen vier Elementen besteht, so ist auch jeder Mensch in ihm eine besondere Mischung. Er kann eher wässrig, luftig, erdig oder feurig sein. Ein Element kann überwiegen und die anderen verdrängen. Oder alle vier Elemente können in einem ausgewogen Verhältnis vorhanden sein. Wie man das Elementen-Verhältnis in Horoskop erkennt, wird später Stelle erläutert. Hier geht es nur darum, die vier Elemente kennenzulernen.

Am Anfang war das Feuer: Feuerzeichen Widder, Löwe, Schütze

Das Element Feuer ist zunächst identisch mit wirklichem Feuer, also einer Flamme, einem brennenden Scheiterhaufen, einem Blitz. Aber das Element hat auch eine sehr

Die Feuerzeichen

feinstoffliche Bedeutung. So bedeutet Feuer auch Energie (zum Beispiel die Energie, die in den Nervenbahnen abläuft, und die Sie veranlasst, Ihre Hand zu bewegen oder etwas Bestimmtes zu denken). Andere Begriffe für Feuer sind Kraft, Power, Zündung, Antrieb, Lebendigkeit, Leben, Lebenskraft, Stärke, Inspiration, Geist, das Licht, das einem aufgeht, Erleuchtung, Idee, Einfall, Bewusstsein, Selbstbewusstsein.
Wie jedes Element birgt auch Feuer ein großes Geheimnis. Es steht am Anfang allen Lebens, ist identisch mit jenem Mysterium, das das Leben erst in Gang bringt. Die Physik sagt, dass unser Universum mit dem großen Urknall begann. Vielleicht war am Anfang wirklich das Feuer. Im menschlichen Leben beginnt jedenfalls alles mit ihm. Was immer Sie tun, Sie brauchen zuerst einmal Energie, einen Impuls, also Feuer.
Die drei Feuerzeichen Widder, Löwe und Schütze sind sich ähnlich, weil sie dem gleichen Element angehören. Sie verstehen sich untereinander, sprechen die gleiche Sprache, ziehen sich an und können gut mit einander. Aber es ist auch so, dass Menschen, die das gleiche Element haben, sich aneinander reiben und miteinander rivalisieren. Von daher ist es nicht nur angenehm, wenn ausschließlich Menschen mit dem Element Feuer zusammen sind. Man braucht auch ein anderes Element als Ausgleich.

Erde gibt Halt: Erdzeichen Stier, Jungfrau, Steinbock

Mit Erde ist zunächst alles gemeint, was tatsächlich Erde ist, also die Erde auf einem Acker oder in einem Garten, Steine und Lehm. Aber auch die Erde als Gesamtheit, als unsere Erdkugel ist Element Erde. Und all das ist Erde, was sie hervor bringt, also alle Bäume und Blumen, Sträucher und Büsche. Eine Frucht, zum Beispiel ein Apfel, gehört ebenfalls zum Erdelement. Im Unterschied zum Feuerelement kann man die Erdprodukte anfassen, sie bearbeiten und sie essen.
Das Element Erde ist seiner Eigenschaft nach schwer, und es verleiht auch allem eine gewisse Schwere. Dass der Mensch nicht davon fliegt, verdankt er dem Element Erde. Erde ist auch ein Symbol dafür, was der Mensch hervorbringt. Erde spielt daher bei der Selbstverwirklichung, bei Arbeit und Beruf eine große Rolle. Erde meint manchmal auch Geld, Besitz oder Reichtum.
Weitere Worte, die mit dem Element Erde eng verknüpft sind: Sinnlichkeit, Arbeit, Gesundheit, Abgrenzung, Genuss, Ordnung, Organisation, Konzentration, Ausdauer, Beständigkeit.
Auch die drei Erdzeichen Stier, Jungfrau und Steinbock sind sich ähnlich, verstehen sich gut und können mit einander. Aber auch hier entsteht mit der Zeit Rivalität, weil man sich zu ähnlich ist.

Die Erdzeichen

Die Luftzeichen

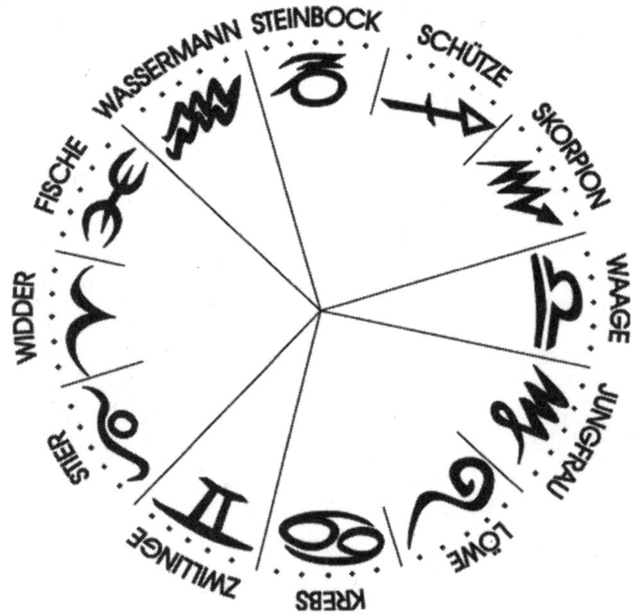

Luft verbindet:
Luftzeichen Zwillinge, Waage, Wassermann

Zunächst einmal steht dieses Element tatsächlich für die Luft, die jeder, der am Leben ist, ein- und ausatmet. Luft besitzt also ebenfalls Lebenskraft. Im übertragenen Sinne bedeutet Luft aber auch Kommunikation. Wenn sich zwei Menschen unterhalten, schwingen die Worte von einem zum anderen und werden so hörbar. Luft ist also auch eine Brücke zwischen den Menschen, sie hat mit Beziehungen zu tun. Dass zwei Menschen das Gleiche denken und empfinden, hat mit Luft zu tun. Luft schafft also Verbindungen und stellt Harmonie und Ausgleich her. Luft ist das Bindemittel einer jeden Gemeinschaft. Auch Buchstaben, Worte und Sätze haben einen engen Bezug zum Urelement Luft.

Weiter Begriffe, die einen engen Bezug zum Element Luft besitzen, sind: Begegnung, Austausch, Stimmigkeit, Harmonie, Geschmack, Kunst, Kreativität, Einfallsreichtum. Und auch die Luftzeichen Zwillinge, Waage und Wassermann sind sich ähnlich, verstehen sich und können gut mit einander. Aber auch hier entsteht mit der Zeit Rivalität, weil man sich zu ähnlich ist.

Die Wasserzeichen

Wasser nährt:
Wasserzeichen Krebs, Skorpion, Fische.

Das vierte Element in der Astrologie heißt Wasser. Es ist das geheimnisvollste von allen. Es steht in der Astrologie tatsächlich zunächst einmal für die Substanzen, die Sie alle kennen und ohne die Leben undenkbar wäre. Regenwasser, Flusswasser, Tau, Salzwasser, Trinkwasser, Schnee und Eis. Unser Körper besteht zu einem überwiegenden Prozentsatz aus Wasser. Wasser steht aber auch für das Nährende und Gebärende im Leben. Am wichtigsten wird Wasser aber im Zusammenhang mit Gefühl. Man sagt, dass der Körper Gefühle beherberge wie ein Kelch Wasser fasst. Wasser ist ein anderes Wort für Intuition, Geborgenheit, Heimat, Mutter, Mond, Familie, Sippe, Ahnen, Zugehörigkeit, Hingabe, Liebe, Hass, Auflösung, Glaube, Seele.
Wieder ist es so, dass sich auch die drei Wasserzeichen Krebs, Skorpion und Fische ähneln, sich verstehen und gut und mit einander können. Und auch hier entstehen mit der Zeit Rivalität und Konkurrenz, weil man sich zu ähnlich ist.

Die Mischungen der Elemente:

Jetzt kennen Sie die vier Elemente sozusagen in ihrer reinen Form. Sie kommen aber auch als Mischungen vor:

Wasser und Erde ergibt Schlamm. Die Inder sagen, dass sich aus dem Schlamm der Lotus, die schönste Blume überhaupt, erhebt. Eine Mischung aus Erde und Wasser ist also sehr fruchtbar.

Erde und Feuer ergibt etwas sehr Eruptives. Wenn ein Vulkan tobt, ist es eine Mischung aus Erde und Feuer. Kontrolliert gibt Erde und Feuer eine kolossale Kraft, vergleichbar der Hitze, die von Kohlen ausgeht.

Feuer und Wasser wiederum ergeben eine Mischung, die als Dampf oder als Wolken bekannt ist, etwas sehr Formbares, Kreatives, auch Geheimnisvolles.

Feuer und Luft ergibt etwas sehr Explosives. Wenn Feuer und Luft in einer hochprozentigen Mischung zusammenkommen, entsteht eine Explosion. Auch Rauch ist ein Mischung aus Feuer und Luft. Er kann bedrohlich sein, ist aber auch eine geheimnisvolle Substanz, die in andere Zustände führen kann. Man denke zum Beispiel an Weihrauch.

Luft und Wasser ergibt Wasserdampf oder Nebel, eine Mischung, die die Orientierung erschwert. Aber wie Rauch ist auch Nebel eine geheimnisvolle Substanz, die oft im Zusammenhang von Einweihungen erwähnt wird. Man denke an die „Nebel von Avalon“.

Ergänzende und hemmende Elemente:
Des weiteren ist wichtig, dass man zwischen solchen Elementen unterscheidet, sie sich einander ergänzen und solchen, die sich stören.

Feuer und Luft ergänzt sich, genauso Wasser und Erde. Man kann sich das auch so vorstellen, dass Wasser (ein See zum Beispiel) durch Erde ein Ufer erhält und damit seine Grenzen und einen Halt findet. Umgekehrt nährt das Wasser die Erde und macht sie fruchtbar.
Genauso ergänzen sich Feuer und Luft: Feuer erwärmt die Luft, damit sie aufsteigen kann, und Luft wiederum nährt das Feuer, damit es überhaupt brennt.

Feuer und Wasser „stören" sich. Wasser löscht das Feuer, und Feuer bringt Wasser zum Verschwinden (Verdampfen).
Ähnlich ist es mit Feuer und Erde. Viel Feuer verbrennt Erde und reichlich Erde erstickt das Feuer.
Erde und Luft sind ebenfalls Antipoden. So erstickt die Erde die Luft, während Luft die Erde austrocknet.
Wasser und Luft ist eine mysteriöse Mischung. Luft ist nämlich in Wasser gebunden. Davon profitieren sämtliche Wassertiere. Der Mensch würde allerdings im Wasser ersticken, weil er die Luft nicht aufnehmen kann.

Lektion 3:

Die drei Qualitäten

Die drei Qualitäten tragen den Namen kardinal, fix (oder starr) und flexibel (oder variabel).
Kardinal sind die Energien Widder, Krebs, Waage und Steinbock. Löwe, Skorpion, Stier und Wassermann sind ihrer Qualität nach fix, und die Energien Zwillinge, Jungfrau, Schütze und Fische sind variabel oder flexibel.
Die Tierkreiszeichen Widder, Krebs, Waage und Steinbock sind also, was ihre Qualität angeht, ähnlich. Wie das Wort „kardinal“ nahe legt, sind sie im Vergleich zu den anderen Qualitäten besonders wichtig, führend, stark, imposant, überlegen, bringen sich in den Vordergrund, setzen sich durch und behaupten sich gut. Das mag beim Feuerzeichen Widder auch leicht nachvollziehbar sein. Aber den sensiblen Krebs und die ausgeglichene Waage „kardinal“ zu nennen, ist verwunderlich. Doch an diesem Fakt lässt sich die Genialität der Astrologie erkennen. Durch Einteilung in Qualitäten bekommen die Zeichen eine zuätzliche Note. Und tatsächlich kann Krebs-Energie ungeheuer stark sein, nicht im Sinne des Feuerzeichens Widder, der Krawall schlagen würde. Krebse bringen ihre kardinale Rolle emotional – mit Hilfe von Tränen, Rückzug, Depression – ins Spiel, und erreichen damit genauso viel wie ein polternder Widder. Genauso ist es mit der „sanften und ausgeglichenen Waage“. Sie kann einen mit Hilfe ihrer Gedanken „in den Wahnsinn treiben“.

Die kardinalen Zeichen

Die fixen Zeichen

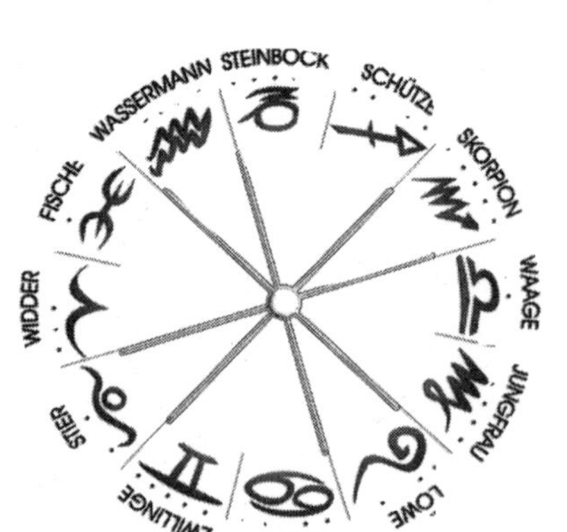

Auch die Zeichen Stier, Löwe, Skorpion und Wassermann sind sich hinsichtlich der Qualität ähnlich. Sie alle sind fix, bewahrend, erhaltend, abgrenzend, stur, unflexibel. Und wieder ist man verwundert, dass sich auch der Wassermann darunter befindet. Ist er etwa fix, bewahrend, unflexibel ...? Ja, und wie! Er ist nur anders als die anderen, aber in seinem Anderssein kann er furchtbar rechthaberisch, stur, unflexibel und untolerant sein. Eher geht ein Kamel durch ein Nadelöhr, als dass ein Wassermann seine Meinung ändert.
Die dritte Untergruppe ist ihrer Qualität nach flexibel oder variabel. Zu ihr gehören die Energien Zwillinge, Jungfrau, Schütze und Fische.

Flexibel bedeutet unklar, im Übergang, schwankend, neutral, veränderlich, unsicher.

Betrachtet man den Ablauf der drei Qualitäten, so beginnt ein „Trio" immer mit der kardinalen Qualität. Sie steht also an der Spitze, wie es einem „Kardinal" auch zusteht. Danach kommt der fixe Charakter. Dabei geht es ums Bewahren und Beharren. Zum Schluss kommt die flexible Qualität, die bereits in eine neue kardinale Energie hinüberweist. Das bedeutet auch, dass das, was stark beginnt (kardinal), sich festsetzt und abgrenzt (fix) und schlussendlich in eine neue Qualität hinüberweist (flexibel).

Die variablen Zeichen

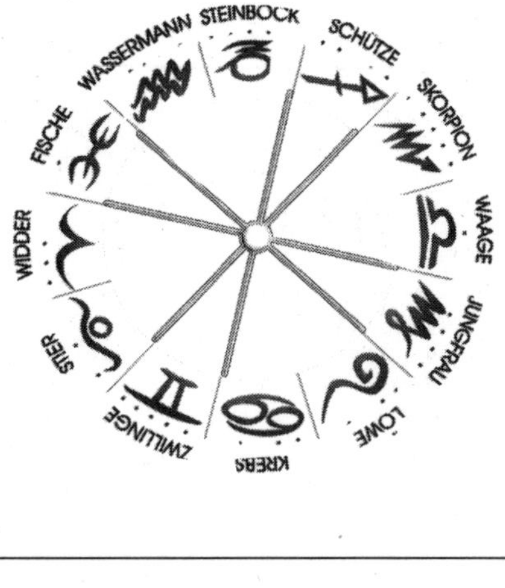

Teil II Planeten

Lektion 4:

Sonne

Das Zusammenspiel von Tierkreiszeichen und Sonne ist nicht so leicht zu verstehen, obwohl es sich eigentlich um eine unkomplizierte Sache handelt. Aber vielleicht ist es grade deswegen etwas schwierig.
Die Erde dreht sich bekanntlich einmal im Jahr um die Sonne. Von uns aus gesehen scheint es aber so zu sein, dass die Sonne eine kreisförmige Bahn um die Erde beschreibt. Der Astrologie wird vielfach vorgeworfen, sie ignoriere diesen grundlegenden Unterschied. In Wirklichkeit ist er für die astrologischen Berechnungen und Horoskopdeutungen jedoch nicht von Bedeutung.
Die Sonne wandert also in einem Jahr (scheinbar) von der Erde aus gesehen an oder vor den 12 Tierkreiszeichen entlang. Da eine volle Reise 365 Tage dauert, weilt sie in jedem der 12 Abschnitte durchschnittlich circa 30,5 Tage.
Auf Grund der Sonnenstellung bei der Geburt wird man einem bestimmten Sternzeichen zugeordnet. Wer zum Beispiel am 18. September geboren wird, ist eine Jungfrau (weil die Sonne zu diesem Zeitpunkt im Sternbild Jungfrau steht), und wer am 28. Februar das Licht der Welt erblickt, ist Fische (weil wiederum jetzt die Sonne im Sternbild Fische weilt). In der Abbildungen unten ist die Position von „Sonne in der Jungfrau“ und „Sonne in den Fischen“ eingezeichnet. Dabei „denkt“ man sich die Erde in der Mitte des Tierkreises. Dann „steht“ die Sonne zwischen Sternzeichen und Erde.
Sonnenzeichen, Tierkreiszeichen und Sternzeichen sind synonyme Begriffe. Sie beziehen sich alle auf einen bestimmten Stand der Sonne vor (oder in) einem Sternbild zum Zeitpunkt einer Geburt.

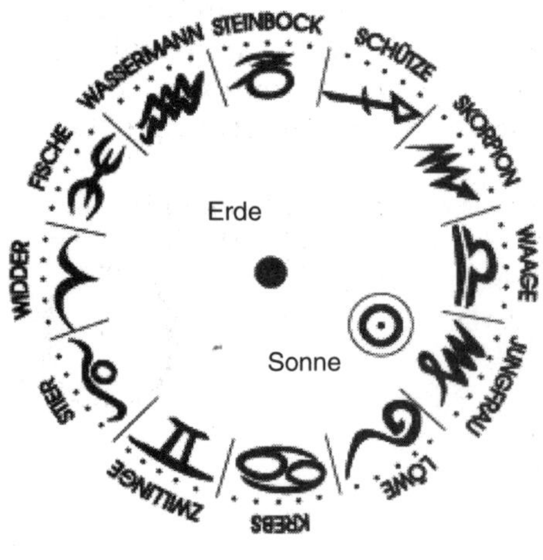

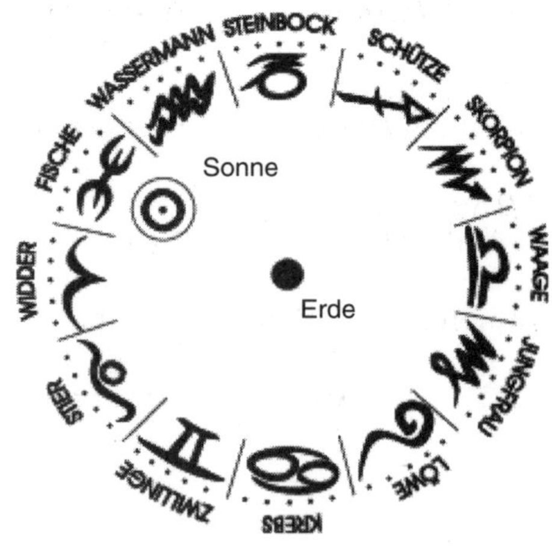

Die folgende Tabelle enthält alle zwölf Tierkreiszeichen in ihrer zeitlichen Folge.

Zeitraum	**Tierkreiszeichen**
21. März bis 20. April	Widder
21. April bis 20. Mai	Stier
21. Mai bis 21. Juni	Zwillinge
22. Juni bis 22. Juli	Krebs
23. Juli bis 23. Aug.	Löwe
24. Aug. bis 23. Sep.	Jungfrau
24. September bis 23. Oktober	Waage
24. Oktober bis 22. November.	Skorpion
23. November bis 21. Dezember.	Schütze
22. Dezember bis 20. Januar	Steinbock
21. Januar bis 19. Februar	Wassermann
20. Februar bis 20. März	Fische

Man liest die Tabelle folgendermaßen: Im Zeitraum (z.B.) vom 21. bis zum 20. April steht die Sonne im Widder, daher ist jeder, der in dieser Zeitspanne Geburtstag hat, ein Widder. Entsprechendes gilt für alle anderen Abschnitte

Die Sonne ist das Zentrum des kosmischen Raums, den wir bewohnen. In ähnlicher Weise spielt sie auch im Horoskop eine zentrale Rolle. Entsprechend dem Tierkreiszeichen, in dem sie steht, verleiht sie allem und jedem eine bestimmte Färbung. Insbesondere prägt sie ein Individuum, das unter einem bestimmten Sonnenstand geboren wurde, und verleiht ihm spezifische Eigenschaften, Fertigkeiten, Persönlichkeitszüge oder Wesensmerkmale. Sonne ist ein anderes Wort für Lebenskraft, Schöpferkraft und für lebendiges Sein. Sie nährt Gedanken und Gefühle und fließt in die alltäglichen Handlungen genauso ein wie in die großen Taten der Menschheit.

In der Familienastrologie steht die Sonne für den leiblichen Vater.

Auf Grund der großen Bedeutung. die der Sonne in einem Horoskop beigemessen wird, werden die einzelnen Sonnenpositionen im Tierkreis sehr ausführlich besprochen.

Das astrologische Symbol für die Sonne ist ein Kreis mit einem Punkt. Es steht für göttlichen Urraum und für göttliche Schöpferkraft.

Lektion 5:

⊙ Sonne im Widder ♈

Meine Sonnenstärken: Kämpferisch, idealistisch, dynamisch, fröhlich, spontan, durchsetzungsstark, inspirierend.
Meine Sonnenschwächen: Ungeduldig, unruhig, egoistisch.

Ich bin ein Widder, ein Tatmensch, ein geborener Eroberer, impulsiv, stürmisch, energisch und leidenschaftlich. Das Dasein erlebe ich als Herausforderung, als Möglichkeit, mich und meine Wünsche, Ideen und Träume zu verwirklichen. Ich gebe mich selten damit zufrieden, über meine Wünsche nur zu sprechen. Ich dränge vielmehr darauf, sie in die Tat umzusetzen. Ich muss einfach „loslegen".
Meine Bestimmung ist es, Leben zu schaffen. Das darf ich ruhig ganz wörtlich verstehen: Ich als Widder gehöre zu den Menschen, denen „Kinder machen" beziehungsweise „Kinder bekommen" buchstäblich in die Wiege gelegt ist. Wenn in meinen Horoskop nicht andere, diesem Zug entgegengesetzte Kräfte wirken, werde ich dieses Leben nicht ohne Nachfahren beenden. Aber zeugen, befruchten und Leben schenken gilt natürlich auch im übertragenen Sinn: Ich muss etwas tun, das mir das Gefühl vermittelt, dem Leben zu nützen, es voranzutreiben, es mit meinen Ideen anzureichern. Einen langweiligen Tag erleben, nicht wissen, was ich tun soll, nicht vorwärtskommen, kein richtiges Ziel vor Augen haben, das ist schrecklich für mich als Widder. Ich leide, wenn ich mit Einfallslosigkeit, Routine und Langeweile konfrontiert werde. Dagegen lassen ich mich wahnsinnig leicht begeistern und fange sofort Feuer, wenn ich von einer Sache fasziniert bin. Wenn ich überhaupt nichts finde, an dem sich mein Feuer entzünden kann, dann werde ich streitsüchtig und lege mich sogar mit meinen besten Freunden an. In meinem Inneren steckt eine tiefe Angst. Es ist die Angst vor dem Tod. Nicht schnell genug zu sein, nicht lebendig, dynamisch und aktiv bedeutet für mich, unterzugehen, zu verlieren, in Vergessenheit zu geraten, nicht mehr zu existieren. Mich zu behaupten, mich auseinanderzusetzen, miteinander zu konkurrieren, damit der Bessere gewinnt – das alles entspricht ganz meinem Wesen. In der Partnerschaft kommt diese Seite meines Naturells genauso zum Tragen wie in der Arbeitswelt. Ich bin eine Herausforderung für jeden, der sich mit mir einlässt. Existieren hemmende Einflüsse, dann kann es sein, dass ich zwar meine Energie spüre, sie aber nicht richtig leben

kann, weil ich nicht weiß, wohin damit.
Ich weiß oft nicht, warum ich etwas gerade so mache. Wenn man mich danach fragt, bin ich verunsichert oder versuche mühsam, eine Erklärung zu Stande zu bringen. Doch dieses Verhalten lässt sich einfach begründen: Ich besitze Inspiration. Ich habe einen Draht zu etwas Ungewöhnlichem, das man mit logischen, vernünftigen oder empirischen Mitteln nicht nachvollziehen kann. Es überkommt mich einfach. Aber – und das ist das Entscheidende – meine Inspiration ist genauso wahr wie ein logischer Schluss oder eine sichere Erfahrung. Wenn dann jemand daherkommt, kritisiert und verlangt, ich sollte den Beweis für mein Verhalten erbringen, beginne ich an mir und der Quelle meiner Inspiration zu zweifeln. Häufig versuche ich in solchen Situationen tatsächlich Beweise, Belege und logische Schlüsse zu erbringen, die es allesamt nicht gibt und die ich auch gar nicht nötig habe.
Inspirationen ist eine Quelle tiefen Wissens und eine charakteristische Eigenschaft von Feuerzeichen, in deren Klasse ich auch gehöre. Widder, die dem nicht zustimmen, haben ihre Inspiration durch Enttäuschungen und widrige Umstände verloren oder glauben nicht mehr an diese Kraft.
Wenn man Menschen wie mich zum ersten Mal trifft, kann man sie für eine inspirierte Seele halten oder auch nicht. Je nachdem, in welcher Stimmung ich mich befinde, beziehungsweise, was ich von meinem Gegenüber halte. Hat man jedoch die Gelegenheit, mich näher kennenzulernen, erlebt man schnell meine ansteckende Begeisterung: Egal, ob es um die Struktur des Universums geht oder um die Frage, wie man einem Tennisball den richtigen Spin versetzt. Ich bin von vielen Ideen begeistert und werden davon beflügelt, sie anderen schmackhaft zu machen.
Im Grunde rechnen Widder wie ich immer mit Widerspruch, auch wenn weit und breit kein Kontra in Sicht ist. Das lässt mich manchmal wie „Don Quijote“ erscheinen, der gegen Windmühlen kämpfte. Wirklich stark werde ich durch echte Herausforderungen. Und je größer diese sind, desto besser. Dann erst kann ich brillieren! Ich gehöre bei jedem Projekt an die Spitze. Verdonnert man mich zur Routine oder positioniert man mich in einer festgefügten Hierarchie auf dem zweiten oder dritten Platz, verliere ich mit der Zeit jegliche Lust.

Lektion 6:

☉ Sonne im Stier ♉

Meine Sonnenstärken: Beharrlich, geduldig, sachlich, sinnlich, natürlich.
Meine Sonnenschwächen: Stur, engstirnig, genusssüchtig.

Ich bin ein Stier, ein Genießer. Ich liebe das Leben. Mein Grundgefühl lautet: „Das Leben ist reich und sprießt im Überfluss." Woher dieses Bild stammt? Ich muss mir nur vor Augen halten, wann wir Stiere auf die Welt kommen, nämlich Ende April bzw. in den ersten drei Maiwochen.
Viele Dichter und andere Künstler behaupten, diese Zeit sei die schönste im Jahr. Die Natur ist in sich selbst verliebt, wächst, blüht, dehnt sich aus, verwandelt sich in ein Meer aus Grün, aus dem die sich die schönsten Blüten ähnlich göttlichen Lichtern erheben.
Passt dazu nicht genau das Bild eines ruhig weidenden Stieres? Das grüne Gras mit den gelben und weißen Blüten reicht ihm bis zum Bauch, und mit dem schweren Haupt neigt er sich hinunter und frisst. Ein Stier badet in seinem Futter. Er kann stundenlang ruhig stehen oder liegen und fressen oder wiederkäuen. Er lebt dermaßen im Überfluss, dass die Vorstellung, es könnte nicht reichen, für ihn völlig absurd ist.
Die Symbolik dieses Bildes lässt sich auch auf meine Persönlichkeit übertragen: Ich esse und schlafe gern, verdaue, denke nach und mache oft und gern Liebe. Ich messe meine Lebensqualität am Quantum Ruhe, Gelassenheit und Sinnlichkeit. An erster Stelle steht für mich ein Haus mit Garten oder ein Penthouse mit Balkon. In der Wohnung sollen große, massive Möbel stehen, Sessel, in denen man bequem ruht und sich entspannen kann, und ein Bett, das so groß ist, dass man längs und quer darin liegen kann. Wichtig sind außerdem ein voller Kühlschrank, ein Keller oder Speicher mit Vorräten und ein solides, bequemes Auto. Und natürlich ein Mensch, mit dem man das alles gemeinsam genießen kann.
Ich erobere einen potentiellen Liebhaber oder eine Liebhaberin nicht im Sturm. Vielmehr prüfen ich ihn oder sie sehr lange. Ich strebe nicht nach einem flüchtigen Abenteuer oder genauer gesagt: Ich will mein Leben nicht mit einem Menschen teilen, der für mich nur ein flüchtiges Abenteuer ist. In meinem Leben spielt die emotionale und materielle Sicherheit eine tragende Rolle. Ich glaube nicht nur an die Erfüllung in einer Ehe, sondern auch daran, dass ein glückliches Familienleben meine Bedürfnisse auf Dauer befriedigen kann. Das Leben an meiner Sei-

te bietet anderen Sicherheit, Bequemlichkeit, Zufriedenheit und Vergnügen.
Ich bin ein erdverbundener Mensch. Das zeigt sich in meiner Liebe zur Natur. Folglich ist die Natur auch ein Allheilmittel für mich. Ich muss nur raus aus meiner Wohnung oder aus meinem Büro, durch Wald, Feld und Flur schweifen, die natürliche Erde unter meinen Füßen spüren, einen Baum berühren und schon fühle ich mich besser.
Den Charakter eines anderen Menschen beurteile ich gern nach Äußerlichkeiten. Saubere Schuhe oder eine frische Rasur verraten mir mehr über das Wesen eines Menschen als Worte. Ich lege auch viel Wert auf sogenannte Statussymbole: Zeugnisse, Diplome oder die Doktorwürde sind mir genauso wichtig wie Symbole materieller Art, Besitz, Einkommen, die Automarke, der Urlaubsort und das Wohngebiet.
So wie wahrscheinlich (echte) Stiere von grünen, saftigen und satten Wiesen träumen, so träumen auch alle Stiergeborenen, wie ich, von einer Wiese, auf der das Geld einfach wächst. Das Schlaraffenland, in dem einem die gebratenen Hühner um den Mund fliegen, ja, das wäre nach meinem Geschmack. Noch lieber aber hätte ich einen Goldesel wie in Grimms Märchen, der, wenn man „Bricklebrit" sagt, Geldtaler ausspuckt.
Diese Art zu denken bedeutet allerdings nicht, dass ich geldgierig bin. Für mich ist Geld so wichtig wie Gras für den Stier oder Luft für einen Vogel. Es gehört einfach zur Lebenssubstanz. Ich brauche es. Aber ich horte das Geld nicht um des Reichtums willen. Ich brauche es zum Erwerb schöner Dinge, die mein Leben erfreuen und reizvoll machen. Erstaunlich, dass wir Stiergeborenen in aller Regel auch tatsächlich leichter zu finanziellen Mitteln kommen als andere. Es ist, als sollte unser Äußeres das widerspiegeln, was in unserem Inneren bereits vorhanden ist: Reichtum und Überfluss. Ich bin sehr besitzergreifend, wenn es um die Liebe oder Zuneigung anderer geht. Zu erklären ist diese Haltung mit meinem Bedürfnis nach Sicherheit. Habe ich mir einmal etwas in den Kopf gesetzt, bin ich davon kaum mehr abzubringen. Das allerdings hat auch Vorteile: Jeder weiß, woran er bei mir ist. Auf mich kann man sich verlassen!
Außerdem sind wir gutmütige Menschen. Doch wehe, man erhebt Anspruch auf etwas, was mir gehört: Mein Raum, mein Revier, meine Würde. Dann werden ich wild und es heißt: „Rette sich, wer kann ...!"

Lektion 7:

⊙ Sonne in den Zwillingen ♊

Meine Sonnenstärken: Neugierig, lebhaft, vielseitig, anpassungsfähig.
Meine Sonnenschwächen: Zerstreut, haltlos, selbstgefällig.

Ich bin ein Zwilling, ein luftiger Mensch. Damit ist gemeint, dass mein Gemüt leicht wie Luft und nicht schwer wie Erde oder Wasser ist. Ich bin heiter, unbeschwert, fröhlich, ausgelassen, charmant, unterhaltsam, mitreißend ... Dass ich auch noch eine ganz andere Seite habe, sei im Moment (noch) dahingestellt. Dazu später mehr.
Luftig bedeutet auch, dass ich leicht Kontakt mit anderen Menschen aufnehme. Wo andere herumdrucksen, überlegen und abwägen, legen Zwillinge wie ich los. Ich „kann" mit anderen Menschen und sage genau das Richtige, das, was gerade passt. Ist es da ein Wunder, dass ich stets ein gern gesehener Gast, Freund und Partner bin? In meiner Nähe wird immer etwas geboten, ich habe immer etwas zu erzählen, und es wird mit mir nie langweilig.
Wichtig für mich ist ein Beruf, in dem ich meine zahlreichen Talente, die ich von Natur aus mitbringe, einsetzen kann. Ich bin ein guter Redner, prima Verkäufer, toller Unterhalter und kann fantastisch schreiben. Man findet Zwillinge daher überall dort, wo es um die Vermittlung von Worten geht: In der Zeitungsbranche, in Verlagen, im Buchhandel und in Bibliotheken.
Dass ich leicht Kontakt schließe und daher viele Menschen kenne, wurde schon gesagt. Noch hinzuzufügen ist, dass ich es wunderbar verstehe, meine Beziehungen privat wie beruflich zu nutzen. Zwillinge wie ich kennen immer jemanden, der jemanden kennt, der jemanden kennt ..., der weiterhelfen kann. „Beziehungen sind das halbe Leben", sagt man. Für mich trifft das hundertprozentig zu.
Ich bin glücklich und stolz, wenn ich mit meiner Art Erfolg habe: Wenn ich tolle Menschen kenne, ein bemerkenswertes Buch lese, wichtige Nachrichten verbreite oder anderen dabei helfen kann (als Sekretär/in zum Beispiel), dass die Arbeit vorankommt und ankommt. Leute zu kontaktieren und miteinander zu vernetzen, verschafft mir ein Gefühl der Befriedigung und Erfüllung. In Gruppen oder in der Gesellschaft übernehme ich gerne die Funktion des Boten oder Informationsträgers. Ich bin die Voraussetzung für ein soziales, fruchtbares und lebendiges Miteinander.
Bin ich ein glücklicher Mensch? Eigentlich ja! Ich besitze die Gabe, auf der Sonnenseite des Lebens zu gehen. Irgendein großzügiger Gott nimmt mich an der Hand und führt

mich dorthin, wo es leicht, unbeschwert und fröhlich zugeht.
Aber es gibt nicht nur diese fröhliche, unbeschwerte Seite, sondern auch noch eine ganz andere:
Ich bin ein „Doppelwesen". Zwei Herzen schlagen, ach, in meiner Brust ... Die fröhliche, heitere, leichte Seite wurde schon beschrieben. Über die andere, die schwere, melancholische, betrübte, tragische, ist jetzt zu sprechen. Ich halte diese zweite Seite gut „unter Verschluss", zeige mein Lächeln, nicht aber meine Tränen. Kummer lebe ich meistens allein. Ich glaube nämlich, dass ich damit niemandem zur Last fallen darf. Aber schaffe ich mir auf diese Weise nicht noch größere Probleme? Weil ich meine Schattenseite vor anderen verbergen, finde ich nie die Leute, die ich eigentlich bräuchte, bleibe letztlich allein und fühle mich unverstanden. Das ist etwas, was ich lernen muss, beide Seiten zu leben, die lachende und die traurige, dass ich auf diese Weise nichts verliere, sondern eher dazu gewinne. Wenn ich zu mir selbst stehe – auch zu meinen Problemen und Nöten, bin ich selbstbewusster und so auch zufriedener und laufe nicht einem Bild nach, wie ich gerne sein würde.

Ich habe auch eine gewisse Scheu vor tiefen Beziehungen. Ich könnte ja dabei meine Freiheit verlieren. Mein Element ist wie gesagt Luft, und ich empfinde schneller als andere Menschen große Nähe als Einengung; ich glaube, nicht mehr frei atmen zu können. Ich suche mir automatisch Menschen aus, die meine Angst vor Nähe und Tiefe nicht tangieren, die wie ich von leichter und lockerer Wesensart sind und selbst zu große Nähe scheuen.
Luft ist übrigens auch ein Allheilmittel für mich. Wenn ich müde, traurig, abgespannt, gestresst oder mit Problemen beladen bin, brauche ich nur meine vier Wände zu verlassen und nach draußen an die frische Luft zu gehen. Ein Spaziergang in der Natur bewirkt bei mir echte Wunder. Es ist, als würde die Luft all meine Sorgen und Nöte wegblasen, mich innerlich und äußerlich säubern, die Falten aus dem Gesicht streichen und mir wieder ein Lächeln auf die Lippen zaubern.

Lektion 8:

⊙ Sonne im Krebs ♋

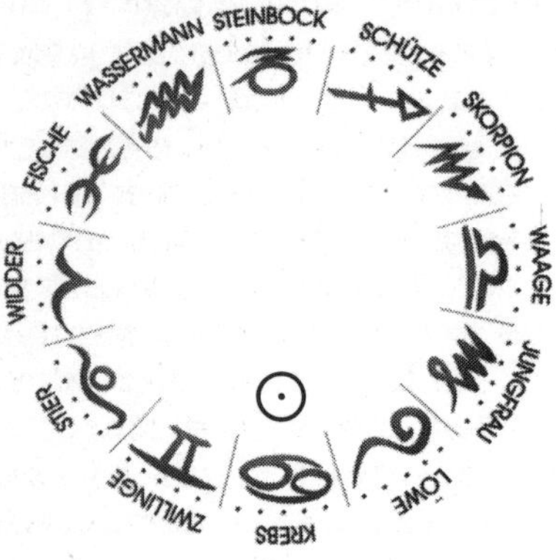

Meine Sonnenstärken: Phantasievoll, verträumt, gefühlvoll, fürsorglich, intuitiv, mütterlich.
Meine Sonnenschwächen: Launenhaft, sentimental, gekränkt.

Wir Krebsmenschen sind Seelentaucher. So wie der Widder den äußeren Raum erobern will und mit jedem Sieg draußen seine Bestimmung erfüllt, so tauchen wir Krebse in den Raum der Seele, und mit jeder Entdeckung sind wir erleichtert und glücklich.
Der sogenannten Realität stehen wir misstrauisch gegenüber. Das kann einfach nicht alles sein! Märchen, Träume, Poesie, ein Gemälde, Musik, Ahnungen, Phantasie – sind dies nicht ebenso wirkliche Wirklichkeiten?
Ich als Krebs bin „süchtig" nach diesem Raum. Ich brauche nur die Augen zu schließen, um in ihm zu sein. Ich brauche nur innezuhalten, um darin zu versinken, ein Buch zu lesen, Musik zu hören, ein Bild zu betrachten ... Ja, ich schwelge in diesen Räumen. Ich braucht sie – so, wie richtige Krebse (jetzt sind die Krebstiere „Crustazea" mit circa 26 000 bekannten Arten, die hauptsächlich aquatische Lebensräume besiedeln, gemeint) das Wasser benötigen.
Jeder Mensch taucht nachts in seine Krebswelt, in das Reich der Träume, des Unbewussten, der Phantasie.
Als Krebs befinde ich mich auch während des Tages immer am Rande und trete leichten Trittes hinüber – und genauso leicht wieder zurück. Zuweilen verschwinde ich jedoch für länger in dieser Welt: Wenn ich mich in mich selbst zurückziehe und unerreichbar bin, kann das jedoch mein Umfeld zur Verzweiflung bringen. Tagelang schaffe ich es, mich in mich selbst zu verkriechen, bin da und dennoch nicht anwesend. Dann verdaue ich das normale Leben. Ich brauchen das.
Ich bin auch ein „Seelenwächter". Ich muss die Welt draußen seelisch verarbeiten und protestieren, wenn dies nicht mehr möglich ist. Andere Sternzeichen können üble Zustände verdrängen oder sonstwie beseitigen. Ich nicht. Ich muss die so genannte Wirklichkeit seelisch verdauen. Und wenn sie mir aufstößt, ist das ein sicheres Zeichen, dass etwas nicht mehr stimmt.
Ich bin auch wie Wasser. Ich kann mich jeder Form anpassen Ja, meine Lebensaufgabe besteht gerade darin, die Welt draußen, die sogenannte Wirklichkeit, mit Seelischem zu füllen.
Ich bringe das seelische Prinzip zum Ausdruck. Wenn es Traurigkeit ist, dann werde ich Bäche von Tränen weinen. Wenn die Stimmung fröh-

lich ist, dann lache ich lauter als alle anderen, lauter als Kinder.
„Seelen-Schupo" könnte man mich auch nennen, den Krebs, weil ich zuständig dafür bin, dass das Seelische nicht zu kurz kommt, missachtet oder verbogen wird.
Ich bin wie der Mond. Ich muss mein Licht, meinen glänzenden Schein nur mit „Seelenkraft" ersetzen. Mein Leben, meine Aufgabe, besteht darin, Seelenkraft aufzunehmen und wieder zur Verfügung zu stellen. Ohne diese Kraft, die uns (wie die Sonne den Mond) nährt, sind wir leer, ohne Leben, dunkel (im Italienischen heißt Neumond Luna nera, der schwarze Mond).
Aber was ist mit „Seelenkraft" eigentlich gemeint?
An erster Stelle stehen Liebe, Anerkennung und Achtung. Der Seelenfluss von uns Krebsen besteht aus diesen Stoffen. Nur wenn ich davon bekomme, kann ich auch wieder abgeben, also wie der Mond strahlen und richtig lebendig sein. Und ich „verdorre", wenn dieser Strom versiegt. Wenn ich apathisch und krank werde, ist das immer ein Zeichen, kein Licht mehr von der Sonne zu bekommen, gemeint ist: mich nicht mehr geliebt und geachtet zu fühlen. Und so, wie der Mond – sinnhaft gesprochen – sich immer so zur Sonne stellt, dass er möglichst viel von ihrem Licht erhält und wieder abgeben kann, so ist auch mein Leben daran orientiert, möglichst viel von diesem „Seelenstoff" zu empfangen.
Zentrale Themen in meinem Zeichen Krebses sind Befruchtung, Schwangerschaft und Geburt. Auch die Fürsorge und Liebe einer Mutter (und eines Vaters natürlich genauso) für das heranwachsen Kind ist typisch Krebs. Überhaupt ist Krebs ein Symbol für Leben, Mütterlichkeit, Befruchtung, Schwangerschaft, Geburt und Ernährung. Entsprechend sind Krebsmenschen „Kinder-fixiert". Wir Krebse wähnen uns ohne ein Kind nicht erfüllt, glauben, dass er dann an seiner Bestimmung vorbeilebt.
Das lebensspendende Prinzip erschöpft sich bei mir nicht im Vorgang der Schwangerschaft, Geburt und anschließenden liebevollen Fürsorge. Mein ganze Leben ist eine großes Geben und Nehmen. Oder auf eine kurzes Motto gebracht: „Wo ich bin, blüht das Leben!" In meiner Nähe fühlt man sich wohl, man ist gerne mein Gast, lässt sich noch lieber verhätscheln und verwöhnen ...
Allerdings: Ich kann nur geben und nähren, wenn ich auch bekomme. Das darf nie vergessen werden. Meine mysteriöse „Wachstumsmaschine" kann nicht aus dem Nichts Leben spinnen.

Lektion 9:

⊙ Sonne im Löwen ♌

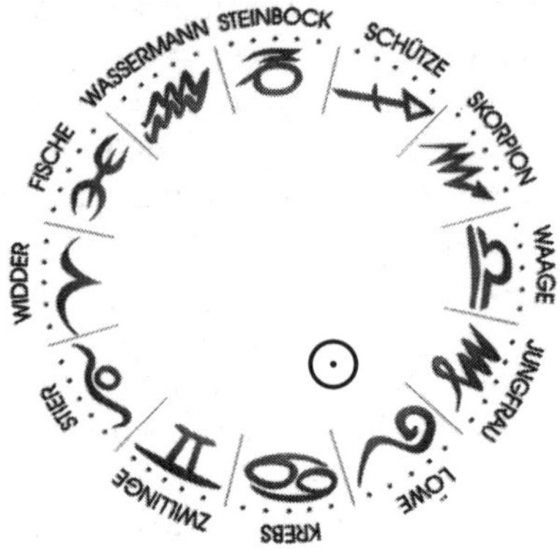

Meine Sonnenstärken: Natürlich, herzlich, selbstbewusst, schöpferisch, kraftvoll.
Meine Sonnenschwächen: Überheblich, stur, verschwenderisch, unzufrieden.

Ich bin ein Löwe, ein sonniger Mensch. Ja, mehr noch. Ich bin selbst so etwas wie eine Sonne: Ein Wesen, das strahlt, das in sich ruht, das ständig Wärme und Fröhlichkeit aus sich heraus produziert. So wie unsere Sonne im Zentrum der Gestirne steht und alle Planeten sich um sie drehen, so habe auch ich die Gabe, andere magisch anzuziehen und um mich zu scharen. Dafür muss ich nichts tun. Das geschieht ganz von selbst. So wie die Sonne am Himmel nichts „tut". Von uns Löwen geht eine natürliche Herzlichkeit aus, eine Gabe, die in unserer Welt recht selten ist. Entsprechend wird sie auch honoriert: Man sucht meine Nähe, weil man sich bei mir wohlfühlt. Ich will authentisch, das heißt, echt und natürlich sein. Alles Falsche ist mir verhasst. Menschen, die nicht offen sind, wehre ich automatisch ab. Ich sage immer das, was ich gerade denke und fühle. Auch auf die Gefahr hin, dass ich einen anderen Menschen damit verletzen könnte. Dieses starke Selbstbewusstsein, diese schier gnadenlose Ehrlichkeit, bringt mich im Leben recht weit. Denn Menschen wie ich werden gebraucht. Wir kommen in verantwortliche Positionen. Da wir Löwen keine Probleme damit haben, einem anderen zu sagen, was er gut und was er schlecht macht, kann in meiner Umgebung auch keine „Intrigenküche" brodeln. Ich drehe mein „Fähnchen nicht nach dem Wind" und tanze nicht auf dem „diplomatischen Parkett".
Ich bin ein kreativer Menschen. So wie die Sonne aus sich heraus ununterbrochen die Voraussetzung zu neuem Leben schafft, so entstehen auch in mir Impulse, die das Leben befruchten und vorantreiben. Das fängt schon beim Make-up, meiner Frisur und meiner Garderobe an: Wir Löwen haben einen untrüglichen Geschmack für alles Echte. Mir kann man keinen Ramsch andrehen. Ich bin auch kein Schnäppchenjäger. Wenn andere im Kaufhaus auf den Wühltischen nach günstigen Teilen suchen, ist mir das richtig unangenehm. Am liebsten hätte ich ohnehin meinen eigenen Schneider oder meine eigene Schneiderin, die mir Anzüge oder Kostüme nach Maß machen.
Ich habe auch meine Probleme mit Secondhand. Warum etwas tragen, was andere bereits abgelegt haben? Steht das etwa einer Königin oder

einem König zu? Ja, in mir steckt so etwas wie eine Majestät! Ich weiß ganz genau, wie ich in dieser Welt leben möchte und wie die Menschen sein müssen, die ich für würdig erachte.
Für meine Freunde gehe durchs Feuer. Das ist ein ausgeprägter Wesenszug von mir. Ich lasse Freunde aber auch ganz schnell wieder fallen, wenn ich von ihnen enttäuscht werde. Da bin ich gnadenlos! Wer mich im Stich lässt, bekommt noch eine, höchstens zwei Chancen. Werden die nicht genutzt, kommt man auf die „Schwarze Liste“!
Ich bin eine besondere Person und geschaffen für besondere Aufgaben. Ich kann mich gut in einer Modeboutique vorstellen, als Goldschmied, Künstler, in einem Museum, als Repräsentant, als Chef und als großen Film- oder Bühnenstar. In der Tat, in jedem Löwen steckt ein „Star“. Bei entsprechender Ausbildung und Erziehung stünde jeder Löwe auf der Bühne.
Wir Löwen haben auf jeden Fall das Zeug dazu, irgendwann einmal auf der Bühne im Scheinwerferlicht zu stehen. Und selbst, wenn unsere Auftritte im Leben nicht auf „den Brettern, die die Welt bedeuten“ stattfinden, sind wir immer pompös. Jeder Auftritt eines Löwen „riecht“ ein wenig nach Show. Wir legen immer etwas Theatralik in unsere Erscheinung. Das ist kein Widerspruch dazu, dass wir „echt“ sein wollen und tatsächlich auch sind. Wir wollen alles geben, was in uns steckt. Das ist nicht falsch oder unecht, das ist Lebenskult.
Kein Licht ohne Schatten!
Ich gleiche einer Sonne und habe deshalb große Schwierigkeiten, „klein“ anzufangen. Damit ist gemeint, einmal etwas zu tun, was „unter meiner Würde“ ist. Bei mir als Löwegeborenem ist es nämlich schnell passiert, die Schule abzubrechen oder einen Beruf nicht zu Ende zu lernen, nur weil ich vielleicht einen Lehrer nicht ausstehe kann. Doch solche Menschen gehören nun einmal zum Leben. Auch ich muss mit ihnen auskommen! Deshalb ist für mich als Löwen dringend angesagt, toleranter zu werden. Ich muss lernen, auch einmal etwas zu schlucken, was bitter schmeckt. Es wäre doch jammerschade, wenn ich mir mein tollen Chancen verbauen würden, nur weil ich irgendeinen „Miesepeter“ nicht leiden kann.

Lektion 10:

☉ Sonne in der Jungfrau ♍

Meine Sonnenstärken: Klug, bewusst, fürsorglich, vernünftig, flexibel, vielseitig, geschickt, behutsam, vorsichtig.
Meine Sonnenschwächen: Altklug, pessimistisch, kopflastig.

Ich bin ein widersprüchlicher Mensch. Einerseits steckt in mir ein Wesen, das fröhlich und ausgelassen mitten im Leben steht, nach Fülle sucht, um an ihr teilnehmen zu können. Auf der anderen Seite bin ich sehr melancholisch und bei jedem Glücksmoment steigt sofort der Gedanke an die Vergänglichkeit auf. Ich bin zwischen „Sein und Nichtsein" anzusiedeln. Oder, noch besser: Mit einem Fuß stehe ich in des Lebens Lust und Freude, mit dem anderen in Verzicht und Vergänglichkeit. Deswegen bin ich aber kein gespaltener Mensch. Ich kann diesen Widerspruch prima regeln, genieße das Leben, wenn die Möglichkeit dazu besteht, und lerne verzichten und bescheiden zu sein, wenn es nicht anders geht.
Im Grunde ist meine Philosophie einfach: Das Leben besteht nun einmal nicht nur aus Fülle, sondern auch aus Leid und Verzicht. Das Hinausschauen über das Hier und Jetzt macht mich weise –, aber eben auch melancholisch, nachdenklich und verhalten. Liebe zum Beispiel ist für mich eine ernste Angelegenheit. Gegenseitige Zuneigung ist für mich immer mit einem hohen Maß an Verantwortungsgefühl und einer ausgeprägten Neigung zur Selbstaufgabe verknüpft.
Erstaunlich ist meine Vielseitigkeit. Ich habe dermaßen viele Talente, dass ich eigentlich alles kann. Ob mir aus dieser Vielseitigkeit ein Problem erwächst? Auf keinen Fall! Ich gehe auch hier ganz praktisch vor und mache immer das, was gerade ansteht. Und das, was ich tue, erledige ich so gut es geht.
Meine Vielseitigkeit macht mich aber auch ein bisschen „heimatlos". Ich kann alles, bin überall zu Hause, und besitze keine eigentliche Bestimmung – keine Aufgabe, die mir auf den Leib geschrieben ist, nichts, was nur mir gehört. Auf der anderen Seite macht mich das auch enorm anpassungs- und wandlungsfähig. Vielleicht sind wir Jungfraugeborenen die wandlungsfähigsten Menschen überhaupt. Mir jedoch vorzuwerfen, ich hätte das „Wetterhahnsyndrom" und würde mein „Fähnchen nach dem Winde" hängen, wäre ungerecht. Ich bin wandelbar, weil ich mehrere Persönlichkeiten in mir vereinige.
Was wird nun aus mir? Wie gehen Menschen damit um, dass sie nirgends richtig dazugehören und ir-

gendwie immer zwischen den Stühlen sitzen?
An erster Stelle stehen Denker. Die Position, „zwischen den Welten" zu stehen, prädestiniert mich regelrecht dazu, über das Leben nachzudenken, zu versuchen, den Sinn des Daseins zu erfassen und ihn zu verstehen. Ein entsprechendes Lieblingsfach von uns Jungfraumenschen ist Philosophie. In jedem von uns steckt ein (mehr oder weniger entwickelter) Philosoph. Das Leben und die Welt zu begreifen, über ihr zu stehen und zugleich mittendrin zu sein, das ist die Position der Jungfrau. Und diese Stellung veranlasst regelrecht zum Philosophieren.
Was machen Jungfrauen noch? Sie sind Strategen. Im Grunde sind die 24 Stunden eines Tag-und-Nacht-Zyklus für mich mehr oder weniger ein Unternehmen, das zwar meistens aus Routine besteht, aber zu jeder Sekunde in einen Kampf übergehen kann. Daher ist bei mir die Alarmanlage ständig eingeschaltet. Selbst wenn ich schlafe, kann ich nicht sicher sein, dass nicht irgend etwas Unvorhergesehenes geschieht. Daher schlafe ich nie tief und kann mich innerhalb von Sekunden aus einem Schlaf- in den Wachzustand katapultieren.
Ich kann bis zur Erschöpfung arbeiten, besitzen jedoch auch eine unglaublich rasche Regenerationsfähigkeit und erholen mich in kürzester Zeit. Mein normaler Arbeitstag ist in jedem Fall länger als der aller anderen. Menschen wie ich können sieben Tage in der Woche bis zu sechzehn Stunden am Tag arbeiten. Trotzdem wirke ich weitgehend nett und ungestresst, und vermittle den Eindruck, meine Arbeit zu lieben. Schier unerträglich ist es für mich, wenn nichts los ist oder ich zu viel alleine bin. Ich brauche Anreize, damit ich mir nicht überflüssig und leer vorkomme.
Das Gefühl, etwas zu versäumen, beschleicht mich schnell, weshalb ich manchmal von einem „event" zum nächsten hetze, ohne eigentlich irgendwo richtig anwesend zu sein.
Mein Leben folgt einem Ordnungsprinzip. Allerdings darf man meine Systematik und Ordnung nicht oberflächlich betrachten, sonst ist man immer wieder verwundert über meine Unordentlichkeit. Aber ich kann in einem völligen Chaos leben und werden trotzdem immer wieder das finden, was ich suche.
Man hört häufig, Jungfrauen seien zum Dienen geboren. Das ist missverständlich. Ich bin keinesfalls ein Mensch, der gerne „buckelt". Aber sich einer Sache mit Haut und Haaren zu verschreiben und entsprechend auch ihr zu dienen – das mache ich gerne.

Lektion 11:

⊙ Sonne in der Waage ♎

Meine Sonnenstärken: Phantasievoll, ausgeglichen, mitfühlend, diplomatisch, anmutig, sinnlich.
Meine Sonnenschwächen: Unecht, affektiert, unbestimmt.

Eine Waage ist ein Gegenstand, eine Sache, leblos, ohne Gefühle. Die Astrologie will damit zum Ausdruck bringen, dass auf der Ebene des Tierkreiszeichens Waage Gefühle stören können. Hier geht es um Objektivität, Gerechtigkeit und Stimmigkeit, zu deren Einschätzung und Beurteilung Emotionen den Blick trüben.
Das heißt jetzt aber nie und nimmer, dass ich als Waage gefühllos wäre. Ganz im Gegenteil, ich bin ein ausgesprochener Stimmungsmensch. Meine Gefühle und Stimmungen kommen jedoch nicht – wie zum Beispiel bei Widder oder Krebs – „aus dem Bauch", sondern resultieren aus der Stimmigkeit zwischen mir und anderen Menschen. Waagen besitzen ein besonderes Organ, mit Hilfe dessen sie andere erspüren können. Waage-Kinder wissen genau, was ihrem Daddy fehlt und ihre Mami braucht. Wie kleine Engel erspüren sie die Bedürfnisse in anderen Menschen und versuchen sie zu erfüllen. Waage ist ein anderes Wort für Verbindung, für Verstehen, für gegenseitigen Respekt, und – jetzt kommt das wichtigste Wort – für Liebe. Wohlverstanden, Liebe auf der Ebene der Waage ist kein Gefühlsrausch, ist nicht getragen von Leidenschaft. Das alles kann zu einer Partnerschaft gehören, aber es ist nicht das Wesentliche in ihren Augen. Entscheidend ist, dass sich zwei Menschen in gegenseitigem Respekt anerkennen und achten. Dass jeder den anderen so wichtig nimmt wie sich selbst. Dass keiner etwas unternimmt, ohne sich beim anderen rückversichert zu haben. Das Ich ist also mit dem Du unlösbar verbunden, und trotzdem existiert das eine wie das andere für sich. Es ist wie bei der (richtigen) Waage: Beide Schalen sind miteinander verbunden, und was immer auf der einen Seite geschieht, wirkt sich auf die andere aus – und dennoch ist jede der beiden Hälften für sich.
Der starke Hang zum Du, das große Gespür für andere, die Gabe, sich beinahe völlig in einen fremden Menschen hineinversetzen zu können, daraus resultiert auch meine Schwäche als Waage-Geborener: Aus mir selbst heraus bin ich nämlich unentschieden, schwach, schwankend und endlos wägend. Ohne ein Gegenüber, auf das ich mich beziehen kann, weiß ich am Ende selbst nicht mehr, wer ich bin und was ich will. Ohne zwischen

anderen vermitteln zu können, zu arrangieren und auszugleichen, fühle ich mich hilflos und ohne Worte. Aus mir selbst heraus zu handeln, eine ichhafte Tat zu vollbringen, fällt mir enorm schwer.
Und hier gleich noch eine Schattenseite, zu der ich mich einfach bekennen muss: Ich bin nicht nur ein Engel! Auch wenn ich mich noch so bemühe, vollendet schön und stilvoll zu sein. Es ist zwar so, dass ich, je mehr ich die angenehmen Seiten kultiviere, gleichzeitig die unangenehmen aus meinem Bewusstsein aussperre. Aber diese – und jetzt kommt der Haken – lösen sich deswegen nicht auf; sie verschaffen sich irgendwann Zutritt in mein Leben.
Ich darf als Waage meine dunkle Seiten nicht verdrängen! Ich muss lernen, mir irgendwie Luft zu machen, mich zu streiten! Für mich ist gut, Squash, Tennis oder irgend etwas anderes, womit ich jemanden richtig „fertig" machen kann, zu spielen.
Ich bin ein Sinnesmenschen. Mit meinen Augen, meinen Ohren, meinem Gaumen, meiner Haut spüren ich mehr, intensiver und differenzierter als andere Menschen. Ich besitze auch einen enormen Geschmack und Sinn für das Schöne und Harmonische. Wenn zum Beispiel die Sonne untergeht, kann ich davon in den höchsten Tönen schwärmen, ja schier darin vergehen.
Ja, in mir steckt ein Künstler. Deshalb wäre es ratsam, dieses künstlerische Talent zu fördern, ein Instrument zu spielen, zu tanzen, zu malen oder zu schreiben.
Umgekehrt bin ich nicht erfüllt, wenn ich mich nur mit alltäglichen Dingen beschäftigen muss. Ich bin zu gut für schnöden Alltagskram.
Ich bin auch gerecht, neutral, sachlich und objektiv, weshalb ich sehr geschätzt werde, wenn es ums Vermitteln geht. Menschen, die in Unfrieden leben und Konflikte haben, finden bei mir immer Rat. Wie ein guter Therapeut kann ich das Verbindende finden und das Trennende auflösen.
Zum Alleinsein bin ich wahrlich nicht geboren. Ohne Partner oder Freunde fehlt mir das Wichtigste – die Liebe.

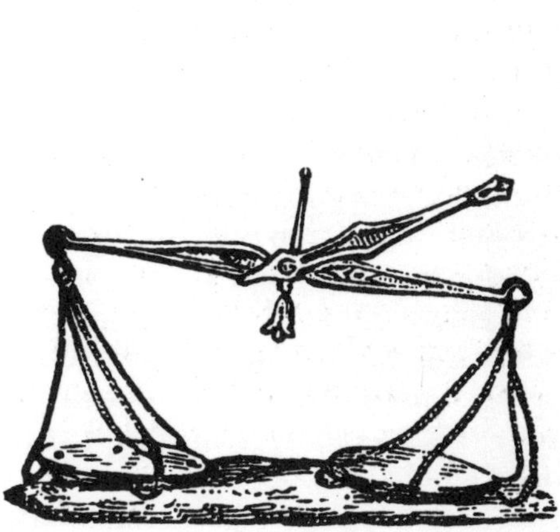

Lektion 12:

⊙ Sonne im Skorpion ♏

Meine Sonnenstärken: Mutig, furchtlos, entschlossen, unergründlich, mysteriös, bewahrend, tief.
Meine Sonnenschwächen: Nachtragend, kompliziert, fanatisch.

„Gott verbietet nur jenen die Früchte am Baum der Erkenntnis, die daran zugrunde gehen; wer aber zum Grund der Erscheinungen dringt, lebt davon auf." Dieser Spruch von Thomas Ring ist mir als Skorpion-Geborenem auf den Leib geschrieben. Ich bin ein Mensch, die hinter die Dinge blicken möchte. Ich forsche nach dem Eigentlichen, dem Wesentlichen, dem Kern. Der Schein interessiert mich wenig. In mir wohnt ein „faustischer" Geist. Wenn ich einen Menschen beschreibe, gebe ich mich bestimmt nicht lange mit Äußerlichkeiten wie Größe, Augenfarbe oder Statur ab. Ich mache gleich sein Wesen, seinen Charakter zum Thema. Spreche ich z.B. über einen Film, dann schildere ich nicht die Abfolge der einzelnen Szenen einer Handlung, sondern seine Essenz, seine Botschaft, sein Philosophie. Was mich reizt, ist das Unentdeckte, Unerforschte, Dunkle, Geheimnisvolle.
Des weiteren sind Vergänglichkeit, Loslassen und Wiedererstehen zentrale Themen für mich. In der Jahreszeit, in der ich Geburtstag habe – Ende Oktober und November – scheint die Natur zu „sterben". Sie verliert ihr äußeres Kleid, sinkt in den Tod. Auch die Feiertage Ende Oktober und November sind dem Tod und der Vergänglichkeit gewidmet: Totensonntag, Allerseelen, Allerheiligen und der Volkstrauertag. Was ist nun meine Antwort auf das Loslassen, Vergehen, Sterben rings um mich herum? Sie lautet: „Neues Leben erschaffen."
In mir lebt das Wissen, dass das Dasein aus einem immer währenden Prozess von Werden, Vergehen und wieder neuem Werden besteht. Der Einzelne wird zu einem Glied in der endlosen Kette, die aus der Vergangenheit kommt und in der Zukunft mündet. Das ist die letzte Wahrheit, die ich in mir trage.
Für mich ist es daher ein persönliches Anliegen, sozusagen eine „höhere Pflicht", für Nachkommen zu sorgen. Ich fühle mich erst richtig „am Leben" beteiligt, wenn ich einen Sohn, eine Tochter habe. Skorpione können ohne Nachwuchs sogar psychisch krank werden. Umgekehrt kann durch die Geburt eines Kindes ein Leiden verschwinden.
Das ist auch der Grund meiner berühmt-berüchtigten Leidenschaft. Im Grunde geht es immer um ein Kind, egal, ob ich es bewusst vorhabe und regelrecht plane oder

nicht einmal im entferntesten daran denke. Und jeder potentielle Partner wird bewusst oder unbewusst einem sofortigen „Check-up" unterzogen: Würde sich ein Kind mit ihm/ihr lohnen? Wie gesagt, bewusste Entscheidungen sind dabei völlig nebensächlich. Und das alles ist auch völlig unabhängig von meinem Alter.

Von daher ist es mehr als einleuchtend, dass ich nicht wahllos Beziehungen und andere zwischenmenschliche Verbindungen eingehen kann. Und es ist ebenso klar, dass sich jede Beziehung mit mir ganz schnell zu einem Machtgerangel entwickeln kann. Doch nicht Machtgelüste treiben mich zu diesem Spiel. Hinter meinen Vorhaltungen, hinter meiner Angst und hinter meinem dramatischen Gebaren steckt letztlich der Kampf des Lebens gegen Tod und Vergänglichkeit.

So verläuft mein Leben leidenschaftlicher, intensiver und problematischer, und die dunklen Töne des Lebens kommen stärker zum Ausdruck als bei anderen Menschen. Es scheint, als würde das Schicksal mir immer wieder mitteilen wollen, wie wenig Sicherheit das individuelle Dasein bietet. All das Leid und die Probleme sind wie eine Schule, die ich absolviere, die mich aufmerksam machen soll für die Essenz des Lebens.

Meine große Nähe zum Schicksalhaften zeigt sich auch in einer starken Hinwendung zu allen möglichen Formen der Magie. Ich gehöre zu den Menschen, die am ehesten einen Astrologen aufsuchen, zu Wahrsagern gehen, sich selbst die Karten legen oder sonst wie versuchen, hinter scheinbar Zufälligem die Absicht des Schicksals zu erkennen. Ich habe alle einen Hang zum Geheimnisvollen, Magischen, Unbekannten, Verborgenen, Zwielichtigen, Unbewussten, Unsichtbaren. Für mich steht fest, dass der gesunde Menschenverstand seine Grenzen hat und nur das Allerwenigste zu erklären vermag. Je älter ich werden, um so überzeugter bin ich davon, dass das, was wir gemeinhin als Realität kennen, nur die Spitze des Eisberges ist, von dem bekanntlich der weitaus größere Teil unter Wasser liegt, also dem Blick verborgen bleibt. Und diese verborgene Wirklichkeit übt eine viel größere Faszination auf mich aus als der Teil, der sichtbar ist.

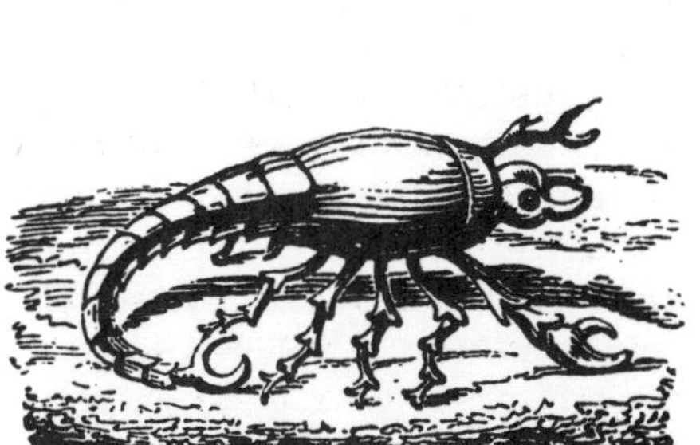

Lektion 13:

☉ Sonne im Schützen ♐

Meine Sonnenstärken: Optimistisch, fair, feurig, inspirierend, großzügig, jovial, fröhlich, unterhaltsam.
Meine Sonnenschwächen: Übertrieben, großspurig, fanatisch.

Als Schütze bin ich vom Feuer durchdrungen. In mir glüht die Flamme der Inspiration. Ich habe eine Verbindung zu etwas, das man mit logischen, vernünftigen oder empirischen Mitteln nicht nachvollziehen kann. Es überkommt mich einfach. Von daher macht es auch gar keinen Sinn, wenn ich versuche, meine Inspirationen logisch oder mit Hilfe von Erfahrung begründen zu wollen. Dabei verstricke ich mich höchstens in immer größere Widersprüche.
Es kommt selten vor, dass ich deprimiert bin. Selbst wenn ich wirklich einmal bis zum „Hals im Schlamassel" stecke, finde ich etwas, was dieser Situation auch einen positiven Aspekt verleiht. Ich habe Geld verloren. Na und? Glück gehabt! Ich hätte es ohnehin nur für Blödsinn ausgegeben. Ich habe mir den Fuß verstaucht? Was für ein Dusel! Ich konnte nicht in den Urlaub fahren, der eh völlig verregnet war ... Normalerweise lasse ich jedoch keine Gelegenheit zum Verreisen oder zu einem Ortswechsel aus. Meine Seele ist weit, friedlich, bindungslos, kosmopolitisch. Ich akzeptiere keine Grenzen. Hat der Himmel etwa einen Stacheldraht, Gräben und Mauern? Von daher wäre es für mich als Schützen auch selbstverständlich, im Ausland zu leben oder eine Verbindung mit einem Menschen aus dem Ausland einzugehen.
Als Schütze bin ich ein „Theist", ein Mensch, der an eine übergeordnete Göttlichkeit glaubt. Und die Existenz eines höheren Wesens kann ich überall entdecken. In jeder Blume blickt mir Gott entgegen. In jeder Abendstimmung bin ich dem Überirdischen nahe. Ich lasse mich von Stimmungen anmuten und versuche, sie noch zu verstärken. Ich bin ein Genie darin, aus gewöhnlichen Situationen etwas Außergewöhnliches zu machen. Mit mir zu essen ist beispielsweise so, als würde man mit dem Gott „Bacchus" persönlich speisen. Und erst recht versuche ich die Liebe zu erheben, ihr eine besondere Note zu verleihen. Einfach nur zu lieben, erscheint uninteressant, banal, billig, niedrig. Wenn nicht durch die Liebe, wodurch dann soll man den Himmel berühren ...?
Ich übertreibe gern. Ich liebe es, die Dinge ein bisschen größer und deutlicher zu machen. Nicht dass ich lügen würde, aber ich rücke die

Realität ein bisschen zu Recht, so, dass sie in mein Bild passt. Ich haben keine Probleme, Phantasie und Wirklichkeit auf eine Art miteinander zu verbinden, dass ich selbst am Ende nicht mehr weiß, was das Eine und was das Andere ist. Das macht mich zu einem fantastischen Geschichtenerzähler. Ich kann auch in aller Regel wunderbar schreiben, ja, so sagt es wenigsten die Astrologie, wir Schützen seien allesamt geborene Dichter.

Ich bin auch ein großer Menschenfreund. Genau genommen, nicht nur ein Freund der Menschen, sondern eigentlich jeder Kreatur. Alles, was kreucht und fleucht, findet bei mir Respekt, ein Zuhause, Mitgefühl. Menschen, die leiden, haben es mir ganz besonders angetan. Für diese werde ich zum Helden und Ritter, zum „Robin Hood", der für die Schwachen und Unterdrückten zu Felde zieht.

Meine Spezialität ist es, „verlorene Seelen" wieder auf den rechten Weg zu bringen. Gemeint ist, dass ich so etwas wie einen missionarischen oder auch prophetischen „Auftrag" habe, anderen Menschen aus der Patsche zu helfen oder vom falschen Weg abzubringen. Das gelingt mir, weil ich mit „Feuerzungen" rede, Mut mache, aber auch eventuelle Gefahren beim Wort nenne und schonungslos an die Wand male.

Wir Schützen sind gute Menschen, Heilige, Engel, Abenteurer, Dramatiker, Sportler, Nomaden, Helden. Was ich überhaupt nicht ertragen kann, ist Langeweile. Nicht zu wissen, was ich an einem freien Wochenende unternehmen kann, womöglich allein zu Hause bleiben zu müssen, macht mich depressiv. Ich brauche Ziele, Herausforderungen, Außergewöhnliches. Sonst verroste ich, werden welk und matt. Und ich muss meinen Körper trainieren. Er ist mein Tempel. Wenn sich mein Körper gut anfühlt, ist auch meine Seele im „Plus". Umgekehrt: Wenn mein Körper lahmt, ist es auch um meine Seele nicht gut bestellt.

Mein Sternbild Schütze ist ein besonderes Wesen, halb Pferd, halb Mensch, ein Kentaur also, eines jener Fabelwesen, die ihm griechischen Mythos ihr Unwesen trieben. Da die Bilder und Symbole in der Astrologie ihre Bedeutung sehr direkt und unmittelbar, fast wörtlich transportieren, bedeutet der Kentaur, daß auch Schützemenschen eine Art Doppelwesen, halb Mensch, halb Tier sind. Die Worte Mensch und Tier muss man natürlich übersetzen, und zwar mit Geist und Körper. Mit anderen Worten: Für mich ist ein gesunder Körper enorm wichtig, weil dieser die Voraussetzung für einen klaren Kopf ist.

Lektion 14:

☉ Sonne im Steinbock ♑

Meine Sonnenstärken: Klar, verbindlich, bewusst, sachlich, bodenständig, erfahren, motiviert, erfolgreich.
Meine Sonnenschwächen: Skeptisch, nüchtern, desillusionierend

Der astrologische Tierkreis, bestehend aus den zwölf Urprinzipien, ist ein in sich stimmiges und geordnetes Ganzes. Zum einen folgen die einzelnen Abschnitte einander wie Entwicklungsstufen, bauen auf den vorangehenden Prinzipien auf und bereiten die nachfolgenden Zeichen vor. Zum anderen spiegelt die Lage der einzelnen Zeichen selbst bereits bestimmte Prinzipien und ermöglicht so Schlussfolgerungen. So steht die linke Seite des Kreises für das menschliche Ich, die rechte für das Du. Ebenso existiert ein „Oben und Unten". So symbolisiert das vierte Zeichen, das sich an der untersten Stelle des Tierkreises befindet, der Krebs, tatsächlich tiefe menschliche Bereiche, das zehnte Zeichen, der Steinbock, wiederum steht entsprechend für ein übergeordnetes allgemeinverbindliches Prinzip: über den Dingen stehen, sie von oben herab betrachten, Distanz einnehmen, dirigieren, kontrollieren und leiten. Das alles sind Eigenschaften, die wesentliche Züge von Menschen widerspiegeln, die im Zeichen des Steinbocks geboren sind.
Als Steinbock lerne ich vom ersten Atemzug meines Lebens an, meine Gefühle zu kontrollieren. Dies bedeutet allerdings nicht, dass ich keine Gefühle hätte. Aber ich ordne sie anderen Prinzipien unter, kann sie aufschieben, wenn der Zeitpunkt, sie zu leben, gerade ungünstig ist, und sie auch völlig „streichen", sofern es opportun scheint.
Die Fähigkeit, Gefühle einer Kontrolle und Verarbeitung zu unterstellen, besitzt grundsätzlich jeder Mensch, gleich, unter welchem Tierkreiszeichen er auf die Welt gekommen ist. Die Psychologie nennt diesen Prozeß „Sublimierung" und hält ihn für unerlässlich bei der Reifung und Entwicklung zum verantwortlichen Erwachsenen. Ich als Steinbock bin darin allerdings eindeutig Meister. Das ist einer der Gründe, warum ich erfolgreich bin und Karriere mache: Ich kann mich besser kontrollieren und lasse mich nicht so leicht ablenken.
Was ich in der Regel zuwenig erfahre, sowohl als Kind wie auch später als Erwachsener, ist Liebe, Zuwendung und Anerkennung. Insbesondere der Vater eines typischen Steinbock-Geborenen vertritt anscheinend das Prinzip, dass Liebe und Lob „den Charakter verderben", das heißt nachgiebig, willenlos und

schwach machen. Er mag dafür die verschiedensten „Gründe" haben, zum Beispiel wird er meinen, eine gewisse Härte sei für den späteren Überlebenskampf einfach notwendig. Wahrscheinlicher aber ist, dass der Vater über diesen Weg, selbst den Gefühlen – seinen eigenen und denen seines Kindes – aus dem Weg gehen möchte. Später dann haben Steinböcke dieses Prinzip verinnerlicht und sind sehr sparsam mit Liebe und Lob, großzügig hingegen mit Tadel und Kritik.
Liebe und Anerkennung werden also selten deutlich ausgesprochen. Dafür kann man sich darauf verlassen, dass es, wenn es denn doch einmal geschieht, um ein Vielfaches mehr zählt als von jedem anderen. Hinter der Tatsache, Gefühle zu kontrollieren, steckt aber viel mehr als nur eine ehrgeizige Erziehung. Aus der Perspektive meines allen anderen übergeordneten Zeichens Steinbock gilt das einzelne, Singuläre wenig. Aus meiner Sicht ist egoistisch, wer seinen Gefühlen, Trieben und Wünschen folgt und nicht das Wohlergehen aller wahrnimmt. Ich leiste einen persönlichen Verzicht für einen größeren, umfassenderen Gewinn. Ich habe immer das Zusammenleben aller im Blick, die Gemeinschaft, die Gesellschaft, die Menschheit – das Leben „als Ganzes".
„Wenn das alle machen würden!" Genau das ist der Kern meiner Philosophie, die von Kind auf gelernt werden muss, nämlich alles Tun auf Allgemeinverbindlichkeit hin auszurichten. Dies zu realisieren ist meine Aufgabe in dieser Welt. Andere Tierkreiszeichen wie zum Beispiel Widder, Stiere, Zwillinge oder Krebse denken – vereinfacht gesprochen – nur an sich und bestenfalls an die Menschen, die ihnen lieb und wert sind. Wir Steinböcke müssen jedoch stets das Ganze vor Augen haben, ob es uns passt oder nicht. Wir stehen sozusagen immer in der Öffentlichkeit, selbst wenn tatsächlich weit und breit keine Menschenseele zu sehen ist.
Ich bin dem Thema der Vergänglichkeit sehr nahe. Als Winterzeichen ist mir nicht die Fülle und Lebendigkeit des Sommers, sondern die Kargheit des Winters und die Nähe zum Tod in die Wiege gelegt – und damit die Gewissheit, wie unbedeutend der Einzelne ist. Mein innerster und tiefster Wunsch ist es, über die Vergänglichkeit hinauszuwachsen. Darin liegt der tiefste Grund, warum ich meine Gefühle kontrolliere und veredle: etwas zu erschaffen, was von Dauer, letztlich unsterblich ist.

Lektion 15:

☉ Sonne im Wassermann ♒

Meine Sonnenstärken: Freundlich, positiv, mitreißend, frei, schöpferisch, unterhaltsam, zukunftsorientiert, visionär.
Meine Sonnenschwächen: Utopisch, leichtgläubig, naiv.

Im Tierkreis steht mein Zeichen Wassermann an elfter Stelle. Nun ist es in der Astrologie so, dass man ein Zeichen – beim einen mehr, beim anderen weniger – erst dann richtig versteht, wenn man es vor dem Hintergrund des Zeichens betrachtet, das ihm vorausgeht. Jedes Tierkreiszeichen ist sozusagen eine logische Fortsetzung seines „Vorgängers". Bei mir ist dies der Steinbock. Dieser Persönlichkeitsaspekt symbolisiert folgendes: Alles Lebendige konzentriert sich, wird verdichtet, gemaßregelt. Der einzelne muss sich übergeordneten Prinzipien beugen, er wird formiert, wird „eine Nummer", erfährt im schlimmsten Fall Zwang, Lähmung und Dunkelheit.
Mein Prinzip als Wassermann schließlich ist der Kontrapunkt dazu, die Aufhebung der Erstarrung, die Befreiung.
Neun von zehn Menschen denken bei Wassermann an „Wasser" und schließen daraus, dass sie vom Element her Wasser seien. Das ist ein Irrtum; mein Element ist nämlich Luft. Einmal davon abgesehen, dass der Name ja nun wirklich den Bezug zum Wasser nahelegt, sagt dieser weitverbreitete Irrtum tatsächlich etwas über mein Wesen: Ich bin nämlich nicht das, was man von mir denkt, ja, ich bin sogar anders, als ich mich selbst einschätze. Und in irgendein Klischee will ich schon einmal überhaupt nicht gehören … Das klingt nach einem außergewöhnlichen Menschen – und genau das bin ich auch! Jetzt ist kommen wir der Sache näher:
Ich als Wassermann betone meine Individualität und stufe mich gern als etwas Besonderes und Außergewöhnliches ein. Jenseits des Normalen, weg vom Durchschnitt, entfernt vom Mittelmaß – da fühle ich mich zu Hause. Diesen ausgeprägten Individualismus, den ich für mich beanspruche, opfere ich äußerst ungern irgendwelchen Zwängen. Ich sehne mich nach einem von aller „Erdschwere" losgelöstem Sein, nach heiterer Souveränität, befreit von allem, was bindet, mich festhält oder irgendwie festlegt.
Ich bin ein Freidenker, Humanist und Reformator. Ich bin immer gegen etwas, verkörpere den Rebellen, Andersdenkenden, Ausbrecher und Außenseiter. Zuweilen tobt in mir ein regelrechter Kampf gegen über-

nommene Autoritätsgefüge, Hierarchien, Sturheit, Starre und Lethargie.
Ich wohne lieber in oberen Stockwerken, öffne automatisch Fenster und Türen und reagiere häufig klaustrophobisch, wenn ich einen engen, dunklen Raum betreten soll. Denn ich leide unter der Enge von Räumen oder Situationen, wo die Dumpfheit des Denkens zu Hause ist. Kaum etwas kann mich so schnell „auf die Palme bringen" wie eine engstirnige, verbohrte Einstellung.
Normalität, das Ewig-Gestrige, Gehorsam, Unterordnung, Formierung sind für mich eine Qual. Dagegen muss ich ständig protestieren. Wenn ich versuche, meinen rebellischen Geist zu beruhigen und mich einzugliedern in das Heer der Jeder- und Biedermänner, werden ich traurig und müde wie ein Vogel im Käfig.
Ich verkörpere das „Leichte" gegenüber dem „Schweren", das „Luftige" gegenüber dem „Dichten" und „Festen". Ich sehne mich danach, mich aus den Verstrickungen und Zwängen des Lebens zu lösen, um einfach davon fliegen zu können. Deshalb liebe ich das Fliegen. Es schenkt mir die Illusion, der Schwerkraft ein Schnippchen zu schlagen. Wenn ich nicht fliege, will ich irgendwie anders hoch hinaus. In mir steckt etwas Geniales. Das heißt nicht, dass ich unbedingt intelligenter bin als andere. Aber ich bin „durchlässiger" und so kann das Besondere und Außergewöhnliche bei mir schneller und leichter geschehen. Deshalb ist es wichtig, dass ich einen Beruf ausübe, in den ich meine besonderen Gaben einfließen lassen kann. Es darf dort vor allem nicht alles genormt und geregelt zugehen. Ich brauche fließende Arbeitszeiten. Ich muss so viel wie möglich über mich selbst bestimmen können. Als eigener Herr (oder Frau) leiste ich am meisten. Ich bin der geborenen Freiberufler, Selbstständige, Macher und Unternehmer.
Natürlich ist auch bei mir nicht alles Gold, was glänzt. Mein ausgeprägter Individualismus bringt mich schnell in unnötige Konflikte mit Autoritäten. Wie ein (antiautoritäres) Kind reagiere ich auf jeden, der über mir steht. Und mit Menschen, die unter mir arbeiten, kann ich auch nicht besonders gut umgehen. So verbaue ich mir viele gute Chancen im Leben. An diesem Punkt muss ich flexibler, toleranter, lässiger werden. Es wäre ein Unglück, wenn ich mit meinen tollen Talenten an einer popeligen Autorität scheitern würde.

Lektion 16:

☉ **Sonne in den Fischen** ♓

Meine Sonnenstärken: Feinfühlig, intuitiv, hilfsbereit, innig, seelenvoll, inspirierend, selbstlos, geheimnisvoll.
Meine Sonnenschwächen: Unpraktisch, unfassbar, intrigant.

Mein Zeichen „Fische“ ist das letzte Zeichen im astrologischen Tierkreis. Dieser Kreis ist ein Symbol von insgesamt zwölf Abschnitten. Jeder Abschnitt drückt eine andere Seinsweise des Menschen aus. Alle zwölf Zeichen oder Stufen umfassen die Gesamtheit des menschlichen Seins. Jeder neue Abschnitt trägt in sich die Essenz der vorangegangenen und erweitert sie um ein neues Prinzip. So trägt mein Zeichen als letztes alle anderen Qualitäten in sich und bereichert sie um eine – seine spezifische – Eigenart.
Auf meiner Stufe der Fische entwickelt das Leben die Fähigkeit, sich selbst zurückzunehmen, um Platz zu machen für neues Leben, das dann mit dem Zeichen Widder wieder beginnt.
Es ist daher nicht gerade einfach, mich selbst zu beschreiben, einzuordnen oder festzulegen. Ich bin ein Mensch mit einem extrem vielseitigen Wesen: schillernd wie eine Seifenblase, tief wie das Meer, leicht wie weiße Wolken am Himmel und schwer wie ein grauer Novembertag. Man kann auch sagen, ich besitze keinen so eindeutigen Charakter wie andere Menschen, bin das „Viele“ im „Einen“ oder auch das „Eine“ im „Vielen“. So etwas wie ein klar umrissenes „Ich“ wurde mir offenbar nicht in die Wiege gelegt: Was geschieht, wenn ein Tropfen Wasser ins Meer fällt ...? Er löst sich auf ...! Aber ist dann der Tropfen im ganzen Meer? Und ist das ganze Meer in diesem einen Tropfen ...? Dieser Parabel beschreibt mich treffend. Es ist nur schwer zu begreifen, dass ich jemand Bestimmtes bin und dann doch wieder nicht sein soll. Das ist besonders deswegen so ungewöhnlich, weil unsere Welt so viel Wert auf eindeutige und bestimmbare Strukturen legt. Man höre: Hans Müller ist am 8. März 1962 geboren. Er ist 1,75 Meter groß, 65 Kilogramm schwer und Taxifahrer. Seine Hobbys sind Schwimmen und Biertrinken. Er ist fröhlich, aufgeschlossen, gern allein. So lautet eine „normale“ Personenbeschreibung. Aber das passt nicht auf mich. Natürlich bin ich an einem bestimmten Tag geboren, selbstverständlich gibt es eine Größe, ein Gewicht usw. Aber das alles ist völlig unwichtig und könnte auch ganz anders sein. Diese festgelegten Daten beschreiben mich als Fisch so wenig, wie man „Liebe“ beschreiben kann, wenn man während des

Liebesaktes die Temperatur oder die Dauer der geschlossenen Augen angibt.
Ich lasse mich nicht greifen und noch weniger begreifen. Ich entwickle eine wahre Meisterschaft darin, mich dem „Begreifen“ zu entziehen, bin ein Meister der Tarnung.
Dieses Verhalten führt natürlich zu Missverständnissen bei meinen Mitmenschen. Oft ist es so, dass meine Angehörigen, Partner und Freunde glauben, sie müssten mich retten, weil ich mich ja offenbar miss- und unverstanden fühle und damit meine Notlage signalisiere. Das stimmt wohl einerseits: Ich befinde mich häufig in Not, fühle mich allein und ungeliebt. Aber andererseits entspricht das Nicht-Verstanden-Werden meiner Natur. Es ist eine paradoxe Situation: Man möchte mir helfen und veranlasst mich dabei nur, mich immer weiter zu entfernen, mich noch stärker in Widersprüche zu verwickeln. Deshalb muss man mich als Fisch „schwimmen“ lassen, auch wenn es den Anschein hat, als bräuchte ich Hilfe. Ich finde mich schon allein zurecht. Ich brauche manchmal meine Phasen des Allein- und mir-Seins. Das ist meine Heimat, mein Reich. Hier tanke ich auf und finde mich selbst wieder.

In mir wirkt eine Kraft, die „leicht“ macht, mir die Fähigkeit schenkt, all das loszulassen, was in einem menschlichen Leben so immens wichtig erscheint: Ichbezogenheit, Besitz, Wissen, Familie, Arbeit, Beziehung, Zugehörigkeit und Status. Das bedeutet natürlich nicht, dass ich nicht gern reich wäre und ein bequemes einem unbequemen Leben vorziehen würde. Aber ich hänge daran weniger als andere. Wenn es sein muss, kann ich als Fisch auf all diese Annehmlichkeiten verzichten.
Deshalb finde ich mich in unserer auf materielle Güter und Erfolg ausgerichteten Welt schwer zurecht. Mir fehlen einfach die „spitzen Ellenbogen“ und der „Biss“. Und auch mit der Motivation ist es nicht allzuweit her: Warum soll ich mich abrackern und plagen? Ist der Verlust an Lebensqualität in unserer Erfolgsgesellschaft nicht so groß wie der Gewinn? Nein, mein Problem ist nicht, dass ich etwas falsch machen könnte. Mein Problem ist, dass ich überhaupt etwas tue, „in die Gänge komme“.

Lektion 17:

☾ Mond

Lächelt er? Oder schaut er doch mit grimmigem Gesicht auf uns herunter? Ach, manche sehen überhaupt kein Gesicht, sondern einen alten Mann oder gar ein uraltes Weib, bucklig, mit einer Fuhre Holz auf dem Rücken. Einen bösen Mann gibt es auch.
Der Mond, la luna, la lune .. in Tausenden von Liedern besungen, wie in dem berühmten französischen Volkslied:

"Au clair de la lune,
mon ami Pierrot,
prête-moi ta plume,
pour écrire un mot.
Ma chandelle est morte,
je n'ai plus du feu.
Ouvre-moi ta porte
pour l'amour de Dieu."

(Im Schein des Mondes,
mein Freund Pierrot,
leih mir deine Feder,
um ein Wort zu schreiben.
Meine Kerze ist aus,
ich habe kein Feuer mehr.
Öffne mir deine Türe
um der Liebe Gottes willen.)

Französisches Volkslied

Selene hieß die Göttin des Mondes bei den Griechen, Luna bei den Römern. Sie war die Schwester des Helios, eine schöne, milde Jungfrau, Göttin der Nacht, die nach dem pompösen Niedergang des Sonnengottes – er zog mit einem goldenen Wagen, bespannt mit vier weißen Rossen – bescheiden mit einem Zwiegespann ihre einsame Reise über den nächtlichen Himmel antrat.
Den ersten Menschen symbolisierte der Mond eine Ahnung von Ordnung, Stimmigkeit, Zeit, Rhythmus, Wiederholung und Folge ... Der Abschnitt von einem Mondgesicht (Vollmond) bis zu seiner Wiederholung (also wieder Vollmond) wurde die Zeiteinheit schlechthin, nämlich ein Mon(d)nat, und jedes Monatsviertel (Woche) begann mit einem Mon(d)tag.

Die Frauen entdeckten noch eine andere Beziehung zum Mond. Die Menses war ebenfalls mit dem Mond verknüpft. Ihre Monatsblutungen fanden stets zu bestimmten Mondstellungen statt (zum Beispiel Neumond, Vollmond, Halbmond, Zweidrittelmond). Studierte man also den Mond, konnte man Phasen der Fruchtbarkeit bzw. Unfruchtbarkeit im Voraus wissen. Die ersten Kalender waren also bestimmt weder steinerne Tafeln noch beschriebenes Pergament, sondern nichts als der nächtliche Himmel selbst: Er vermittelte die Zeit und zeigte be-

stimmte Phasen. Nach ihm richteten sich das Wetter, die Gezeiten der Meere, die Zu- und Abnahme von Austern, Fischen, Kräutern, Pilzen, die Geburten von Mensch und Tier, der Verlauf von Krankheiten, und sogar der Tod kam und ging mit dem Mond.
Wer den Mondkalender verstand, war wissend, mächtig und reich. Er wusste, wann und wo die Fische anbissen und wann Krankheiten geheilt werden konnten.
Bald war es nicht mehr nötig, den Mond am Himmel zu beobachten. Es gab Tabellen, in denen der Lauf des Mondes eingezeichnet waren – die ersten richtigen Mondkalender. Sowohl das Wissen über die Monduhr wie auch die Mondkalender gingen mit der Aufklärung Ende des 18., im 19. und 20. Jahrhundert verloren. Nur wenige Menschen – zumeist auf dem Lande – setzten in ihrem alltäglichen Leben weiter auf den Mond.
Im Zuge einer allgemeinen Wiederbelebung der Verbundenheit zu Natur und Kosmos erschienen zu Beginn der Neunzigerjahre wieder Veröffentlichungen zum Mond und seinen Geheimnissen. Die ersten Mondkalender wurden gedruckt. Heute gibt es viele Menschen, die ihre Arzt-, Kosmetik- und Friseurtermine nach dem Mond richten, die ihren Garten nach dem Mondkalender bestellen und die Zimmerpflanzen dann düngen und gießen, wenn die Monduhr dazu rät.

Einmal vom Neumond zum Vollond und wieder zurück
Der Mond wandert in etwas weniger als 28 Tagen einmal um die Erde und reflektiert dabei das Sonnenlicht zur Erde. Befindet er sich von der Sonne aus geshen vor der Erde, ist Neumond (von der Erde aus sehen wir kein reflektiertes Sonnenlicht). Steht der Mond von der Sonne aus gesehen hinter der Erde, ist Vollmond (wir sehen das reflektierte Sonnenlicht). Die Phase vom Neumond zum Vollmond heißt zunehemende, die umgekehrte, abnehmende Mondphase.

Neumond
Neumond, leerer Mond, schwarzer Mond, toter Mond. Das sind die Namen für ein besonderes kosmisches

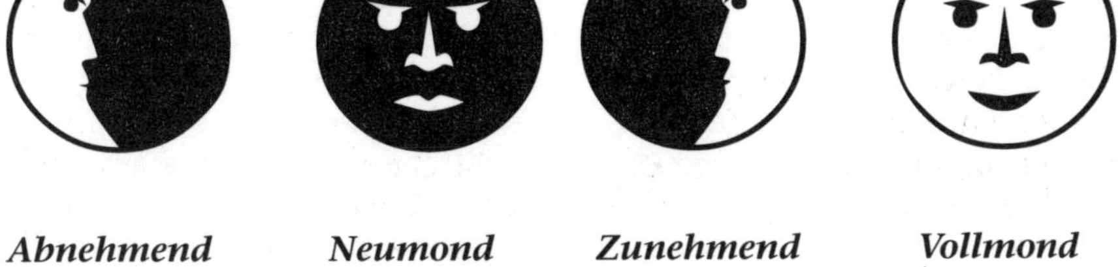

Abnehmend *Neumond* *Zunehmend* *Vollmond*

Ereignis: Mond und Sonne stehen – von der Erde aus betrachtet – hintereinander, in einer Linie, zumindest beinahe. Stünden sie wirklich exakt hintereinander, gäbe es auf der Erde eine Sonnenfinsternis.

> Eine alte Bauernregel:
> ***„Was immer man an einem Neumondtag macht, hat große Wirkung. Wenn man fastest, entgiftet man seinen Körper gleich für zwei Wochen. Wenn man wie ein Esel frisst, vergiftet man sich – auch für zwei Wochen. Was man sät, wächst in den nächsten Wochen in den Himmel, was man schneidet, kommt nimmermehr. Kinder, die bei Neumond gezeugt werden, halten die Ehe der Eltern vierzehn weitere Jahre zusammen."***

Sonne und Mond – das ist ein Treffen zwischen Mann und Frau. Das eine verwandelt sich in das andere, und der Mond ist hernach voll mit Sonnenenergie und die Sonne ist voller Mond.

Tipps und Tricks zum Neumond

Ein Fasttag beugt Krankheiten vor, entgiftet den Körper. Meditation und Besinnung stärken Seele und Geist. Gute Zeit für Zeugen, Säen und Befruchten. Anfang vom Ende einer unliebsamen Gewohnheit (Rauchen). Wechselt das Wetter in der Neumondphase (drei Tage vor bis drei Tage nach Neumond), hält es zwei Wochen an.

Zunehmender Mond

Zwei bis drei Tage nach dem Neumond taucht der Mond als silberne Sichel aus der Dunkelheit der Nacht auf, verbreitet Hoffnung und Zuversicht. Jeden Abend wird seine Sichel größer und geht immer später auf. Mit dem sich ausdehnenden Mond atmet alles in der Natur ein, breitet sich aus, nimmt zu, wächst himmelwärts. Der Mensch möchte das Leben vereinnahmen, es in sich aufnehmen und besitzen in Lust, Freude und Genüßlichkeit.

> Eine Bauernregel sagt:
> ***„Bei zunehmendem Mond bleibt das Essen im Bauch hängen."***

Tipps und Tricks zum zunehmenden Mond

Alles, was dem Körper zugeführt wird und ihn aufbaut, wirkt bei zunehmendem Mond stärker. Dagegen brauchen alle Eingriffe in den Körper (Operationen) eine längere Rekonvaleszenz. Schonung und Erholung nützen Körper und Geist. Richtige Zeit für alle Planungen, Vorhaben und Verträge. Gute Periode, solche Pflanzen zu säen und zu setzen, deren oberirdisches Wachsen wichtig ist. Komposthaufen anlegen. Haare schneiden (wachsen schneller, werden kräftiger).

Vollmond

Der Vollmond ist ein Fest. Sonne und Mond stehen sich gegenüber und nehmen die Erde in die Mitte, so als wäre sie ein Kind und Mond und Sonne Mutter und Vater. Es ist eine Phase größter Liebe der Gestirne für die Erde und damit auch für den Menschen, ein Tag, der in Glück und Dankbarkeit verbracht werden soll.

Ein griechischer Trinkspruch lautet:
„Wer bei Vollmond nicht wenigstens einmal mit dem Mond anstößt, ist ein Banause und verdient kein Glück."

Tipps und Tricks zum Vollmondmond
Gut essen und feiern zieht Glück an. Gepflückte Heilkräuter besitzen größere Kraft. Jeder Schnitt (Haare, Pflanzen) tut weh. Zunahme von Unterhaltung, Leichtsinn und Gewalt. Kinder, die gezeugt oder geboren werden, sind von ihren Eltern besonders geliebt. Wechselt das Wetter in der Vollmondphase (drei Tage vor bis drei Tage nach Neumond), hält es zwei Wochen an.

Abnehmender Mond
Am zweiten Tag nach dem Vollmond verliert die volle, leuchtende Mondkugel am nächtlichen Himmel ihre pralle Form und steigt Abend für Abend etwas später über den Horizont. Der Mond nimmt ab.

Italienische Bauern sagen:
„Der Mond atmet aus, er verschenkt sich, er schneidet sich jeden Tag ein Stück aus seinem Leib. Das ist ein Zeichen, dass es auch für uns gut ist, unsere Kraft zu verschenken."

Tipps und Tricks zum abnehmenden Mond
Eingriffe in den Körper (Operationen) heilen besser und schneller. Haarschneiden hält länger nach. Sämtliche Arbeiten in Haus und Garten gehen besser von der Hand. Wäsche waschen benötigt weniger Seife. Fenster werden schlierenfrei. Das Düngen der Pflanzen zeigt bessere Wirkung. Richtige Zeit für das Setzen und Sähen von Pflanzen, deren unterirdisches Wachsen wichtig ist.

Der Lauf des Mondes durch den Tierkreis
Auf der Reise des Mondes um die Erde gleitet er an den zwölf Tierkreiszeichen Widder bis Fisch vorbei und verweilt dabei in jeder Station zwei bis drei Tage. Die „Monduhr" zeigt alle zwei bis drei Tage etwas anderes an.
Auch bei jeder Geburt eines Menschen steht der Mond in einem bestimmten Tierkreizeichen. Diese besondere Mondstellung bleibt dann ein ganzes Leben lang erhalten. Vom Mond im Horoskop handelt die nächste Lektion.

Lektion 18:

☾ Der Mond im Horoskop

Unter den Gestirnen ist neben der Sonne der Mond am wichtigsten. So, wie am Himmel tagsüber die Sonne scheint und nachts der Mond, so deutet man entsprechend in der Astrologie die Sonne als Symbol für das Sichtbare und Offenkundige. Der Mond wiederum steht für das Unsichtbare und Verborgene. Was ein Mensch von sich zeigt, was die anderen sehen, das wird von der Sonne „regiert“. Wie man fühlt, was in einem vorgeht, all das, was man höchstens selbst von sich weiß, das wird vom Mond bestimmt.
Auch der Mond kreist durch den Tierkreis beziehungsweise den Zodiak. Allerdings dreht er sich erstens tatsächlich um die Erde (die Sonne nur scheinbar) und zweitens ist seine Umlaufbahn im Vergleich zur Sonne-Erde-Geschwindigkeit rasend schnell: Der Mond benötigt circa 28 Tage für eine Umdrehung um die Erde. Das heißt, dass der Mond in jedem Tierkreiszeichen etwa zweieinhalb Tage verweilt. Wie bei der Sonne schließt man aus der Stellung des Mondes zum Zeitpunkt einer Geburt auf bestimmte Merkmale (in diesem Fall des Erlebens und Fühlens) eines Menschen.
Wer zum Beispiel dem Mond im Wassermann „hat“, erlebt die Welt „wassermännisch“, das heißt eher fröhlich, luftig, offen und unkompliziert.

Mond im Wassermann

Mit dem Mond im Widder wiederum erlebt man die Welt eher feurig, rivalisierend und dynamisch.

Mond im Widder

Lektion 19:

☾ Mond im Widder ♈

Meine Mondstärken: Unternehmungslust, Impulsivität, Direktheit, Selbständigkeit, Ichhaftigkeit, die Suche nach einem eigenständischen Wirkungskreis, lebhafte Phantasie, musikalische oder bildnerische Begabung, eine Vorliebe für unkonventionelle berufliche Wege, Einfallsreichtum und das Erspüren von Macht.

Meine Mondschwächen: Aggressivität, innere Spannung.

Eine Wohltat für mich ist im wahrsten Sinne des Wortes das Feuer: Wärme, das Licht der Sonne, Hitze, Reibung, Action. Bei diesen „aufwärmenden“ Gelegenheiten tankt meine Seele auf.
Doch auch Reibung, Konkurrenz und Kampf erzeugen Wärme. Meine Seele wird genährt, wenn ich mich durchsetze, spontan bin, mich überwinde, etwas Schwieriges durchstehe. Mit anderen Worten, ich brauchen Herausforderungen, damit ich zu mir selber sagen kann: „Das hast Du toll gemacht...!“ Wenn man mich nicht beachtet, fühle ich mich persönlich gekränkt.
Aber auch Langeweile kann ich schlecht ertragen. Wenn alles nur dahin plätschert habe ich das Gefühl, das Leben gehe an mir vorbei!
Auf Folgendes muss ich besonders achten: Durch meine „Mondbrille“ erkenne ich sofort und überall Konkurrenz und Machtgerangel. Das ist gut. Denn so bin ich stets gewappnet. Auf der anderen Seite sehe ich manchmal auch „Gespenster“, fühle mich angegriffen oder übergangen, obwohl das gar nicht der Fall ist.
Ich muss also lernen, meine spezifische Mondkraft nicht zu verallgemeinern: Es gibt noch elf andere Möglichkeiten, die Welt zu erleben!
Ansonsten aber besitze ich einen wunderbaren Mond, der mir viel Freude bereitet und mich zu einem beliebten Menschen macht. Bei mir ist immer etwas los; bei mir findet man Wärme und Herzlichkeit.

Mondcheck
Wie weiblich macht mich mein Mond? Nicht besonders, denn der Widder ist ein männliches Zeichen.

Lektion 20:

☾ Mond im Stier ♉

Meine Mondstärken: Lebensfreude und Genuss, gefestigtes Gefühlsleben, Naturliebe, Musikalität (besonders Gesang). Sammelleidenschaft, Gutmütigkeit, Häuslichkeit, Geschmack, praktische Begabung, fühlen, was Sache ist, „Geld riechen können".

Meine Mondschwächen: Antriebsschwäche, Materialismus.

Wichtig für mich ist die Natur, besonders im Frühling, wenn alles wächst, blüht und eine übergroße Pracht und Fülle herrscht. Überhaupt ist „Fülle" ein zentrales Thema für mich. Essen zum Beispiel. Es macht mir ungeheuren Spaß, gemeinsam mit anderen am Tisch zu sitzen, verschiedene Speisen auszuprobieren und die Gaumenfreuden zu genießen. Das nährt meine Seele und schenkt mir das Gefühl, zu Hause zu sein.

Neben „Fülle" sehne ich mich nach Sicherheit und Geborgenheit. Einen festen Platz, ein Haus, meinen angestammten Tisch, meine Bank im Park. Dann fühle ich mich wohl. Unruhe und Missbehagen kommen auf, wenn ich befürchte, Fülle, Sicherheit und Geborgenheit zu verlieren. Die Vorstellung, nicht genügend Geld, nicht ausreichend Essen, keinen Platz zum Schlafen zu haben, bereitet mir Seelenpein. Doch diese Ängste kommen und gehen mit dem Mond, sind also weitgehend unabhängig von der Wirklichkeit. Ich muss erkennen, dass diese Ängste zu mir und meinem Mond gehören und sich selbst dann bemerkbar machen, wenn Geld und gutes Essen im Übermaß vorhanden sind. Ich muss lernen, meine Existenzängste als „Mond-Ängste" zu akzeptieren. Dann kann ich besser damit umgehen.
Und noch etwas ist wichtig: Ich darf nicht davon ausgehen, dass anderen gut tut, was mir gut tut. Nicht jeder hat – wie ich – einen Mond im Stier. Nicht jeder legt so großen Wert auf gutes Essen und Sicherheit. Ich muss aufpassen, dass es des Guten nicht zu viel wird. Denn damit könnte ich andere vor den Kopf stoßen.

Mondcheck
Wie weiblich macht mich mein Mond? Ich bin sehr weiblich; beinahe so etwas wie der Inbegriff von Weiblichkeit (wenn ich eine Frau bin). Als Mann suche ich nach einer derartigen Frau.

Lektion 21:

☾ Mond in den Zwillingen ♊

Meine Mondstärken: Vielseitigkeit, Ausdrucksfähigkeit, Kontakt- und Kommunikationsfreude, schriftstellerische Begabung, leichter Zugang zum Seelischen, intuitives Erfassen anderer Menschen, gute Darstellungs- und Überzeugungskraft.

Meine Mondschwächen: Oberflächlichkeit, Manipulation, Enttäuschungen.

Ich habe einen neugierigen Mond, der sich für alles interessiert. Es tut mir gut, wenn ich etwas lese, lerne oder mich unterhalte. Überhaupt sind andere Menschen für meinen Mond und damit für mein seelisches Wohlbefinden ein Muss. Ich werden traurig, wenn niemand da ist, mit dem ich zusammen sein und mich unterhalten kann. Natürlich benötige auch ich Phasen, in denen ich allein bin. Diese spielen jedoch eindeutig eine untergeordnete Rolle, denn ich bin ein sozialer Mensch. Mein Wohlbefinden hängt davon ab, ob ich in einer Gesellschaft gut ankomme oder nicht. Weil ich davon ausgehe, dass auch anderen Menschen gut tut, was mir Spaß macht, fehlt mir manchmal eine gewisse Distanz.
Ich muss lernen, dass andere vielleicht ruhiger sind als ich und weniger Unterhaltung brauchen, weil deren Mond eben ganz woanders steht.
Ich spreche gern über meine Gefühle. Mit Unausgesprochenem, Erfühltem und Erahntem hingegen kann ich wenig anfangen. Das hilft mir zwar, einen klaren Kopf zu bewahren, aber es entgeht mir auch etwas, nämlich die schöne Erfahrung, Dinge zu erleben, die den Verstand übersteigen. Vielleicht sollte ich mich öfters von den Wogen der Gefühle mitreißen lassen ...

Mondcheck
Wie weiblich macht mich mein Mond? Das Zeichen Zwillinge ist ein männliches; entsprechend männlich bin auch ich.

Lektion 22:

☾ Mond im Krebs ♋

Meine Mondstärken: Für andere da sein, die Umwelt atmosphärisch erfassen können, Erlebnistiefe, seelische Beeindruckbarkeit, Naturverbundenheit, starke unbewusste Kräfte, mütterlich und häuslich sein, starkes Innenleben, große Einfühlungsgabe, telepathische Fähigkeiten.

Meine Mondschwächen: Täuschungen, Verstrickungen, unverstanden sein, launisch sein, Probleme durch gespannte Mutterbeziehung.

Nähe, Geborgenheit, Wärme, Körperkontakt und nackte Haut tun mir gut. Das verleiht mir das Gefühl, zu Hause, bei mir, zu sein. Ich bin ein emotionaler Mensch. Je tiefer ich empfinde, um so besser geht es mir. Das Herz geht mir auf, wenn andere Menschen ihre Gefühle leben, lachen oder weinen. Kurz gesagt: Ich bin, wie ich mich fühle. Habe ich ein gutes Gefühl, klappt alles besser: meine Arbeit, meine Partnerschaft, mein Alltag. Fühle ich mich schlecht, geht nichts richtig voran. Diese guten und schlechten Gefühle kommen von meinem Mond; daran kann ich nichts ändern. Ich muss ihm folgen, mich führen lassen, das ist mein Naturell. Und eigentlich ist das auch eine wunderbares Geschenk: Der Mond beschert mir großen Gefühlsreichtum und eine starke Seele.
Ich bin sehr zuvorkommend, fürsorglich und mütterlich, weil ich davon ausgehe, dass anderen das Gleiche gut tut wie mir. Ich bin ein wunderbarer Mensch, ein großartiger Gastgeber, der gern für andere kocht und für sie da ist. Doch Vorsicht: Nicht jeder besitzt den gleichen Mond wie ich. Da kann es leicht passieren, dass meine Liebe und Fürsorge nicht geschätzt, unter Umständen sogar als unangenehm empfunden wird. Das muss ich lernen, dass andere vielleicht ganz anders sind.

Mondcheck
Wie weiblich macht mich mein Mond? Der Krebsmond macht mich extrem weiblich.

Lektion 23:

☾ Mond im Löwen ♌

Meine Mondstärken: Darstellungskunst, Selbstvertrauen, Verantwortung übernehmen können, künstlerische Kreativität, starke Ausdruckskraft, sich für Schwächere einsetzen, Gerechtigkeitsempfinden, Unternehmungsgeist und Risikofreude, schauspielerisches Talent, andere positiv motivieren können, repräsentieren können

Meine Mondschwächen: Autoritätsprobleme mit weiblichen Vorgesetzten, Anlage zur Theatralik und Übertreibung.

Mein Mond macht mich zu einer kleinen Prinzessin beziehungsweise einem kleinen Prinzen. Ich liebe Prunk, Show und Selbstdarstellung. Ich und mein Mond wollen hofiert und bewundert werden.
Der Löwe, das Zeichen meines Mondes, ist ein Feuerzeichen. Tatsächlich geht mir das Herz auf, wenn die Sonne vom blauen Himmel strahlt und die Natur zum Spaziergang einlädt. Graue Herbst- und Wintertage hingegen bedrücken meine Seele. Ich will gut leben, kaufe gerne ein und gebe dabei gern viel Geld aus. Für mich ist es wichtig, mir meine Wünsche erfüllen zu können. Ist das nicht der Fall, kann ich wie ein kleines Kind trotzig und verzweifelt werden.
Da mein seelisches Wohlbefinden von dieser Wunscherfüllung abhängt, bin ich im siebten Himmel, wenn ich bekomme, was ich will. Wird mir jedoch ein Wunsch abgeschlagen, „schmore" ich regelrecht in der Hölle. Das muss ich ändern. Mein Wohlbefinden sollte nicht dermaßen abhängig von der Erfüllung meiner Wünsche sein.
Mein Mond macht mich auch sehr selbstbewusst, was mir prima hilft, draußen im Leben gut zurechtzukommen.
Da ich es so sehr liebe, zu beschenken und beschenkt zu werden, erwarte ich das gleiche bei anderen. Das ist manchmal ein Fehler: Andere können meine Zuwendung oft nicht in gleicher Weise erwidern, denn sie haben einen anderen Mond.

Mondcheck
Wie weiblich macht mich mein Mond? Löwemond-Menschen sind feurig und stark, aber nicht unbedingt weiblich.

Lektion 24:

☾ Mond in der Jungfrau ♍

Meine Mondstärken: Organisationstalent, Pflichtgefühl, hohe Konzentrationsfähigkeit. Ordnungsliebend und ausführend. Fähig zu gewissenhafter Prüfung, hochentwickelter Sozialgedanke, Gespür für gesundheitliche Belange, bewusste Ernährung, Zugang zu geheimem Wissen.

Meine Mondschwächen: Ungelebte Emotionen können die Ursache psychosomatischer Störungen werden.

Ich fühle mich wohl, wenn die Dinge wachsen, reifen und sich vollenden. Hinauszugehen in die Natur, Erde zu berühren, unter einem Baum zu sitzen, Früchte zu ernten: Das alles macht mich glücklich, nährt meine Seele, bringt mich näher zu mir. Auch wenn ich Kummer habe, empfiehlt es sich, „Natur zu tanken". Mein Mond macht mich zu einem exzellenten Beobachter. Ich registriere, was in meiner Umgebung geschieht. Ich bin daher stets bestens informiert, was mir beruflich wie privat Vorteile verschafft. Ich denke oft an die Zukunft und kalkuliere die verschiedenen Möglichkeiten durch. Angst und Grauen erfasst mich bei dem Gedanken, meine Zukunft könnte unsicher oder gar bedrohlich sein. Hingegen sind meine Gefühle in unbeschwerten Momenten leicht und verspielt. Tiefe Emotionen versuche ich mir möglichst vom Hals zu halten.
Mit dem Mond in der Jungfrau fühle ich mich schnell vernachlässigt, wenn nichts „los" ist, das Telefon nicht klingelt, niemand mich beachtet. Auf der anderen Seite sage ich auch nicht gerne, was ich haben möchte. Ich muss lernen, meine Wünsche besser auszusprechen. Sich um andere zu sorgen, ist für mich beinahe soetwas wie eine Lebensaufgabe. Das ist schön und wohltuend – für andere. Aber ich selbst komme dabei zu kurz, denn nicht jeder hat wie ich einen Mond in der Jungfrau.

Mondcheck
Wie weiblich macht mich mein Mond?
Jungfrau ist ein weibliches Zeichen, entsprechend weiblich bin ich auch.

Lektion 25:

☾ Mond in der Waage ♎

Meine Mondstärken: Andere spüren können, gern unter Leuten sein, Kontaktfreude, Sinn für Ästhetik, Kunst, Schönheit, verbindend und ausgleichend sein, Gerechtigkeitsliebe.

Meine Mondschwächen: Entscheidungsunfähigkeit, Antriebsarmut, Überempfindlichkeit und ohne Partner/Bezugsperson inaktiv.

Nach außen hin wirke ich stark. Kennt man mich aber näher, entdeckt man meine sensible Seele. Kinderträume erwachen, und die Suche nach Harmonie, nach dem Stimmigen, Schönen und Angenehmen wird offensichtlich. Ich bin für die angenehme Seite des Lebens geschaffen. Mit der täglichen Routine habe ich so meine liebe Not. Disharmonien, Streitereien, Lärm, Hässlichkeiten und Böses erschrecken mich, machen mich traurig.
Mein Widerwille gegen Streit und Konfrontation kann mich dazu bringen, des guten Tones wegen, Differenzen nicht wahrhaben zu wollen. Da heißt es umdenken. Ecken und Kanten gehören nun einmal zum Leben, Streitereien müssen ausgetragen und akzeptiert werden. Das bereichert mich und bringt mich einer ganzheitlichen Lebenserfahrung näher.
Mein Wohlbefinden ist sehr von der Zuneigung und Sympathie meiner Mitmenschen abhängig. Das ist einerseits ganz natürlich. Für jeden ist es wichtig, ob er gemocht wird oder nicht. Bei mir ist diese Abhängigkeit allerdings extrem ausgeprägt. Ich brauche Anerkennung wie „Motten das Licht". Ich blühe auf, wenn ich geliebt und bewundert werde. Ich „gehe ein" und „verwelke", wenn Zuneigung fehlt. Wendet sich ein Mensch von mir ab, leide ich wie ein Tier, weil ich glaube, ich hätte versagt. Ich muss lernen, mit meiner Abhängigkeit von Liebe und Zuneigung besser umzugehen; ich muss besser zu mir selber sein.

Mondcheck
Wie weiblich macht mich mein Mond? Er macht Sie zärtlich, einfühlsam und in Maßen weiblich.

Lektion 26:

☾ Mond im Skorpion ♏

Meine Mondstärken: Hinterfragen und aufdecken, im Krisenfall Stärke zeigen, Verantwortung übernehmen, okkulte, hellseherische und magische Fähigkeiten, suggestive Ausstrahlung, die andere beeindruckt.

Meine Mondschwächen: Ungelöste Familienprobleme, ein nicht Loskommen von der Mutter, ausgeprägte Herrschsucht.

Ich habe einen besonders starken Mond, und entsprechend stark sind meine Gefühle. Es brodelt zuweilen in mir wie im Innern eines Vulkans: höchste Ekstase, teuflische Eifersucht, schmachtendes Sehnen, unüberbietbarer Sex, kosmische Vereinigung – alles ist darunter.

Das Leben mit mir bleibt immer aufregend. Mein Mond sucht geradezu intensive Gefühle, Tiefe, Dramatik, Leidenschaft und Innigkeit. Hingegen langweilt es meinen Mond (und damit auch mich), wenn das Leben nur so dahin plätschert, keinen rechten Sinn macht, keine Spannung besitzt, leer und eintönig ist. Meine Offenheit für große und tiefe Gefühle macht mich stark und zuweilen auch ziemlich dominant.
Das müssen Sie wissen: Sie beeindrucken gerne Menschen und üben Macht über Sie aus.
Menschliche Nähe ist mir genauso wichtig wie Gefühlsintensität. Ich kann einem Menschen, den ich liebe, alles geben, vollkommen mit ihm verschmelzen und mich selbst dabei aufgeben. Entsprechend schwer fällt es mir, einen geliebten Menschen wieder loszulassen. Da leide ich regelrecht Höllenqualen und kann zum Racheengel werden, der alles zerstört.

Mondcheck
Wie weiblich macht mich mein Mond? Ich besitze eine starke Weiblichkeit (als Frau), beziehungsweise suche (als Mann) nach so einer Frau.

Lektion 27:

☾ Mond im Schützen ♐

Meine Mondstärken: Optimistisch, motivierend, begeisterungsfähig, vielseitig, schauspielerische Begabung, Rhythmus- und Musikgefühl, schriftstellerische Talente, sportliche Fähigkeiten, gut im Ausland leben können.

Meine Mondschwächen: Überzogene Führungsansprüche, Blauäugigkeit, Naivität.

Mein Schütze-Mond macht mich zum „Schwärmer". Alles, was mich berührt, was meine Seele nährt, taucht er in ein schöneres Licht, macht es bunter, leuchtender – zuweilen regelrecht heilig. Bombastische Musik zum Beispiel dringt tief in meine Seele hinein und nährt sie. Mit diesem Mond habe ich einen Hang zum Pastoralen, Mystischen, Spirituellen. Alles was nicht ordinär, nicht materiell und irdisch ist, das „saust" in mich hinein, wird geschluckt und aufgesogen. Hingegen sind mir nüchterne, kleinliche, materielle Belange unwichtig. Soetwas erdrückt meine Seele, macht sie traurig und klein.

Was meinem Mond, und damit meiner Seele, noch sehr gut tut, ist Bewegung. Reisen versetzt mich in besondere Schwingungen, baut mich auf, nährt mich.
Mit diesem Mond bin ich ein fabelhafter Führer und Begleiter. Anderen zeige ich gern den Weg, und es freut mich, wenn andere dann diesen Weg gehen und weiterkommen. Lehrer zu sein, Helfer und Förderer – dafür bin ich durch meinen Mond bestimmt.
Ich bin sehr offen. Meine Wohnung ist offen. Jeder kann bei mir vorbeischauen, anrufen oder etwas von mir bekommen. Verständlich, dass ich das Gleiche von anderen Menschen erwarte. Doch das ist ein Irrtum mit oft bösen Folgen: Andere sind vielleicht weitaus verschlossener, erwarten mehr Sensibilität oder Rücksichtnahme auf ihre Persönlichkeitssphäre. Da muss ich aufpassen und daran denken, dass nicht jeder Mensch wie ich einen Schütze-Mond besitzt.

Mondcheck
Wie weiblich macht mich mein Mond? Auch als Frau stehe ich leicht meinen Mann. Als Mann suche ich eine sportliche Frau.

Lektion 28:

☾ Mond im Steinbock ♑

Meine Mondstärken: Klares Gefühlsleben, Selbstbeherrschung und Pflichtbewusstsein, Streben nach Objektivität und Klarheit, Ernsthaftigkeit, Liebe zu Beruf und Karriere, Suche nach sozialer oder politischer Verantwortung.

Meine Mondschwächen: Sich selbst zu negativ sehen, abhängig sein von beruflichem Erfolg, Gefühlskontrolle.

Mein Mond ähnelt einem Bergkristall. Er wirkt kühl und abweisend. Wer sich jedoch tiefer auf ihn einlässt, entdeckt, welch kolossalen Kräfte ihm innewohnen.
Ganz ähnlich ist es bei mir: Wer sich die Zeit nimmt, mich näher kennenzulernen, tastet sich langsam, Schritt für Schritt, an meine Seele heran. Und plötzlich offenbaren sich gewaltige Räume.
Gefühle sind mir heilig. Ich kann sie zum Kult erheben, ihnen eine besondere Bedeutung, eine größere Tiefe verleihen.
Ich mag es nicht, wenn man mit (echten) Gefühlen spielt, sie nicht für wahrhaftig hält oder leichtfertig mit ihnen umgeht. Andererseits habe ich auch kein Verständnis für Menschen, die jedes Gefühlchen gleich in die Welt posaunen oder sich und ihre Gefühle allzu wichtig nehmen.
Wie der zuvor erwähnten Kristall Strahlen bündeln kann, versucht mein Steinbock-Mond Gefühle zu „bündeln" und sie auf diese Weise zu konzentrieren und zu veredeln. Schnell entsteht so der Eindruck, ich wäre gefühlskalt oder gar gefühllos. Doch das täuscht: Wie man dem Kristall seine Kräfte nicht ansieht, so erkennt man auch meinen versteckten, großen Gefühlsreichtum nicht sofort.
Das täglichen Zusammenleben mit mir und meinem Mond ist allerdings nicht immer einfach. Man will ja manchmal einfach nur unbeschwert sein und sich gehen lassen. Doch das ist mir zu banal und man wird von mir in die Schranken ver wiesen.
Meine Mütterlichkeit ist ausgeprägt; ich habe gerne eine Familie mit Kindern. Doch meine Karriere soll darunter nicht leiden.

Mondcheck
Wie weiblich macht mich mein Mond? Ich bin sehr weiblich, auch wenn ich es nach außen hin nicht deutlich zeige.

Lektion 29:

☾ Mond im Wassermann ♒

Meine Mondstärken: Sozial, human, freundlich, aufgeschlossen, ungebunden, Veränderungsliebe, Reisefreude, Erfindungsgabe, Intuitionskraft, Vorurteilslosigkeit, Reformwillen.

Meine Mondschwächen: Zwanghaft antiautoritäres Denken und Handeln, Verwirrtheit.

Ich habe einen ganz besonders freiheitsliebenden Mond. Er ist leicht wie ein Luftballon und schwebt am liebsten über allem. Genauso bin ich auch: Ich gerate regelrecht in Panik, wenn man mich einengt, festhält oder versucht zu unterdrücken. Und wenn ich das Gefühl der Freiheit „schmecke“, „hüpft“ meine Seele und vollführt „Luftsprünge“.
Eine Ehe kann für mich eine Beengung bedeuten. Auch bei dem Gedanken, Kinder zu bekommen und eine Familie zu gründen, wird mir tief drinnen Angst und Bange. So ist es durchaus verständlich, wenn ich mich gegen ein Kind entscheide oder entschieden habe. Das bedeutet allerdings nicht, dass ich nicht kinderlieb bin. Im Gegenteil! Ich mag sie und kann prima mit ihnen umgehen. Aber ein eigenes Kind zu bekommen und all die Pflichten eines „Familientiers“ zu übernehmen, steht auf einem anderen Blatt. Mein Mond macht mich zu einem „Nestflüchter“. In der Regel verlassen Menschen wie ich mit einem Wassermann-Mond schon früh ihre Ursprungsfamilie. Der Grund dafür lautet aber nicht, die Familie nicht zu lieben. Im Gegenteil: Ich betrachte meine Verwandten als gute Freunde. Aber Familienbande, Sippenideologie und Ahnenkult jagen mir eine Gänsehaut über den Rücken.
Apropos Freunde: Mein Haus ist immer offen für alle. Ich fühle mich wohler, wenn Menschen um mich sind. Und ich fühle mich sehr einsam, wenn niemand in meiner Nähe ist. Deshalb sind gute Freunde für mich mindestens genauso wichtig wie eine Familie oder eine Partnerschaft.

Mondcheck
Wie weiblich macht mich mein Mond? Der Wassermann-Mond kennt kaum einen Unterschied zwischen männlich und weiblich. Ihm sind beide Seiten sehr vertraut.

Lektion 30:

☾ Mond in den Fischen ♓

Meine Mondstärken: Mediale Fähigkeiten, heilerische Qualitäten, Kraft durch Glauben, Sensibilität, Liebe für andere, Liebe zur Schöpfung. Verlässliches, instinkthaftes Gespür.

Meine Mondschwächen: Wirre Phantasievorstellungen, Unsicherheit, Bindungslosigkeit.

Mein Mond mag Geheimnisse und Wunder. Für mich ist es zum Beispiel wundervoll, in einer Kirche zu sitzen und beim Orgelspiel zuzuhören. Mein Herz öffnet sich dabei, macht mein Denken und Fühlen frei. Ganz anders reagiere ich, wenn es laut und hektisch wird: Meine Seele sträubt sich, in mir zieht sich alles zusammen, ich mache „dicht“.
Was mir weiterhin gut tut, ist anderen zu helfen. Ich tanke auf, wenn andere bei mir auftanken. Niemand sonst hat eine derartige Sensibilität für die Nöte anderer Menschen wie ich. Ich „rieche“ den Kummer regelrecht, fühlen mich angesprochen und will helfen. Ich muss nur aufpassen, dass in meinem Leben auch noch genug Platz für mich selbst bleibt.
Mit meinem Mond gerate ich immer wieder in Situationen, in denen ich mich nicht verstanden fühle. Das liegt daran, dass ich mich nicht so klar ausdrücken kann. Ich muss lernen, anderen gegenüber klarer und deutlicher zu werden. Das ist nur nicht so einfach. Denn meine Gefühle sind tief, so tief, dass ich mich darin manchmal total „verrenne“. Da ist es gut, wenn ich jemanden habe, der mich wieder rausholt aus diesem „Märchenwald“.
Verzichten heißt für mich nicht verlieren. Vielmehr macht es mich glücklich und frei. Aus diesem Grund greift das Schicksal auch manchmal in mein Leben ein und zwingt mich zum Verzicht.
Das größte Geschenk meines Fische-Mondes ist meine Intuition. Sie begleitet mich durchs Leben. Mit ihr besitze ich höhere Verbündete, die mir beistehen und mir zur rechten Zeit alles Wichtige „durchsagen“.

Mondcheck
Wie weiblich macht mich mein Mond? Ich bin sehr weiblich, kann diese Eigenschaft aber auch total verstecken (als Frau).
Als Mann suche ich mir so eine Frau.

Seit Jahrtausenden schon wissen die Menschen um die magischen Kräfte des Mondes. Im Mittelalter wurde der weibliche Aspekt unseres Trabanten mit der Jungfrau Maria gleichgesetzt.

Lektion 31:

☿ Merkur

Der römische Gott Merkur entspricht ganz dem Hermes der griechischen Mythologie. Er war eine ausgesprochen schillernde Gestalt, versehen mit zahlreichen Eigenschaften und Funktionen. Respekt und Bewunderung erwarb er sich durch Klugheit und Raffinesse. So stahl er – gerade erst als Sohn des Jupiter und der Nymphe Maia geboren – dem Gott Apoll 50 Rinder. Von diesem zur Rede gestellt, spielte er auf einem mit Fell und Saiten versehenen Schildkrötenpanzer derart gekonnt auf, dass Apolls Zorn verflog und er ihm die Rinder im Tausch gegen das Musikinstrument überließ. (Ganz nebenbei hatte Merkur auf diese Weise die Lyra „erfunden", jenes zauberhafte Instrument, mit dem später Orpheus Menschen wie Götter verzauberte). Der Gott Merkur war also klug und listig und genau diese Fähigkeit verleiht er auch uns Menschen. Er macht beredt, erfinderisch und verhilft einem auch mal zu einer guten Ausrede. Seiner listigen Eigenschaften wegen wurde er zum Gott der Kaufleute, Diebe und Bänkelsänger. Seine Fröhlichkeit machte ihn zum Schutzpatron all derjenigen, die auf heiteren Wegen wandeln. Und sein Diebstahl der Kühe ließ ihn selbstredend zum Gedeihen der Viehherden beitragen. Infolge seiner Lust

am Reden und seinem Talent, sich allemal in ein günstiges Licht zu setzen, wurde er der göttliche Freund all derer, die viel sprechen, schreiben und auf der Bühne stehen: Dichter, Sänger, Schauspieler, Politiker, Talkmaster, Ansager, Komiker, Artisten oder Musiker. Wie wir denken, reden, kommunizieren, uns darstellen und uns verkaufen, das alles verrät die Position Merkurs in unserem Horoskop. Er verkörpert unsere unbeschwerte Seite und den leichtesten Weg, den man gehen kann.

Aber Merkur hat noch mehr auf Lager: Bei den Griechen galt er als Diener Jupiters und als Götterbote, der zwischen dem Olymp, dem Wohnort der Unsterblichen, und den Menschen drunten auf der Erde vermittelte. Und er begleitete auch die Seelen der Verstorbenen in die Unterwelt. Er besaß geflügelte Sandalen und einen geflügelten Hut, damit er rasch hin- und herkommen konnte. Ein weiteres Attribut war sein goldener Heroldsstab, der Kerykeion, ein Zauberstab. Hermes überbrachte also den Willen seines Vaters Zeus. So führte er zum Beispiel in dessen Auftrag Hera, Athene und Aphrodite zum Idagebirge, wo Paris den goldenen Apfel der – seiner Wahl nach – schönsten der Frauen überreichen sollte. Seine Entscheidung für Aphrodite, die ihm dafür Helena versprochen hatte, löste später den Trojanischen Krieg aus.

Tatsächlich fungiert Merkur auch in der Astrologie als eine Art Empfangs- und Sendestation. Wo er sich im Horoskop befindet, sind einem die Göttern besonders nah und übermitteln ihre Botschaften und Nachrichten. Umgekehrt können dort die Götter am ehesten erreicht werden.

Merkur ist der sonnennaheste Planet. Er zieht seine Kreise um unser Zentralgestirn so eng, dass er sich nie mehr als maximal ein Zeichen von der Sonne entfernen kann. Das führt auch dazu, dass in vielen Horoskopen Merkur die gleiche Tierkreiszeichen-Position einnimmt wie die Sonne.

Seinen Merkur lebt man am stärksten als Kind bis zum Alter von ungefähr sieben Jahren. In dieser Zeit ist man am unbeschwertesten und auch geschlechtsspezifisch noch nicht vollständig ausgeprägt, was wichtige Attribute von Merkur sind. Danach „lebt“ man seinen Merkur nur noch in besonders entspannten und fröhlichen Momenten, sozusagen wenn man sich erlaubt, wieder Kind zu sein. Außerdem bleibt Merkur als intellektuelles Zentrum und Schaltstelle stets einsatzbereit.

Lektion 32:

☿ Merkur im Widder ♈

Merkurstärken: Schnelle Auffassungsgabe, flinkes Denken, rasch auf den Punkt kommen, leicht auf andere zugehen.
Merkurschwächen: flüchtig, unkonzentriert, oberflächlich sein.

Ich denke blitzschnell, besitze eine rasche Auffassungsgabe und habe keine Hemmungen, meine Gedanken laut kundzutun. Genauso schnell und direkt ist auch meine Art, auf andere zuzugehen. In meinem Kopf laufen zuweilen regelrechte Kinofilme ab: Da streiten Parteien, da geht es um Siege und Niederlagen und darum, dass derjenige gewinnt, der am geschicktesten und schnellsten ist. Mein Denken ist nicht logisch, auch nicht unbedingt von Erfahrungen getragen: Ich habe Inspirationen, Ideen und Gedankenblitze, die mich einfach überkommen, so als flögen sie mir aus dem Nichts zu, als fielen sie vom Himmel herunter. Diese Art zu denken macht mich manchmal unberechenbar. Unterhaltungen und Diskussionen werden mit mir daher leicht heftig, ja arten zuweilen sogar in Streitereien aus. Ich sollte berücksichtigen, dass nicht jeder über einen Merkur im Widder verfügt und so streitlustig, redegewandt und schnell im Denken ist wie ich.
Meine Ideen und Gedanken bedürfen der Überprüfung. Diesbezüglich ergänze ich mich mit Menschen mit anderen Merkur-Positionen, die eher logisch oder empirisch vorgehen. Ich bin erst dann richtig erfolgreich, wenn ich lerne, „Hirngespinste" von guten Ideen zu unterscheiden und entschlossen an der Verwirklichung letzterer arbeite. Günstig für mich ist auch, mich mit jemandem zusammenzuschließen, der sich meiner Ideen annimmt und sie auf Ihren Wirklichkeitsgehalt hin überprüft.

Merkurcheck
Schließe ich leicht Kontakt?
Ich habe kaum Probleme, auf andere zuzugehen.
Wie lautet mein Spezialgebiet?
Die Initiative übernehmen, Einfälle einbringen, Erneuerungen initiieren.
Was bringt mich „den Göttern" näher?
Mich verausgaben, ekstatisch lieben, gegen andere gewinnen.

☿

Lektion 33:

☿ Merkur im Stier ♉

Merkurstärken: Sachliches, konzentriertes und konkretes Denken.
Merkurschwächen: Stur sein, starr denken.

Mein Denken ist sachlich, genau und praktisch. Ich beziehe mich in meinen Überlegungen auf gemachte Erfahrungen oder solche, die von zuverlässigen Leuten stammen. Das verleiht mir Sicherheit und Glaubwürdigkeit; es unterlaufen mir kaum Fehler. Was ich sage, hat Hand und Fuß. Das darf mich allerdings nicht dazu verleiten, mein eigene Art zu denken als die einzig richtige zu betrachten und andere zu kritisieren oder gar zu demoralisieren. Meine Art der Meinungsbildung ist nur eine unter vielen Möglichkeiten. Es ist meine Stärke, andere, die weniger sachlich und empirisch fundiert denken und argumentieren, zu ergänzen. Dafür kann ich mich im Gegenzug von meinen Mitmenschen inspirieren lassen!
Auf andere zuzugehen fällt mir nicht leicht. Ich warte lieber ab, bis man auf mich zukommt, reagiere jedoch abweisend, wenn jemand zu forsch auftritt. Hier könnte ich offener werden. Nicht jeder, der direkt auf mich zugeht, will mich gleich bedrängen; er ist vielleicht nur einfach spontaner als ich.
Mein Denken dreht sich viel um Schönheit, Genuss, Essen, Trinken, Geld und Besitz. Das hilft mir, meine Wünsche real umzusetzen. Mein Merkur im Stier ist außerdem beinahe so etwas wie eine Garantie, keine größeren Probleme beim Geld verdienen zu haben.
Gegen meine eigene Sturheit und Engstirnigkeit sollte ich ruhig zu Felde ziehen. Um dies zu üben, könnte ich mir zum Beispiel von Fall zu Fall vornehmen, anderer Leute Meinung voll und widerspruchslos zu akzeptieren.

Merkurcheck
Schließe ich leicht Kontakt?
Ich warte lieber, bis man auf mich zugeht.
Wie lautet mein Spezialgebiet?
Praktische Aufgaben lösen, Geld verwahren, sammeln und aufbewahren.
Was bringt mich „den Göttern" näher?
Wunschlos glücklich sein, sinnlich befriedigt sein, reich sein.

Lektion 34:

☿ Merkur in den Zwillingen ♊

Merkurstärken: Flinkes, übersichtliches, vielseitiges Denken.
Merkurschwächen: Flüchtigkeit, unkonzentriert und oberflächlich sein.

Mein Merkur ist besonders „fit“. Das beruht darauf, dass dieser Planet das Zwillingezeichen regiert, bei mir also zu Hause ist und sich daher besonders gut entfalten kann. Die Folge ist ein kolossal vielseitiges und vielschichtiges Denken. Ich bin grundsätzlich allem gegenüber aufgeschlossen und interessiert und lasse mich von guten Argumenten jederzeit überzeugen. Ich denke logisch. Das heißt, dass ich vielleicht ohne es überhaupt selbst zu bemerken ständig abwäge, vergleiche und Schlüsse daraus ziehen. Mitunter geht es daher in meinem Kopf zu wie in einem Bienenhaus beziehungsweise an einer Börse. Was mir daher gut tut, ist „Abzuschalten“. Das gelingt mir am besten, wenn ich mir einen unkomplizierten Film anschaue oder in einem Magazin blättere. Allerdings ist dabei mein Kopf immer noch aktiv. Ich sollte lernen, mich „leer zu machen“, was mir (mit viel Geduld und Zeit) am ehesten mit Hilfe von Meditation oder Yoga gelingt.
Meine große Stärke ist es, auf andere Menschen zuzugehen und mit ihnen ein Gespräch zu beginnen. Ähnlich einem Entertainer kann ich auch ganze Partys unterhalten. Aber auch im Beruf habe ich mit meinem Merkur ein großes Plus.
Acht geben muss ich, andere nicht zu überfahren, sie mundtot zu machen. Ich denke und rede so schnell, dass kaum jemand mithalten kann. Aber ich weiß aus Erfahrung auch, dass dann, wenn ich ruhiger werde, die Kommunikation mit anderen besser klappt.

Merkurcheck
Schließe ich leicht Kontakt?
Auf andere Menschen zuzugehen macht mir Spaß und fällt mir leicht.
Wie lautet mein Spezialgebiet?
Unterhaltung, schreiben, lesen, verkaufen, Menschen miteinander verbinden.
Was bringt mich „den Göttern“ näher?
Mich unterhalten, etwas herausfinden, meine Neugierde befriedigen.

Lektion 35:

☿ Merkur im Krebs ♋

Merkurstärken: Gefühlvolles, tiefes, ganzheitliches Denken.
Merkurschwächen: Subjektiv sein, unkonzentriert sein.

Ich „denke mit dem Bauch", meine Gefühle mischen sich in mein Denken ein und „färben" es. Zu welchen Schlüssen ich komme und welche Ideen ich kreiere, hängt davon ab, wie es mir gerade geht, was ich erlebe, wie ich mich fühle. Erwartungsgemäß wecke ich damit bei anderen Kritik und Skepsis. Man hält mir vor, nicht geradlinig, logisch, abstrakt oder neutral zu denken. Da ist es gut zu wissen, dass aus einer übergeordneten und ganzheitlichen Sicht meine Art zu denken völlig okay ist. Eine Welt aus nur logisch oder empirisch denkenden Menschen wäre unsinnig, überaus langweilig und eintönig. Auch die Wissenschaft beschäftigt sich heutzutage mit dem emotionalen Denken und stellt den davon abgeleiteten Fachbegriff „EQ" (Emotionaler Quotient) gleichwertig neben den schon viel länger bekannten „IQ" (Intelligenzquotient). Emotionales Denken ist insofern wichtig, als es mit instinktivem Wissen einhergeht.
Ich verfüge über einen guten Zugang zu Erfahrungen und Erinnerungen, die sich im Laufe der Menschheitsentwicklung angesammelt haben. Das lässt mich häufig instinktiv richtig denken bzw. genau das Richtige tun. Ich darf also ruhig etwas stolz auf meinen persönlichen Merkur und meine besondere Art zu denken sein. Sie ist wichtig und ergänzt sich mit den anderen Denkarten. Solange ich offen bin und meinen Mitmenschen gegenüber nicht auf meinem Denkstil als einzig möglichen beharre, ensteht ein fruchtbarer Austausch. Auch mein Sozialverhalten wird stark von meinen Gefühlen bestimmt. Geht es mir gut, gibt es keinerlei Probleme, auf andere zuzugehen. Bin ich aber in schlechter Verfassung, will ich am liebsten keinen Menschen sehen.

Merkurcheck
Schließe ich leicht Kontakt?
Menschen gegenüber, die ich nicht gut kenne, bin ich eher zurückhaltend.
Wie lautet mein Spezialgebiet?
Mich in andere einfühlen, andere verstehen, Wärme schenken.
Was bringt mich „den Göttern" näher?
Bei mir sein, mich ausdrücken können, von anderen verstanden werden.

☿

Lektion 36:

☿ Merkur im Löwen ♌

Merkurstärken: Inspirationen, Ideen und kreative Einfälle haben.
Merkurschwächen: Unsensibel und überheblich sein.

Mein Denken ist nicht logisch und auch nicht unbedingt von Erfahrungen geprägt. Mein Merkur im Löwen verhilft mir zu Ideen und Inspirationen, die wie aus der Luft, dem Nichts gegriffen scheinen. Das Problem ist, meine Einfälle dann zu begründen oder in die Tat umzusetzen. Nichtsdestotrotz ist es eine eigene, in sich stimmige Art, die Welt zu erfahren und zu verarbeiten. Aber es ist nicht die einzige: Andere Merkur-Positionen bewirken eine andere Art zu denken. Und erst die verschiedenen Möglichkeiten zusammengenommen sind wahrhaftig oder universell. Jede für sich aber spiegelt immer nur einen Teilaspekt.
Merkur im Löwen verhilft mir auch zu einem selbstbewussten Auftreten. Ich kann dermaßen von mir überzeugt und eingenomen sein, dass es mir gar nicht in den Sinn kommt, anderen eine gleichwertige Position einzuräumen. Wenn es daher darum geht, sich durchzusetzen, einen guten Eindruck zu hinterlassen, anderen voraus und überlegen zu sein, ist meine Art goldrichtig. Aber wenn man zusammenkommt und sich unterhalten möchte, bin ich in aller Regel ebenso forsch. Das führt dazu, dass sich andere schnell „überfahren" fühlen, sich zurückziehen oder mit mir einen Streit beginnen. Was diesen Punkt betrifft, schadet es nichts, dazuzulernen und mich um mehr Toleranz zu bemühen.
Mein Merkur verleiht mir Geschmack und einen Sinn für das Echte und Natürliche. Darauf kann ich privat wie beruflich bauen, beim Einkauf meiner Garderobe genauso wie bei der Wahl meiner Freunde und Bekannten. Ich erwarte entsprechend auch von meinen Freunden einen guten Geschmack. Auch das ist ein Punkt, wo mehr Toleranz bestimmt nicht schadet.

Merkurcheck
Schließe ich leicht Kontakt?
Ich wirke sehr selbstsicher und komme gut bei anderen an.
Wie lautet mein Spezialgebiet?
Einrichtung, geschmackliche Fragen und repräsentative Aufgaben.
Was bringt mich „den Göttern" näher?
Keine Verpflichtung haben, tun und lassen können, was mir gefällt, lieben und geliebt werden.

Lektion 37:

☿ Merkur in der Jungfrau ♍

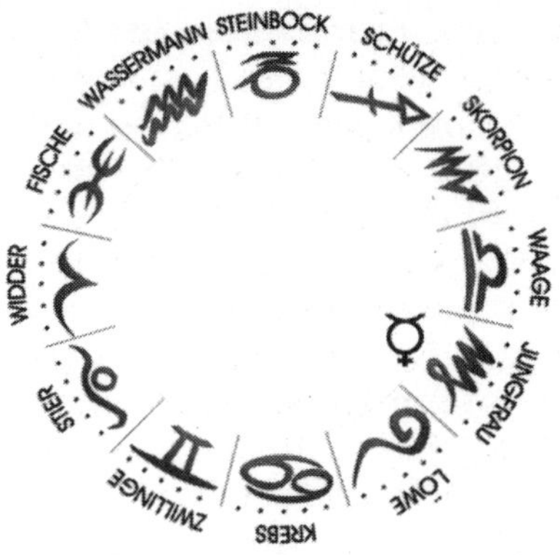

Merkurstärken: Sachliches, analytisches und behutsames Denken.
Merkurschwächen: Wankelmütig und leicht ablenkbar sein.

Mein Denken ist sachlich, genau und praktisch. Dabei beziehe ich mich bei meinen Überlegungen auf gemachte Erfahrungen oder solche, die von zuverlässigen Leuten stammen. Das verleiht mir Sicherheit und Glaubwürdigkeit. Obendrein führt Merkur in der Jungfrau dazu, fehlerorientiert vorzugehen: Was gut und richtig ist, schenke ich wenig Aufmerksamkeit, dafür verfolge ich mit Argusaugen jede Unregelmäßigkeit und finde daher schnell und meistens vor allen anderen eventuelle Fehler. Für Inspektionen, Korrekturen, wissenschaftliches Arbeiten und überall sonst, wo es gilt, Fehler zu vermeiden, bin ich mit meinem Merkur in der Jungfrau einfach perfekt.
Eine weitere große Stärke, die ich Merkur verdanke, ist mein „Blick voraus". Ich denke auch in die Zukunft und richte die Gegenwart darauf ein. So erspare ich mir viel Ärger und bin bei bestimmten Aufgaben anderen immer einen Schritt voraus.
Zuletzt ist auch noch mein Sinn für gesundheitliche Fragen als ein eindeutiges Plus meiner Merkur-Position zu erwähnen.
Aber dieser Planet hat auch seine Schattenseiten: Er macht mich überkritisch, unter Umständen auch besserwisserisch, was mir wiederum bei meinen Mitmenschen einen Misskredit einbringt. Hier sollte ich mich etwas kontrollieren, damit ich nicht den Stempel „Meckertante" aufgedrückt bekomme.
Auf andere Menschen zuzugehen fällt mir nicht leicht. Ich bin etwas schüchtern. Das rührt natürlich auch daher, dass ich keinen Fehler machen möchte – und mich schon gleich gar nicht blamieren will.
Was mir gut tut, sind Menschen, die emotionaler sind, und die nicht auf Fehler fixiert sind.

Merkurcheck
Schließe ich leicht Kontakt?
Ich bin etwas schüchtern und versuche in jedem Fall Fehler zu vermeiden.
Wie lautet mein Spezialgebiet?
Praktische Analyse, gesundheitliche Maßnahem.
Was bringt mich „den Göttern" näher?
Alle Pflichten erledigt haben, anerkannt werden, gut sein.

Lektion 38:

☿ Merkur in der Waage ♎

Merkurstärken: Verbindendes und verbindliches, logisches und abstraktes Denken, einfühlsam sein.
Merkurschwächen: Unentschieden und wankelmütig sein.

Merkur in der Waage verhilft mir zu einem sehr du-orientierten Denken. Ich versetze mich bei jeder Unterhaltung in mein Gegenüber und versuchen, die Welt auch aus der Sicht des anderen zu betrachten. Das ist eine Stärke für jedes persönliche Gespräch. In der Begegnung mit mir entsteht nie das Gefühl, zu kurz zu kommen, nicht verstanden zu werden. Das kann durchaus soweit gehen, dass ich meine Mitmenschen besser kenne als sie sich selbst. Das bringt private wie berufliche Vorteile mit sich: Ich habe viele Freunde und Bekannte, die meinen Rat suchen und bin, wenn es nötig ist, ein sehr guter Verkäufer. Ein weiterer Vorteil ist mein diplomatisches Geschick. Ich erreiche meine Ziele, ohne mich groß mit anderen auseinanderzusetzen oder mich gar zu streiten. Und ich bin in der Lage Angriffen Ihre Spitze zu nehmen oder sie ins Leere laufen zu lassen. Zum Nachteil gerät, dass es mir schwer fällt, eine eigene, meine, Meinung zu vertreten. Ich versuche daher, mein Denken auf ein logisches Fundament zu stellen: Ich wäge ab, vergleiche, höre die Argumente anderer, ziehe Schlüsse usw. Diese ständige „Kopfarbeit" ist anstrengend und ermüdend. Zuweilen muss ich daher „abschalten", den Kopf „leer machen". Das gelingt mir (mit viel Geduld und Zeit) am ehesten durch Meditation oder Yoga. Auch ein langer Spaziergang (noch besser: eine Tour oder ein längerer Lauf) an der frischen Luft schafft Erleichterung.
Jemand, der sagt: „Das ist doch schon immer so ...!" treibt mich an die Decke. Auch wenn sich Denken und Fühlen vermischen, regt sich mein Widerstand. Allerdings muss ich genau diese Art und Weise, zu erleben und sich mitzuteilen, wohlwollender annehmen, wenn ich nicht einseitig werden will.

Merkurcheck
Schließe ich leicht Kontakt?
Ich weiß genau, wann der richtige Moment ist, auf andere zuzugehen.
Wie lautet mein Spezialgebiet?
Vermittlung, Verkauf, Dipolmatie.
Was bringt mich „den Göttern" näher?
Mich mit jemanden verstehen, mit jemanden im Einklang sein, lieben und geliebt werden.

☿

Lektion 39:

☿ Merkur im Skorpion ♏

Merkurstärken: Hinterfragendes, bohrendes Denken, den Dingen auf den Grund gehen.
Merkurschwächen: Subjektiv verfälschtes Denken.

Meine Art der Kommunikation, des Denkens und Lernens kommt bevorzugt in tiefgründigen, nicht oberflächlichen Bereichen zur Geltung. Ich möchte forschen und verborgene Zusammenhänge aufdecken. Das Nicht-Offensichtliche fasziniert. Mein Interesse gilt „Schattenbereichen" wie Tod, Sexualität, Okkultismus, aber auch Tratsch und Skandalgeschichten. Jedes Tabu, Machtfragen, Hintergründe und Geheimnisse faszinieren mich.
Auch im Gespräch bleibe ich nicht an der Oberfläche. Ich habe ein Gespür für die Schwachstellen der anderen entwickelt, will den Dingen auf den Grund gehen und lege gern „den Finger in die Wunde". Ich kann wahnsinnig hartnäckig sein, wenn ich nur den leisesten Verdacht habe, dass etwas nicht stimmt, etwas versteckt oder verheimlicht wird. Zuweilen schieße ich auch übers Ziel hinaus und vermute „Gespenster". Aber in aller Regel kann mir dieser „Scharfsinn" beruflich vieles erleichtern. Auch, wenn ich meine eigenen Motivationen hinterfrage und meine eigenen Schwachstellen mit dieser forschenden Haltung aufspüre, kann ich viel über mich selbst erfahren.
Meine menschlichen Beziehungen sind tief. Nach dem Motto „Alles oder nichts" gehe ich oberflächlichen Kontakten aus dem Weg und habe daher auch Vorbehalte gegen „small talks" und belangloses Party-Geplauder.
Ein spezielles Interesse gilt meiner Vergangenheit. Woher ich komme, wer meine Ahnen waren, was vor mir geschehen ist, was ich alles in mir „trage" – das sind Fragen, die mich mit zunehmendem Alter immer stärker beschäftigen und faszinieren.

Merkurcheck
Schließe ich leicht Kontakt?
Ich versuche, oberflächliche Kontakte zu vermeiden und wünsche mir einen tiefen Austausch mit anderen.
Wie lautet mein Spezialgebiet?
Hinterfragen, Forschen, Aufdecken.
Was bringt mich „den Göttern" näher?
Mich mit jemanden tief austauschen, verstanden werden, leben, wie es für mich stimmt.

Lektion 40:

☿ Merkur im Schützen ♐

Merkurstärken: optimistisches Denken, die Gabe der Inspiration.
Merkurschwächen: Flüchtigkeit, die Realität in einem zu rosigen Licht sehen, die eigenen Schwächen nicht sehen.

Mein Denken und Kommunizieren soll einen Sinn haben und mich geistig weiterbringen und erfüllen. Ich setze mich mit Meinungen und Weltanschauungen auseinander, und ich diskutiere gerne mit anderen über den Sinn des Lebens. Neue Horizonte, neue Ideen, brauche ich fast so notwendig wie meine tägliche Nahrung. Alles aber, was ich in Erfahrung bringe, möchte ich anderen weitergeben, sie dafür begeistern und gewinnen. Ein bisschen steckt ein feuriger Redner in mir, ein Prediger und Missionar.
Zuweilen weiß ich allerdings „zu gut“, was richtig und falsch ist, halte an meine Ansichten fest oder schmücke meine Schilderungen aus und erzähle das Blaue vom Himmel. Ich habe eine wahnsinnige Vorstellungskraft, eine riesengroße Fantasie. Dinge im Detail auszuarbeiten, liegt mir hingegen weniger.
Merkur im Schützen macht mich zu einer Art „Menschenflüsterer“. Diese Gabe benötigt viel Umsicht. Ich bewege mich ja in einem offenen Raum der keine Grenzen hat. Da kann man schnell den realen Boden unter den Füßen verlieren, naiv oder überheblich werden.
Ich muss mich immer wieder daran erinnern, dass Merkur im Schützen einen dazu verleitet, die eigenen Ideen als der Weisheit letzten Schluss zu betrachten – egal, wie platt sie auch sein mögen. Ich benötige daher Selbstkritik und Bescheidenheit. Aber auf keinen Fall darf ich mir meine Gabe der Inspiration ausreden lassen – vor allem nicht von mir selbst.
Auch meine Kontakte sind stürmisch. Ich kann andere mitreißen und von einer Sache überzeugen. Und auch diese Gabe hat ihre Gefahren, nämlich, dass ich anderen etwas einrede oder sie verführe.

Merkurcheck
Schließe ich leicht Kontakt?
Ich besitze die Fähigkeit, andere mitzureißen.
Wie lautet mein Spezialgebiet?
Überreden, überzeugen, gewinnen.
Was bringt mich „den Göttern“ näher?
Diskutieren, die Wahrheit erörtern und ihr näher kommen, inspiriert sein von einer neuen Idee.

Lektion 41:

☿ Merkur im Steinbock ♑

Merkurstärken: Gründliches, sachliches, konzentriertes, erfahrungsorientiertes Denken.
Merkurschwächen: Starrsinn.

Mein Denken ist sachlich, genau und praktisch. Ich beziehe mich bei meinen Überlegungen auf eigenes Know-how, bin aber auch offen für Erfahrungen aus zuverlässigen Quellen. Das verleiht mir Sicherheit und Glaubwürdigkeit. Obendrein führt Merkur im Steinbock zu einer gewissen Skepsis, so als könnte ich eigentlich nur mir selbst richtig vertrauen. Ich neige dazu, – vielleicht ohne es selbst zu bemerken – als „letzte Instanz", eine Art TÜV, zu fungieren, suche nach Fehlern und Mängeln und werde sie gegebenenfalls auch entdecken. Auch allem Neuen begegne ich zunächst einmal mit einem gesunden Misstrauen. Bei Inspektionen, Korrekturen, wissenschaftlichen Arbeiten und überall sonst, wo es gilt, Fehler zu vermeiden, bin ich dafür unübertrefflich. Ich verleihe Ideen einen tragfähigen Grund, und ich bin die beste Garantie, dass Pläne und Vorhaben zu Ende geführt werden. Allerdings kann meine kritische Art anderen völlig die Lust am Experimentieren nehmen. Ich kann geradezu eine Aura des Misstrauens und des Pessimismus verbreiten. Hinzu kommt, dass ich im zwischenmenschlichen Bereich schnell unterkühlt wirke und als abweisend erlebt werde.
Ich muss also Acht geben, das „Kind nicht mit dem Bad auszuschütten" und mich selbst daran erinnern, meine Einwände konstruktiv zu halten. Es wäre jammerschade, wenn meine große Merkur-Begabung an Kleinlichkeiten und Unüberlegtheiten scheitern würde.

Merkurcheck
Schließe ich leicht Kontakt?
Es fällt mir schwer, auf andere zuzugehen. Nur im sachlichen Austausch bin ich sicher.
Wie lautet mein Spezialgebiet?
Korrektur, Beobachtung, Überprüfung, Genauigkeit.
Was bringt mich „den Göttern" näher?
Erfolgreich mit meiner Arbeit vorankommen, meine Annahmen bestätigt finden, Anerkennung erlangen.

Lektion 42:

☿ Merkur im Wassermann ♒

Merkurstärken: Außergewöhnliche Denkbegabung, Einfallsreichtum, Erfindergeist.
Merkurschwächen: Unkonzentriert und unsachlich sein.

Merkur im Wassermann befähigt mich zu abstraktem und originellem Denken. Mein wacher, lebhafter Verstand und mein vorurteilsfreies Denken lassen mich schnell und logisch handeln. Ich kann Zusammenhänge rasch erfassen und neue Beziehungen herstellen. Dabei richte ich mich nicht nur nach vorgegebenen Mustern und Schamata. Vielmehr versuche ich, auf ungewöhnlichen Wegen zu neuen, innovativen Lösungen zu kommen. Zuweilen gerate ich in einen inneren Konflikt zwischen Logik und einer (zunächst völlig unsinnigen) Idee. Ich benötige dann Zeit, bis ich beides „unter einen Hut bekomme". Mein „Hirn" ist wie geschaffen für Geniestreiche, Erfindungen und Erneuerungen. Besonders dann, wenn es nach altem Muster nicht weitergeht, bin ich mit meinem Merkur im Wassermann gefragt. Probleme habe ich mit Menschen, die sich auf gemachte Erfahrungen berufen. Die Bemerkung „Das war doch schon immer so ...!" ist für mich ein „knallrotes Tuch". Erfahrungen sind zwar wichtig und gut, dürfen aber meiner Meinnung nach nicht als Maßstab herhalten. Auch das Vermischen von Denken und Fühlen errregt meinen Widerspruch. Hier kann mehr Toleranz bestimmt nicht schaden. Es besteht nämlich die Gefahr, mit meiner abstrakten Art unpersönlich zu werden und am Ende den Kontakt zu anderen Menschen zu verlieren.
Im Grunde bin ich nämlich ein überaus sozialer Mensch, der es liebt, Gespräche über Gott und die Welt zu führen und der in passender Stimmung ein grandioser, witziger Unterhalter sein kann. Ich muss nur am „Pulsschlag" der Menschen bleiben und ihre Gefühle und Erfahrungen achten.

Merkurcheck
Schließe ich leicht Kontakt?
Ich kann gut mit anderen Menschen.
Wie lautet mein Spezialgebiet?
Erneuerung, Erfindung, Veränderung.
Was bringt mich „den Göttern" näher?
Innovative Ideen verfolgen, ungewöhnliche Methoden anwenden, frei und unkonventionell denken.

Lektion 43:

☿ Merkur in den Fischen ♓

Merkurstärken: Tiefgründiges, emotional-instinktives Denken.
Merkurschwächen: Unkonzentriert, unsachlich, subjektiv, launisch sein.

Ich denke „mit dem Bauch". Zu welchen Schlüssen ich komme, oder welche Ideen ich produziere, hängt nicht unwesentlich von meiner augenblicklichen Verfassung ab, was ich erlebe oder in welcher Stimmung ich bin. Auf der anderen Seite verfüge ich mit meinem Merkur in den Fischen über eine Art Instinkt, ein Wissen, das weit über normales, alltägliches Erfassen, Verarbeiten und Wissen hinausreicht: Ich bekomme Informationen aus meinem Unterbewusstsein, manchmal sogar aus einer anderen Wirklichkeit – zum Beispiel aus einem früheren Leben oder einer anderen Welt. Mein großes Problem ist dann, nicht zu wissen, was ich glauben kann: Da ist einerseits die reale Welt, die sich auf Logik oder gemachte Erfahrungen beruft, und daneben habe ich meine anderen „Quellen". Wichtig ist, Beides als gültig zu erachten. Ich bin ein Grenzgänger, ein Mensch mit einer Gabe, die nicht jedem beschieden ist. Aber ich brauche auch die Zuverlässigkeit und Sicherheit der „normalen" Wirklichkeit und darf der alltäglichen Problembewältigung nicht aus dem Weg gehen. Wenn es mir gelingt, meine intuitive mit der wirklichen Welt zu verbinden, bin ich ein Meister, ein Mensch, den man weise nennen darf.
Ich bin sehr hilfsbereit. Das Leid anderer Menschen zu lindern, ist mir ein großes Anliegen.
Auf andere zuzugehen, macht mir allerdings Probleme. Ich glaube, jeder sei ebenso empfindsam wie ich und wolle nicht „gestört" werden. Das ist aber in 90 von 100 Fällen ein Irrtum. Andere warten vielleicht gerade darauf, angesprochen und unterhalten zu werden. Ich sollte mich immer wieder dazu ermutigen, etwas selbstbewusster und selbstsicherer aufzutreten.

Merkurcheck
Schließe ich leicht Kontakt?
Ich bin scheu und getraue mich nicht, auf andere zuzugehen.
Wie lautet mein Spezialgebiet?
Helfen und spüren, Intuition.
Was bringt mich „den Göttern" näher?
Eins sein mit meinen Gefühlen und der Welt, die mich umgibt.

☿

Lektion 44:

♀ Venus

Kurz nach Sonnenuntergang – der Westen badet sich noch in goldenem Rot, im Osten kündet ein stahlblauer Himmel die heraufziehende Nacht an – kann man sie sehen, die Venus. Sie ist so hell, dass man sie ohne weiters mit den Lichtern eines Flugzeugs verwechseln kann. Der Tag geht zur Ruhe, Venus läutet den Feierabend ein, jene Zeit, die weder der Arbeit noch dem Schlaf gehört, vielmehr der Muße und der Liebe.

Venus verzaubert jedoch nicht nur den Abend, sondern auch den Morgen. Die Hälfte des Jahres läuft sie nämlich von der Erde aus gesehen der Sonne nach und steht dann als Venus des Abends nach Sonnenuntergang noch einige Zeit am Abendhimmel. Die andere Hälfte läuft sie der Sonne voraus und steigt als Venus des Morgens vor der Sonne über den östlichen Horizont als strahlende Botin des neuen Tages. Diese Stunden sind besonders köstlich und waren es noch viel mehr in einer Zeit, in der der Mensch dem Licht der Sonne folgte und keine anderen Entspannungsmöglichkeiten kannte als eben die Liebe und amüsantes Nichtstun. Liebende schätzen die Stunden nach Sonnenuntergang und vor ihrem Aufgang immer noch.

Venus oder die griechische Entsprechung Aphrodite galt im klassischen Altertum als die fruchtbare Göttin der überströmenden Frühlingslust. Sie trug den Namen

„Schaumgeborene“: Dem Mythos nach hat Kronos (Saturnus), der seinen Vater Uranos mit einer Sichel entmannte, dessen Zeugungsglied ins Meer geworfen, und aus dem Schaum, der sich dabei bildete, erhob sich die Göttin der Schönheit (griechisch aphrós = „Schaum“).
Sie galt als die fruchtbare Göttin der überströmenden Frühlingslust und war die Beschützerin der Gärten, Blumen und Lusthaine. Ihre Lieblingsgewächse waren Rose, Myrte und Lilie, ihre Frucht der Apfel, ihre bevorzugten Tiere waren Widder, Hase, Taube und der Schmetterling.
Vor allem aber war Venus/Aphrodite eine Frau, deren unvergleichliche Schönheit die Männer betörte. Man fand kein Ende, all ihre Reize aufzuzählen: göttlicher Wuchs, strahlende, verlockene Augen, rosenknospiger Mund, zierliche Ohren, reizender Busen und, und, und …
Im Vergleich dazu sah ihr hässlicher, hinkender Ehemann Hephaistos, der Gott des Erdfeuers und Schutzgott der Schmiedekunst – wie man heute sagen würde – ziemlich „alt“ aus. Die Göttin nutzte denn auch jede Gelegenheit zu einem Seitensprung. Der bekannteste (und folgenreichste) war wohl jener mit Mars. Ihrer leidenschaftlichen Vereinigung verdankte Amor, der spitzbübische Kerl mit den heimtückischen Liebespfeilen, sein Leben.
Die göttlich-schöne Venus bekam ein würdiges Denkmal am Himmel: Das hellste Licht der Nacht nach dem Mond wurde nach ihr benannt – als ewige Erinnerung an die schönsten Dinge des Lebens. Sie ist in der Symbolsprache ein anderes Wort für Liebe, Lust, Sex, Zärtlichkeit, Leidenschaft, Zweisamkeit, Anziehung, Nähe, Knistern, Flirten, Sehnsucht, Verschmelzung, Sinnlichkeit, Genuss. Man denke aber dabei aber nicht nur an die Freuden der Liebe. Alles, was mit Lust, Fröhlichkeit und Schönheit einhergeht, – gutes Essen, schmackhafter Wein, hübsche Wohnung, tolle Kleider, ein Gedicht oder ein Gemälde – all dieses und noch viel mehr verdanken ihre Existenz der göttlichen Venus. Jede Venusposition in den Tierkreiszeichen gibt all diesen Facetten der Liebe eine andere Färbung, ein bestimmtes Gewicht, einen individuellen Glanz. Und ihre Position im Geburtshoroskop prägt einen Menschen, lässt ihn sein ganzes Leben nach der Erfüllung und Befriedigung seiner Venus-Position ausrichten.
Frauen leben ihre Venus unmittelbarer und stärker als Männer. Diese wiederum haben ihre spezifischen Venus-Eigenschaften latent, sozusagen in Bereitschaft und warten darauf, eine Frau zu finden, die ihrer Venus entspricht.
Am vollkommensten lebt eine Frau ihre Venus im Alter zwischen 14 und vielleicht 24. Danach identifiziert sich eine Frau mehr mit dem Mond als mit Venus, kann aber „bei Bedarf“ jederzeit auf sie zurückgreifen.
Im Familienskript verkörpert die Venus immer die Schwester.

Lektion 45:

♀ Venus im Widder ♈

Venusstärken: Spontan, direkt, feurig.
Venusschwächen: Egoistisch, überfordernd.

Feinfühligkeit ist nicht gerade meine Stärke. Zu meiner Entschuldigung lässt sich höchstens sagen, dass ich es ja in aller Regel gar nicht so meine, wie es rüberkommt. Ich denke nichts Böses dabei, wenn ich zum Beispiel laut und deutlich kundtue, die roten Punkte auf seiner Krawatte beziehungsweise die roten Streifen auf ihrer Bluse würden mich an verspritztes Ketchup erinnern. Was soll's! Ich habe ohnehin nichts gegen einen klärenden Krach. Hinterher ist die Luft viel besser. Und sollte es nach derart deutlichen Worten einmal doch zum Bruch kommen, war es ohnehin an der Zeit. Okay, ich trage die Schuld! Gut, ich war unsensibel, taktlos, verletzend ...! Aber bin ich nicht einfach nur offen und ehrlich?
An meinen eigenen Gefühlen und Stimmungen zweifle ich nie. Auch wenn man mir mit Engelszungen nahe zu bringen versucht, dass meine Eifersucht unbegründet, meine Liebe illusorisch oder meine Sorgen reine Hirngespinste sind, werden ich meine Einstellung nicht ändern. Doch plötzlich – kein Mensch weiß, warum – hat sich meine Weltuntergangsstimmung in Luft aufgelöst. Weg! Aus! Vorbei!
Das alles spricht für ein einfaches, kindliches Gefühlsleben. Mag sein. Doch viel wichtiger ist, dass ich so jung bleibe, erfrischend, charmant und immer für eine Überraschung gut bin. Es existiert kein anderes Wesen, das dermaßen hartnäckig und erfolgreich Langeweile vertreibt. Außerdem bin ich nicht nachtragend. Ich komme zwar leicht in Fahrt und spucke dann auch mal Gift und Feuer. Aber die Versöhnung ist auch nicht weit. Und die ist besonders süß.
Selbstzweifel plagen mich im Normallfall auch nicht gerade. Ich bin eine wunderbare Geliebte: Noch irgendwelche Fragen ...?

Venuscheck
Kann ich gut allein sein? Wenn es sein muss, kriege ich das hin.
Suche ich Sicherheit? Eher Lust, Unterhaltung und Vergnügen.
Bestehe ich auf Treue? Nicht unbedingt.
Bin ich eifersüchtig? Ja! ich kann Konkurrenten nicht ausstehen.
Finde ich leicht Anschluss? Jederzeit.
Welcher Liebestyp bin ich? Feuriger Liebestyp.

Lektion 46:

♀ Venus im Stier ♉

Venusstärken: Erotisch, gemütlich, natürlich.
Venusschwächen: Stur, bequem.

Ich liebe das Leben mit all seinen Verführungen, seiner Schönheit und seinen unendlichen Sinnesfreuden. In meinen Augen gibt es keine größere Sünde, als diesem Genuss zu entsagen. Hat Gott dies nicht alles erschaffen, damit der Mensch es genieße ...?
Leider, in der Praxis zeigt sich die Kehrseite der Medaille: Ich muss auf meine Linie achten, Maß halten und Wünschen entsagen. Es heißt also auch dann und wann, zu verzichten und sich regelmäßig bewegen: Nur dann bleibe ich fit und mein Körper ein Tempel der Lust und Sinnlichkeit.
Menschen wie ich werden geliebt. Ich bin praktisch veranlagt und stelle den Spruch, dass „Liebe durch den Magen" geht, aufs köstlichste unter Beweis. Außerdem besitze ich Geschmack und kann selbst aus einem Kellerloch ein gemütliches Kuschelnest zaubern. Obwohl sehr selbständig, bin ich hingabefähig und treu. Allerdings brauche ich Zeit, um mich zu verlieben. Ich bin kein „Feuer-und-Flamme-Typ". Doch wenn ich einmal heißgelaufen bin und richtig brenne, bin ich dafür kaum noch zu bremsen.
Ich kann auch wahnsinnig stur sein. Was ich mir einmal in den Kopf gesetzt habe, davon lasse ich mich nur unter heftigsten Widerständen meinerseits abbringen. Außerdem bin ich bequem. Das führt unter anderen dazu, Probleme in meinen Beziehungen erst sehr spät zu bemerken und noch später etwas zu unternehmen.

Venuscheck
Kann ich gut allein sein? Nein, ich teile meine Sinnlichkeit lieber mit jemandem.
Suche ich Sicherheit? Ja, extrem. ich muss sogar lernen, loszulassen.
Bestehe ich auf Treue? Ganz eindeutig. Ich teile einen Partner niemals mit anderen.
Bin ich eifersüchtig? Ja. Es drohen martialische Eifersuchtsszenen.
Finde ich leicht Anschluss? Meine Venus macht mich begehrt und ich dürfte damit keine Probleme haben.
Welcher Liebestyp bin ich? Sinnlicher Liebestyp.

Lektion 47:

♀ Venus in den Zwillingen ♊

Venusstärken: Vielseitig, verspielt, sexy.
Venusschwächen: Unruhig, gespalten.

Meine Venus macht mich kindlich, verspielt, unschuldig, naiv, göttlich, raffiniert, charmant und unterhaltend zugleich. Im Klartext: Jeden Moment passiert etwas Neues. Daher ist Liebe mit mir ein Schweben auf „Wolke Sieben", ein Traum, so schön wie im Film. Meine Hände können zaubern, meine Stimme ist wie ein warmer, zärtlicher Wind. Meine Worte schmeicheln und entführen in die Welt von Tausendundeiner Nacht.
Die Liebe ist für ich der schönste Zeitvertreib. Aber ich bin nicht abhängig von ihr – und erst recht nicht von einem anderen Menschen. Freiheit und Unabhängigkeit sind mir immens wichtig. Ich brauche nicht die totale Nähe, muss nicht mit jemandem zusammen wohnen, kochen und alles teilen. Ohne einen festen Partner zu leben, ist für mich durchaus eine denkbare Alternative. Aber ohne Menschen komme ich niemals zurecht. Im Unterschied zu anderen, die sich in den Bergen, in der Badewanne oder beim Schlafen erholen, ist für ich sozialer Kontakt lebenswichtig: Freunde, Begegnungen, Small-talks – das brauche ich, davon zehre ich, das baut mich auf. Die Hoffnung und Chance, dass jeden Augenblick etwas Neues, Unvorhergesehenes, Überraschendes geschehen kann, hält mich fit und lebendig. Eine feste Partnerschaft, die immer auch bestimmte Absprachen und Pläne beinhaltet, erleben ich dann schnell als Bremse.
So bin ich wohl nie ganz zufrieden mit dem, was ich habe: Ist's ein fester Partner, fehlt mir die Freiheit, zu tun und zu lassen, wie's beliebt. Bin ich frei, mangelt's an Sicherheit und Vertrauen.

Venuscheck

Kann ich gut allein sein? Ich kann es, es ist aber eher selten.
Suche ich Sicherheit? Eher nicht. Ich komme immer irgendwie zurecht.
Bestehe ich auf Treue? Nein. Das kann ich selbst nicht und das kann ich auch nicht von anderen verlangen.
Bin ich eifersüchtig? Ja, leider, trotz aller Freiheitsliebe.
Finde ich leicht Anschluss? Ja, sogar fast im Überfluss.
Welcher Liebestyp bin ich? Unterhaltsamer Liebestyp.

♀

Lektion 48:

♀ Venus im Krebs ♋

Venusstärken: Zärtlich, hingebungsvoll.
Venusschwächen: Klammernd.

In guten Zeiten bin ich strahlend schön und unwiderstehlich erotisch. Unbekümmert wie ein Kind und mit dem nötigen Abstand, kann ich über alles lachen, am meisten jedoch über die Liebe: Dieses herrlich-verrückte, uralte und ewig neue Spiel, bei dem man immer die gleichen Fehler macht ..! Tage später bin ich wie ausgewechselt: stumm, scheu, abwesend, in mich gekehrt und verschlossen. Jetzt kann mich nichts und niemand zum Lachen bringen. Jetzt will ich allein sein und leiden! Irritiert fragen sich meine Mitmenschen, ob ich mehrere Gesichter hätte? Oder bin ich einfach nur launisch?
Von allem etwas, kann man sagen! In Liebesdingen bin ich ein hundertprozentiger Gefühlsmensch. Und Gefühle richten sich nicht nach festen Regeln, Uhrzeiten, Absprachen und gewissen Erwartungen. Ich bin unberechenbar wie das Wetter, der Wind und die Wellen des Meeres. Genau genommen folgen meine Stimmungen dem Mond. Dieses Gestirn regiert nämlich das Tierkreiszeichen Krebs, in dem meine Venus steht.
Auch wenn ich mich bemühe, meine Gefühle besser in den Griff zu bekommen, werde ich feststellen, dass es nicht funktioniert. Der Mond ist stärker. Ich muss also mit ihm leben – und der Mensch, der mich liebt, erst recht. Meine Liebe ist dafür aufregend, romantisch und geheimnisvoll. Mond und Venus machen die Liebe mit mir zum göttlichen Akt. Meine Liebeskraft ist stärker als alles andere, und zieht denjenigen, den ich liebe, in einen magischen Bann, aus dem sich kaum jemand befreien kann.
Ich klammere, das ist die Kehrseite der Medaille. Sollte einmal der Fall eintreten, sich zu trennen, kann und will ich nicht loslassen, auch, wenn der Verbleib in der Beziehung die reinste Hölle ist.

Venuscheck
Kann ich gut allein sein? Ich bin nicht fürs Alleinsein geboren.
Suche ich Sicherheit? Ja, eher sogar zu viel Sicherheit.
Bestehe ich auf Treue? Na klar. Ich gebe alles – und ich will alles.
Bin ich eifersüchtig? Natürlich. Mein Schatz gehört mir!
Finde ich leicht Anschluss? Nein, das fällt mir ziemlich schwer.
Welcher Liebestyp bin ich? Gefühlvoller Liebestyp.

Lektion 49:

♀ Venus im Löwen ♌

Venusstärken: Warmherzig, verspielt, stark.
Venusschwächen: Stolz.

Zurückhaltung, Bescheidenheit, Schamgefühl – diese Eigenschaften sind mir fremd. Ich bin von mir und meiner Liebe überzeugt, also warum sie nicht laut hinaus posaunen und um sie kämpfen, wenn es nötig ist? Wenn mir jemand gefällt, dann will ich ihn auch „haben“. Ist doch mein Recht, oder nicht ...? Kein Wunder, dass alle der Atem stockt, wenn ich erscheine. Das Lustobjekt in mir will gesehen, bewundert, betastet und – vor allem – verschönert, verziert und gekrönt werden. Liebe muss man mit dem Auge messen können. Zärtliche Worte sind schön und gut, aber ziemlich vergänglich. Ein echter Liebesbeweis muss haltbar sein, sich sehen lassen können – wie eine Kette aus Gold oder ein Ring mit einem Diamanten.
Das bedeutet aber nie und nimmer, dass ich jemanden nur des Geldes wegen liebe. Niemals! Ich lasse mich nicht kaufen. Ich schaue immer zuerst aufs Herz. Doch wie es aussieht, habe ich einen Schutzengel der mich immer wieder mit Frauen bzw. Männern zusammenbringt, die schnell zu Geld kommen, selbst wenn sie zuvor arm wie eine Kirchenmaus waren. Offensichtlich merkt man mir an, dass ich sehr anspruchsvoll und eben auch eine Menge wert bin.
Doch wo so viel Licht ist, gibt es natürlich auch Schatten: Als Frau liebe ich es, die Rolle einer Diva zu spielen und als Mann den Pascha. Ich will verwöhnt, verhätschelt, umworben und auf Händen getragen werden. Das ist anstrengend und führt zu Abhängigkeiten. Trennt sich mein Partner von mir, weil er meine Allüren satt hat, leide ich wie ein Tier. Obendrein lässt es mein Stolz dann nicht zu, dass meine Umwelt von meinem Schmerz erfährt: Ich verstecke mich und mache so die Sache nur noch schlimmer.

Venuscheck
Kann ich gut allein sein? Wenn es sein muss kann ich es. Ich bin aber lieber zu zweit.
Suche ich Sicherheit? Nein, eher Anerkennung.
Bestehe ich auf Treue? Natürlich, schließlich bin ich die/der Größte.
Bin ich eifersüchtig? Ich bin es, gebe es aber nicht zu.
Finde ich leicht Anschluss? Meine Venus lässt sich finden.
Welcher Liebestyp bin ich? Herzlicher Liebestyp.

Lektion 50:

♀ Venus in der Jungfrau ♍

Venusstärken: Aufmerksam, unschuldig, rein.
Venusschwächen: Kühl.

Keine Frage: Zur Sexualität habe ich ein zwiespältiges Verhältnis. Auf der einen Seite will ich Sex, bin sogar richtig süchtig danach, träume womöglich von einem „Erotikclub" und einem Orgasmus, der den Himmel erzittern lässt. Andererseits finde ich Sex tierisch, primitiv, unter meiner Würde. Vor allem hat Sex rein gar nichts mit der vollkommenen Liebe zu tun, die in meiner Vorstellung lebt.
Was jetzt? Bin ich ein bißchen schizophren ...? Keineswegs! Ich betrachte Sex lediglich aus sämtlichen Perspektiven. Die Position meiner Venus im Zeichen Jungfrau verlangt Läuterung und Reifung in Sachen Sex und Liebe. Ich kann nicht ohne Bewusstsein einfach „Sex machen". Ich ahne es zunächst und irgendwann haben ich es auch „kapiert", dass Sexualität eine energetische Angelegenheit ist, und dass man diese Energie transformieren, entwickeln, kann.
Insofern ist es wichtig, dass ich mich mit Theorien und Praktiken beschäftigen, die diese Weiterentwicklung sexueller Energien beinhalten: Die indische Lehre von den Chakren gehört genauso hierher wie Tantra oder Sigmund Freunds Lehre von der Sublimierung sexueller Energien. Bis ich allerdings selbst ein „Heiliger" bzw. eine „Heilige" bin muss ich's ausprobieren – und zwar alles, was es gibt, und dabei nicht vergessen: Sex ist nur eine Vorstufe, ein Übergang; dahinter kommt mehr, eine höhere Bestimmung und Erfüllung. Ich sollte diesbezüglich unbedingt auf dem laufenden bleiben!

Venuscheck
Kann ich gut allein sein? Ich kann es, wenn es sein muss. Aber es gefällt mir nicht.
Suche ich Sicherheit? O ja! Ohne Anerkennung und Liebe bin ich ziemlich verloren.
Bestehe ich auf Treue? Natürlich, aber ich halte mich nicht daran.
Bin ich eifersüchtig? Ich bin es und kann dramatisch leiden.
Finde ich leicht Anschluss? Eher nicht. Ich bin schüchtern und habe mir schon oft die Finger verbrannt.
Welcher Liebestyp bin ich? Unschuldiger Liebestyp.

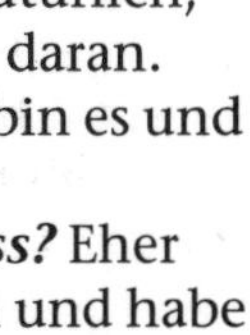

Lektion 51:

♀ Venus in der Waage ♎

Venusstärken: Charmant, stilvoll, einfühlsam.
Venusschwächen: Unklar.

Ich erinnere mich noch daran, wie ich ein kleines Kind war. Ich saß bei Papa auf dem Schoß, himmelte ihn an und bat ihn gleichzeitig, mir ein neues Spielzeug zu kaufen. Es klappte. Oder: Ich tapste süß lächelnd zu meiner Mami, die mir bei diesem Anblick jeden Wunsch erfüllte.
Noch heute verfahre ich nach diesem Motto: Ich besitzen die Kunst, mich mit allen Tricks und Raffinessen ins beste Licht zu setzen. So kann man mir einfach nichts abschlagen. Ich bekomme, was ich will. Und bei diesen geschickten Schachzügen liegt mir – wie schon in der Kindheit – immer auch am Herzen, dass die Menschen friedlich miteinander umgehen. Vor allem, wenn sie sich lieben.
Meine Venus ist „zu Hause“. Das Waage-Zeichen, in dem sie bei meiner Geburt gerade stand, ist ihr ureigenstes Domizil. Und, was „zu Hause“ ist, kann sich voll entfalten. Insofern ist meine Venus eine wahre Liebeskünstlerin, die alles, was dazu gehört, bestens beherrscht. Nichts ist ihr fremd, alles zelebriert sie mit Vollkommenheit.
Der Mensch, dem ich meine Liebe schenke, ist im siebten Himmel, schwebt auf Wolke siebzehn, ist im Paradies, erlebt einen Traum aus Tausendundeiner Nacht.
Dennoch verschenke ich mich niemals ganz. Das Waage-Zeichen ist mir Verpflichtung und Anspruch zugleich: „Ich schenke Dir ebenso viel, wie Du mir schenkst ...!“ Geben und Nehmen muss im Gleichgewicht sein, sonst wird meine Venus traurig.
Darauf muss ich achtgeben, dass ich nie mehr gebe, als ich zurückbekomme, den sonst stirbt meine Liebe.

Venuscheck
Kann ich gut allein sein? Nein, dafür bin ich nicht geboren.
Suche ich Sicherheit? Ja, aber ich gebe ich auch.
Bestehe ich auf Treue? Einerseits ja, andererseits weiß ich ja selbst, wie reizvoll die Liebe ist.
Bin ich eifersüchtig? Ich bin weniger eifersüchtig als enttäuscht.
Finde ich leicht Anschluss? Das ist überhaupt kein Problem; alle Welt liebt meine Venus.
Welcher Liebestyp bin ich? Stil- und geschmackvoller Liebestyp.

Lektion 52:

♀ Venus im Skorpion ♏

Venusstärken: Leidenschaftlich, hingebungsvoll.
Venusschwächen: Eifersüchtig.

Würde man mir sagen, dass ich mein ganzes Leben mit einem „stinknormalen“ Partner verbringen müsste, würde ich mich wahrscheinlich gleich erschießen oder ins Kloster gehen: Dramen, Eifersucht, blutige Schrammen – das ist alltäglich für mich in einer Liebesbeziehung. Bloß keine Langweile beim Spazierengehen! Nur Händchen halten und sich freundlich anlächeln ist keine Herausforderung für mich! Ich will den Tanz auf einem Vulkan. Alles oder nichts! Nicht „zufällig“ hat sich meine Venus die aufregendste Ecke im astrologischen Tierkreis ausgesucht. Denn der Skorpion versinnbildlicht Finsternis, Unterwelt und Hölle. Meine Leidenschaft und Hingabe entspringt letztlich dem Wunsch nach Verschmelzung und einem daraus resultierenden neuen Leben. Egal, wie alt ich bin , gleichgültig, ob ich überhaupt an ein Kind denke oder nicht, in meinem Unterbewusstsein ist jede Liebe immer ausgerichtet auf Fortpflanzung. Meine Venus versteht sich als Brücke aus der Vergangenheit in die Zukunft: Daher meine Leidenschaft; es geht (im Unterbewusstsein) immer um Leben und Tod. Jedes neue Leben ist ein Sieg über die Vergänglichkeit. Venus im Skorpion bedeutet Transformation. Wer hinunter taucht in die tiefste Lust und Leidenschaft, wer den Mythos völliger Hingabe nachvollzieht, begegnet dem Tod – und geht durch ihn hindurch, steigt strahlend, leicht und selbstbewusst wieder hinauf ins Leben.

Venuscheck
Kann ich gut allein sein? Es geht, aber ich leide.
Suche ich Sicherheit? Nein. Ich suche Leidenschaft, Gefühl, Tiefe.
Bestehe ich auf Treue? Natürlich, bis in den Tod …
Bin ich eifersüchtig? Ja, abgrundtief!
Finde ich leicht Anschluss? Nein. Ich bin anspruchsvoll und akzeptiere nur wenige.
Welcher Liebestyp bin ich? Leidenschaftlicher Liebestyp.

Lektion 53:

♀ Venus im Schützen ♐

Venusstärken: Unabhängig, feurig, wahrhaftig.
Venusschwächen: Treulos.

Das astrologische Zeichen Schütze repräsentiert keine ruhmreichen Krieger, keine kosmischen Sportsmänner oder -frauen. Es ist ein Fabelwesen mit Pferdeleib und menschlichem Oberkörper. Im griechischen Mythos hießen diese Wesen „Kentauren". Diese Kombination aus Mensch und Tier steht einerseits (Tier) für Lust, Sex, Gier, Bewusstlosigkeit, andererseits (Mensch) für Einsicht, Weisheit, Bewusstheit. Genau in dieser Kombination und Verbindung spielt sich mein Liebesleben ab. Meine Liebe ist immer „animalisch" und „göttlich", triebhaft, instinktiv, ja primitiv und zugleich fein, bewusst, erhaben. Diese Mischung macht meine besondere Liebe aus, meine Einmaligkeit, hier bin ich unübertrefflich. Meine Venus im Schützen liebt die Freiheit. Eigentlich will ich mich nicht binden. Denn aus meiner Sicht ist Liebe im Anfangsstadium am schönsten: Ich ähnle einem Jäger auf der Pirsch, verfolge mein Liebesobjekt, kämpfe mit ihm und verschmelze schließlich mit ihm in einer himmelstürmenden Vereinigung ... Wenn ich mich trotzdem binde, ist das einerseits ein Geschenk an meinen Partner, andererseits lassen ich mich stets ein „Türchen" offen. Ich muss wenigstens die theoretische Möglichkeit haben, mich jederzeit wieder auf eine neue Jagd zu begeben.
Treue ist daher nicht unbedingt ein Tabu. Wie soll es auch, wo doch die Liebe überall ein „Tanz über den Wolken" ist.
Venus-im-Schütze-Menschen leben daher auch nicht selten alleine und genießen ihre lustvollen Erfahrungen mit unterschiedlich Partnern, was beweist, dass das Ungewisse spannender sein kann als der normale Mittelweg.

Venuscheck
Kann ich gut allein sein? Kein Problem; ich finde ja immer wieder Begleitung.
Suche ich Sicherheit? Keinesfalls. Abenteuer sind mir lieber.
Bestehe ich auf Treue? Nein, ich bestehe allerdings auf Fairness.
Bin ich eifersüchtig? Ja, aber da muss man durch.
Finde ich leicht Anschluss? Ja, und zwar rund um den Globus.
Welcher Liebestyp bin ich? Großzügiger Liebestyp.

Lektion 54:

♀ Venus im Steinbock ♑

Venusstärken: Entwicklungsfähig, tief, erdig.
Venusschwächen: Gefühlskalt.

Ich hasse Partner, die beim Liebesakt wie Hirsche röhren, ohne ihren Geliebten nicht einschlafen können und nur aus Angst vor dem Alleinsein eine Beziehung aufrecht erhalten. Ich nehme die Liebe in die Hand, bestimme, wie es läuft und habe meine Gefühle im Griff. Ich kann das Leben auch allein genießen und weiß genau, wie man zu einem Liebhaber (einer Liebhaberin) kommt.
Das klingt nicht gerade romantisch, aber so bin ich eben! Es macht für mich überhaupt keinen Sinn, mich hinter einem charmanten, zuvorkommenden Äußeren zu verstecken. Früher oder später setze ich meinem Lover doch den Zeigefinger auf die Brust und sage: „Zur Sache, Schätzchen!"
Etwas cool bin ich eben. Der Steinbock ist ja ein Winterzeichen, und meiner Venus macht es daher Spaß, Widerstände zu überwinden, das „Eis zu brechen", sich aneinander reiben, damit es wärmer wird.
Tief in mir lauert Angst. Irgendwann in meinem Leben wurden meine Gefühle missbraucht. Sie zu schützen war dann lebendwichtig. Aber nichts bleibt für immer, wie es ist. Auch dem kältesten Winter folgt ein Frühling.
Ich muss wissen, dass ich mit meiner Venus im Steinbock sehr anspruchsvoll bin, und dass ich das in 99 von 100 Fällen gar nicht bemerke. Im Gegenteil, ich wundere mich, dass ich gelegentlich keinen Partner finde. Vielleicht denke ich am Ende dann sogar noch, es läge an mir, ich wäre nicht „gut" genug. Unsinn! Es liegt an mir, das ist richtig, aber es läuft genau anders herum: Ich wirke abweisend! Ich vermittle den Eindruck, niemand wäre gut genug.

Venuscheck
Kann ich gut allein sein? Ja, das ist sogar eine Stärke von mir.
Suche ich Sicherheit? Nein, ich bin mir meiner Selbst sicher.
Bestehe ich auf Treue? Ja, absolut. Untreue löst bei mir Rachegefühle aus.
Bin ich eifersüchtig? Nein, nicht besonders.
Finde ich leicht Anschluss? Ich bin zu anspruchsvoll.
Welcher Liebestyp bin ich? Standhafter Liebestyp.

♀

Lektion 55:

♀ Venus im Wassermann ♒

Venusstärken: Frei, originell, fair, freundschaftlich.
Venusschwächen: Unpersönlich.

Ich bin wie ein Vogel, der so lange freiwillig im Käfig bleibt, wie die Tür offen steht. Schnappt die Tür zu, beginne ich zu kreischen und zu toben. Da ist nichts zu machen! Ich habe Angst davor, Gefangener der Liebe zu sein. Manchmal flippe ich sogar schon aus, wenn jemand die Fenster schließt oder beim Schlafen den Arm um ich legt.
Doch das steht fest: mit mangelnder Liebe hat dieses Verhalten nichts zu tun. Meine Liebesfähigkeit ist über jeden Zweifel erhaben. Aber ich brauche Luft zum Atmen, meinen Spielraum, meine Freiheit. Man könnte fast glauben, ich käme von einem Planeten, auf dem man körperlos Liebe macht.
Auf jeden Fall strebe ich nach einer Partnerschaft, die leicht ist und frei von Gefühlsduseleien. Eifersucht, Besitzanspruch, Zweisamkeit sind allesamt Worte und Rituale, die nach meiner Meinung dem Kleinhirn entstammen und in die Dinosaurierzeit gehören.
In der Praxis und Theorie sieht dann alles doch etwas anders aus. Da prallen manchmal Welten aufeinander. Plötzlich bin ich dann doch furchtbar eifersüchtig ... Aber auch das ist kein Problem; ich darf widersprüchlich sein, daran kann ich wachsen. Soll ich jetzt solo bleiben? Bin ich überhaupt bindungsfähig? Diese Fragen sind gar nicht so leicht zu beantworten. Fest steht, dass ich immer das andere favorisiere, das, was ich gerade nicht habe: Bin ich in einer Partnerschaft, träume ich von Freiheit und misstraue jedem Besitzanspruch meiner „anderen Hälfte“. Bin ich aber allein, lautet mein sehnlichster Wunsch Zweisamkeit. Damit muss ich wohl leben, dass ich immer ein wenig „zwischen den Stühlen“ sitze.

Venuscheck
Kann ich gut allein sein? Kann ich schon, aber es passiert ziemlich selten.
Suche ich Sicherheit? Nein, die gibt es sowieso nicht.
Bestehe ich auf Treue? Ich bestehe auf Fairness, die ist wichtiger als Treue.
Bin ich eifersüchtig? „Nein“, sage ich, aber „Ja“fühle ich.
Finde ich leicht Anschluss? Damit habe ich keinerlei Probleme.
Welcher Liebestyp bin ich? Freundschaftlicher Liebestyp.

♀

Lektion 56:

♀ Venus in den Fischen ♓

Venusstärken: Hingebungsvoll, tief, selbstlos.
Venusschwächen: Unklar.

Meine Venus in den Fischen kennt weder Grenzen noch Distanz. Mein Partner könnte am anderen Ende der Welt sein, ich würde ihn spüren. Es ist, als wären ich ganz nah bei ihm. Genau genommen wächst meine Liebe sogar proportional zur Entfernung und mit der Schwierigkeit, sie zu leben. Das ist mit ein Grund, warum meine „Favoriten" oft bereits vergeben sind oder weit entfernt von mir leben. Ich will Grenzen überwinden, das Unmögliche möglich machen ...
Mein Geheimnis? Meine Venus in den Fischen ist eine Träumerin! Ich ziehe schmachtende Sehnsucht plattem Zweier-Einerlei vor. Ich fürchte den Alltag, weil er mich aus meinen Träumen erweckt. Ist das ein Problem? Vielleicht mache ich eins! Weil ich die Liebe mystifiziere, gestatte ich mir keine Grenzen. Ich sage auch nicht, dass ich genug habe und jetzt allein sein möchte. Dass ich auftanken muss in mir und meiner eigenen Welt. Ich sage gar nichts, flüchte mich aber in meinen unsichtbaren Elfenbeinturm. Hier spiele ich „Mich versteht sowieso keiner...", in der Hoffnung, dass man mich in Ruhe lässt.
Ich muss lernen, mich besser abzugrenzen! Keine andere Venus-Gestaltung liebt so selbstlos, so phantasievoll, zärtlich und innig wie ich. Ich habe ein Recht auf schöpferische Pausen!

Venuscheck
Kann ich gut allein sein? Ja, denn im Grunde ist man immer allein.
Suche ich Sicherheit? Nein, die gibt es sowieso nicht.
Bestehe ich auf Treue? Nein, man kann auf gar nichts bestehen!
Bin ich eifersüchtig? Nein, es schmerzt mich höchstens, wenn ich mich hintergangen fühle.
Finde ich leicht Anschluss? Ja, aber dabei „erwische" ich häufig den „Falschen".
Welcher Liebestyp bin ich? Selbstloser Liebestyp.

Lektion 57:

♂ Mars

Rötlich funkelnd wie Feuer oder Blut, so präsentiert sich nur ein Gestirn am nächtlichen Himmel: der Planet Mars. Abhängig von seiner Nähe zur Erde verändert sich die Intensität der rötlichen Farbe. Menschen früherer Zeiten erschauerten daher, wenn sein Rot zunahm. Sie sprachen von einem zornigen Auge am Himmel und betrachteten es als böses Omen.
Lange hielt sich auch der Glaube an die „Marsmänner", angebliche Bewohner des Planeten, die die Erde mit ihren Raumschiffen, so genannten „Fliegenden Untertassen" bedrohten.
Heute weiß man, dass Mars unbewohnt ist. Er ist ein rotleuchtender Planet mit einer Umlaufzeit von 687 Tagen (fast das Doppelte der Erde) und einer Umdrehung um die eigene Achse von etwas mehr als 24 Stunden. Sein Durchmesser beträgt 6768 km, damit ist Mars nur halb so groß wie die Erde. Er wird begleitet von zwei Monden, Deimos und Phobos, zu Deutsch „Angst" und „Schrecken". Diese Namen verstärkten natürlich noch das Grauen, das diesem Planeten zugesprochen wurde. Seine minimale Entfernung von der Erde beträgt 56 Millionen Kilometer.
In klassischer Zeit galt Mars als Herr und Beschützer der Kriege. „Beschütze uns, Mars, und schlage dafür den Feind mit Feigheit und Schwäche", soll Titus Flavius, römischer Kaiser, vor seinen Schlachten gerufen haben.
Hinter Mars stecken allerdings nicht nur bedrohliche Eigenschaften: So schickt er zum Beispiel zün-

dende Ideen, verleiht Startkraft und schenkt Courage. Mars sorgt für den richtig en Biss, um sich behaupten und Rivalen aus dem Weg schlagen zu können. Er verleiht die für Konkurrenzgerangel unerlässlichen spitzen Ellenbogen und programmiert auf Sieg. Er verkörpert das Urmännliche, den heldenhaften, schönen Jüngling genauso wie einen sexbesessenen Macho. Mars steht auch einfach für Sex, Potenz und Triebkraft. In ganz besonderer Weise verrät die Marsposition die Art und Weise des Eroberungsspieles. Ob man direkt auf jemanden zugeht, abwartet oder gar zum Rückzug bläst: Es ist Mars, der die Fäden zieht.

Er ist ein absolut männlicher Planet, vielleicht der männlichste überhaupt. Frauen besitzen zwar genau wie Männer ihren Mars, aber eher als Potential, als Anlagebild, und neigen dazu, ihn nicht selbst auszuleben, sondern ihn zu projizieren. Sie suchen sich Männer, die ihrem Mars entsprechen oder wenigstens ähnlich sind. Über diesen „Umweg" hat Mars dann doch Anteil an ihrem Leben. Frauen, die Berufe ergreifen, die früher beispielsweise eher als typisch männlich galten (im Management arbeiten), leben ihren Mars weitgehend selber. Mars ist der regierende Planet des Widders und besitzt daher viele Wesenszüge dieses Tierkreiszeichens.

Lektion 58:

♂ Mars im Widder ♈

Meine Marsstärken: Energisch, kühn, mutig, stolz, erotisch, draufgängerisch, spontan und schnell.
Meine Marsschwächen: Streitsüchtig, egoistisch und frivol.

Ich habe einen tollen Mars. Als Herrscher des Widderzeichens, dessen Element das Feuer ist, kann er sich in diesem Abschnitt so richtig entfalten. Diese Konstellation verleiht mir Feuer im Doppelpack, macht mich kämpferisch, mutig und furchtlos. Ich bin ein Draufgänger, ein Held und Abenteurer, jemand, der nicht lange fackelt, sondern nach seiner Fasson lebt und dafür sorgt, dass sein Wille geschehe.
Allerdings kann es sein, dass sich mein Mars (noch) „versteckt“, dass ich mich und andere vor ihm Schützen, ihn vielleicht unterdrücke oder verleugne. Vielleicht halte ich mich selbst für eine friedliche oder gehemmte Person. Das würde dann bedeuten, dass ich meinen Mars erst noch entdecken muss. Vielleicht kenne ich diese Kraft bisher nur als inneres Rumoren, als gelegentliches Beben, als völlig unerwarteten Wutausbruch. Möglicherweise steigt mir mein Mars auch in den Kopf und macht sich dort schmerzhaft (zum Beispiel als Migräne) bemerkbar. Ich kann jedenfalls sicher sein, dass dieser Mars zum Ausbruch drängt wie Feuer in einem Vulkan. Besser, ich gebe ihm rechtzeitig Raum und verschaffen mir auf diese Weise Luft!
Was mir hilft, ist eine Tätigkeit, die mir möglichst viel Freiheit lässt. Erleichterung finde ich auch über sämtliche aktiven Sportarten. Am wichtigsten aber ist, dass ich mit der Zeit mehr und mehr zu meinem Mars stehe, mir mehr zutraue, öfters mal über die Stränge schlage und mich nicht dafür tadle, wenn mein „marsischer“ Anteil über mich kommt.

Marscheck
Wie viel Sexpower verleiht mir mein Mars? Wenn ich mich nicht selbst unterdrücke, habe ich jede Menge davon.
Wie lebe ich als Frau meinen Mars? Ich suche mir einen Mann mit den für Mars im Widder typischen Eigenschaften.
Wie lebe ich als Mann meinen Mars? Ich lebe meinen Mars im Widder selbst, bin also energisch, kühn, mutig, stolz.

Lektion 59:

♂ Mars im Stier ♉

Meine Marsstärken: Ausdauernd, zäh, sinnlich.
Meine Marsschwächen: Jähzornig, gierig, stur.

Mars im Stier bedeutet eine Verbindung von Feuer (denn Mars ist ein Feuerplanet) und Erde (denn Stier ist vom Element her Erde). Diese Kombination verleiht mir die Stärke eines mittleren Erdbebens. Was ich auch anpacke, ziehe ich auch durch, denn ich habe nicht nur Kraft, sondern bin auch zäh und ausdauernd. Mein Feuer brennt nicht lichterloh (um dann rasch in sich zusammenzufallen), sondern gleicht einer beständigen Glut. Darüber hinaus bringt die Begegnung des „Sex-Planeten" Mars mit dem Tierkreiszeichen Stier eine betont sinnliche Komponente in mein Dasein.
Die dritte Haupteigenschaft dieser Mars-Position ist ein enormer Erwerbstrieb: Mein Lebtag lang arbeite ich für Sicherheit, Geld, ein Haus, Luxus und was immer. Ich bin dafür geboren, das Fleckchen Erde, auf dem ich lebe, in ein blühendes Paradies zu verwandeln.
Möglicherweise aber führt mein Mars noch ein Schattendasein, und ich kenne ihn noch gar nicht richtig. Vielleicht schätze ich mein Leben überhaupt nicht als übermäßig sinnlich ein oder bezeichnen mich sogar als arm. Aber das heißt nur, dass ich meinen Mars noch nicht „gefunden" habe. Dennoch existiert er; seine kolossale Kraft, seine Sinnlichkeit und der Zug zu Reichtum schlummern in mir.
Was mir hilft, meinen Mars zu „wecken", ist körperliche Bewegung und Kontakt mit der Natur. Am wichtigsten aber ist, dass ich an meinen Mars glaube und in meinem Denken und Handeln Raum dafür schaffe.

Marscheck
Wie viel Sexpower verleiht mir mein Mars? Darüber muss man kein Wort verlieren oder höchstens eines: viel!
Wie lebe ich als Frau meinen Mars? Ich suche mir einen Mann mit den für Mars im Stier typischen Eigenschaften.
Wie lebe ich als Mann meinen Mars? Ich lebe meinen Mars im Stier selbst, bin also ausdauernd, zäh und sinnlich.

♂

Lektion 60:

♂ Mars in den Zwillingen ♊

Meine Marsstärken: Gewandt, neugierig, vielseitig.
Meine Marsschwächen: Unkonzentriert, zerstreut.

Mein Mars in den Zwillingen hilft mir, ein unternehmerischer, vielseitig interessierter und talentierter Mensch zu sein. Diese Konstellation verleiht mir ein Feuer, das mutig und unerschrocken macht. Mit Mars, dem Feuerplaneten, und den Zwillingen, einem Luftzeichen, treffen zwei Elemente aufeinander, die eine sehr günstige Mischung ergeben: Feuer braucht Luft. Im übertragenen Sinne bedeutet Luft Kommunikation. Daraus folgt, dass ich vitaler, lebendiger und feuriger werde, sobald ich unter Menschen bin. Hingegen dämpft Alleinsein mein Temperament, oder meine Gedanken beginnen zu rotieren und ich kann sie nicht mehr „abschalten“.

Meine durch Mars in den Zwillingen gesteigerte Neugierde und mein Interesse an Gott und der Welt lassen sich gut im Kontakt mit meiner Außenwelt befriedigen.
Allerdings kann es auch sein, dass ich meinen Mars noch gar nicht richtig entdeckt haben und daher nicht entsprechend auslebe. Vielleicht scheint mir mein eigenes Leben überhaupt nicht interessant und abwechslungsreich, sondern eher langweilig. Das würde bedeuten, dass ich meinen Mars entdecken muss. In jedem Fall existiert diese lebendige Kraftquelle in mir. Was mir hilft, meinen Mars zu „wecken“, sind Atemübungen und viel körperliche Bewegung an frischer Luft. Am wichtigsten aber ist, dass ich an meinen Mars glaube und in meinem Denken und Handeln Raum dafür schaffe.

Marscheck
Wie viel Sexpower verleiht mir mein Mars? Ich habe viel Lust am Sex.
Wie lebe ich als Frau meinen Mars? Ich suche mir einen Mann mit den für Mars in den Zwillingen typischen Eigenschaften.
Wie lebe ich als Mann meinen Mars? Ich lebe meinen Mars im Stier selbst, bin also gewandt, neugierig, vielseitig.

Lektion 61:

♂ Mars im Krebs ♋

Meine Marsstärken: Gefühlvoll, strebsam.
Meine Marsschwächen: Nachlässig, „zickig".

Wenn Mars, ein Feuerplanet, und das Zeichen Krebs, das von seiner Energie her Wasser ist, aufeinandertreffen, kann das dazu führen, dass das Feuer „erlischt". Dann bin ich ein Mensch, der Schwierigkeiten hat, seinen Willen durchzusetzen, die Ellenbogen einzusetzen und sich zu behaupten. Denn all dies sind Eigenschaften, die der Planet Mars verleiht. Zugleich bin ich dann innerlich gespannt, spüre Wut, Frustration und Ungenügen, kann damit aber auch nicht richtig herausrücken.
Es gibt allerdings auch die Möglichkeit, meinen Mars im Krebs zu transformieren. Dabei gilt es zu akzeptieren, dass ich zwar nicht so direkt und forsch handeln kann, wie man es bei einem ungebremsten Mars erwarten würde, dafür aber ein tiefes Gefühlsleben besitze. Mit Mars im Krebs bin ich in positivster Weise ein Mensch, der tief in sich hineinschaut und seine Seele (und auch die anderer) kennt.
Wenn ich meinen Mars so lebe, bin ich ein rezeptiver, kreativer Mensch, einer, der durch sein Mitschwingen mit anderen und sein psychologisches Gespür am Ende genauso viel erreicht wie Menschen mit anderen Mars-Positionen.
Allerdings kann es auch sein, dass mein Mars ein Schattendasein führt. Ich schätze ihn nicht und versuche, ihn durch effektiveres Verhalten zu ersetzen. Nur funktioniert das so eben nicht: Am Ende werde ich dann noch unsicherer und hilfloser.
Ich muss lernen, meinen spezifischen Mars mit seiner besonderen Art der „Durchsetzung" zu honorieren. Ich habe einen „Wasser-Mars", einen „Gefühls-Mars". Meine Stärken liegen darin, andere zu verstehen und ihnen beizustehen. Ich kann mich tief in Dinge hineinbohren, ich bin intuitiv und ahnungsvoll. Was gut für mich ist, ist psychologische Weiterbildung.

Marscheck
Wie viel Sexpower verleiht mir mein Mars? Wenn ich mich sicher fühle, bin ich sehr erotisch.
Wie lebe ich als Frau meinen Mars? Ich suche mir einen Mann mit den für Mars im Krebs typischen Eigenschaften.
Wie lebe ich als Mann meinen Mars? Ich lebe meinen Mars im Krebs selbst, bin also gefühlvoll und strebsam.

Lektion 62:

♂ Mars im Löwen ♌

Meine Marsstärken: Selbstbewusst, herzlich, stolz, kreativ, ritterlich, männlich, stark.
Meine Marsschwächen: Selbstsüchtig, eitel, arrogant.

Ich habe einen besonders starken Mars, denn der Feuerplanet Mars trifft auf das Feuerzeichen Löwe. Feuer trifft also auf Feuer, verdoppelt sich, wird zur lodernden Flamme, zum Fanal. Feuer ist gleichermaßen ein Symbol für Tatkraft wie für geistige Regsamkeit. Daher bin ich ein dynamischer, unternehmungsfreudiger, lebensbejahender Mensch. Mein Wirken wird von geistiger Weitsicht geführt. Zu meinen hohen Ansprüchen, mit denen ich um die Durchsetzung meiner Ziele ringe, gesellt sich einnehmende Herzlichkeit und eine lockere, beinahe spielerische Haltung. Man könnte meinen, meine Erfolge fallen mir in den Schoß. Aber ich bekommen nichts „gratis". Ich bin dem Leben und anderen Menschen gegenüber immer hilfsbereit und großzügig. Das Gleiche bekomme ich vom Leben zurück.
Es kann aber auch sein, dass mein Mars ein Schattendasein führt. Vielleicht fühle ich mich vom Leben eher benachteiligt als beschenkt, vielleicht eher „klein" als „groß". Das bedeutet, dass ich meinen Mars noch gar nicht richtig entdeckt habe und ihn daher auch nicht ausleben kann.
Was mir hilft, meinen Mars zu „wecken", ist Bewegung, Tanz und aktiver Sport. Vor allem aber heißt es, direkter, spontaner und selbstbewusster zu werden. Wenn ich mich mit dem Mars in meinem Inneren verbinde, ihn anerkenne, ihn als ein Geschenk der Existenz nehme, dann trägt das auch dazu bei, ihn zu stärken.

Marscheck
Wie viel Sexpower verleiht mir mein Mars? Starken Partnern schenke ich alles – Schwächlinge schläfern mich ein.
Wie lebe ich als Frau meinen Mars? Ich suche mir einen Mann mit den für Mars im Löwen typischen Eigenschaften.
Wie lebe ich als Mann meinen Mars? Ich lebe meinen Mars im Löwen selbst, bin also selbstbewusst, herzlich, stolz und großzügig.

Lektion 63:

♂ Mars in der Jungfrau ♍

Meine Marsstärken: Geistig fit, vernünftig, aktiv, fürsorglich.
Meine Marsschwächen: Zwanghaft, ängstlich.

Feuer und Erde verbinden sich in der Konstellation Mars in der Jungfrau. Denn Mars ist seiner Energie nach Feuer, und Jungfrau ist ein Erdzeichen. Feuer und Erde zusammen wecken Aktivität, Arbeitswillen, Genauigkeit und Realitätssinn. Mein Feuer ist eher von der Art anhaltender Glut als dass es lodernden Flammen ähnelt. Das macht mich zu einem Menschen, der gerne und gut arbeitet, ausdauernd und präzise ist, strategisch vorgeht und sich nicht unüberlegt in eine Arbeit stürzt. Mein Mars in der Jungfrau macht mich auch vorsichtig. Das kann unter Umständen in Kleinlichkeit und Angst ausarten. Auch eine Art Überkontrolle und Zwanghaftigkeit kann eine Folge dieser Mars-Position sein, des weiteren eine übertrieben kritische Haltung mir selbst und anderen gegenüber. Ich brauche daher ein Ventil, etwas, das mir erlaubt, meinen Mars ohne zu viel Kontrolle und Analyse ausleben zu können, wie zum Beispiel Sport oder andere körperliche Aktivitäten. Auch riskante Freizeitbeschäftigungen (Paragliding, Klettern) sind für mich und meinen Mars gut geeignet: Ich passe nämlich gut auf mich auf – und meinem Mars ist Genüge getan, was wiederum meiner Schaffenskraft gut tut. Ich sollte auch einen Weg finden, meine Gefühle – Wut oder Trauer – besser zu zeigen. Mit Mars in der Jungfrau neige ich nämlich dazu, meine Aggressionen zu unterdrücken, bis dann das Maß voll ist und ich wegen einer Kleinigkeit „an die Decke gehe".
Was den Sex betrifft, so bin ich eher abwartend und vorsichtig. Am liebsten ist es mir, wenn mir die Initiative abgenommen wird. Der andere soll ruhig den ersten Schritt machen. Alles weitere kommt dann schon von mir.

Marscheck
Wie viel Sexpower verleiht mir mein Mars? Ich bin kein Hengst, aber auch keine Schnecke. Erfolg macht mich sexy.
Wie lebe ich als Frau meinen Mars? Ich suche mir einen Mann mit den für Mars in der Jungfrau typischen Eigenschaften.
Wie lebe ich als Mann meinen Mars? Ich lebe meinen Mars in der Jungfrau selbst, bin also geistig fit, aktiv und fürsorglich.

Lektion 64:

♂ Mars in der Waage ♊

Meine Marsstärken: Lebhaft, gesellig, charmant, fröhlich, beliebt, ausgleichend.
Meine Marsschwächen: Ausschweifend, untreu, unmäßig.

Mit meiner Mars-Position vereinigen sich Feuer (Mars) und Luft (Waage). Diese Kombination kommt beiden Elementen zugute und wertet sie auf. Ich bin daher ein leichter, „luftiger“ Mensch von sanguinischem Temperament und besitze die Gabe, andere rasch für mich einzunehmen. Mein Auftreten ist charmant, einfühlsam, zuvorkommend.
Mein Mars in der Waage macht mich auch zu einem Streiter für Frieden und Ausgleich. Wo immer Ungerechtigkeiten und Zwietracht herrschen, fühle ich mich aufgerufen, zu schlichten und zu versöhnen. Zuweilen bricht aber auch bei mir Mars in all seiner Heftigkeit durch, nämlich dann, wenn ich zu lange versucht habe, ihn zu kontrollieren und zu unterdrücken. Mars in der Waage führt auch zu starker Denkarbeit. Ich glaube, alle Probleme mit dem Kopf lösen zu können. Wichtig ist, für meinen Mars ein Ventil zu suche. Man kann diesen Planeten nicht zu permanenter Friedfertigkeit veranlassen. Aber wenn ich ihn anderweitig lebe, beim Sport oder bei abenteuerlicher Freizeitgestaltung, gelingt es mir besser, meinen Mars für meine friedlichen Missionen einzuspannen. Ein weiteres Plus meiner Mars-Position ist guter Geschmack und künstlerisches Talent.

Marscheck
Wie viel Sexpower verleiht mir mein Mars? Sex habe ich genug. Aber ich suche mehr, und zwar geistiges Verstehen.
Wie lebe ich als Frau meinen Mars? Ich suche mir einen Mann mit den für Mars in der Waage typischen Eigenschaften.
Wie lebe ich als Mann meinen Mars? Ich lebe meinen Waage-Mars selbst, bin also geistig fit, aktiv, charmant, einfühlsam und lässig.

Lektion 65:

♂ Mars im Skorpion ♏

Meine Marsstärken: Kraftvoll, leidenschaftlich, engagiert, furchtlos, mutig, sehr erotisch.
Meine Marsschwächen: Lasterhaft, rachsüchtig, sadistisch, sarkastisch, fanatisch.

Mit diesem Mars steht mir eine besonders starke, vitale Kraft zur Seite. Wenn es um die Verwirklichung eines wichtigen Zieles geht, kann ich wie besessen sein. Selbst Mühen und Unannehmlichkeiten, die andere niemals auf sich nehmen würden, können mich nicht aufhalten. Meine Hartnäckigkeit führt denn auch mitunter zu außerordentlichen Leistungen. Dennoch bin ich kein Kraftprotz, keiner, der die Muskeln spielen lässt und bei jeder Gelegenheit zeigen will, was er drauf hat. Skorpion ist vom Element her ein Wasserzeichen. Die Kraft des Planeten Mars ist daher nicht auf äußere Wirkung aus. Meine Power geht nach Innen – und sie kommt aus dem Inneren. Sie führt dazu, instinktiv zu wissen, wann etwas Wichtiges ansteht und erledigt werden muss: Dann erwacht in mir der „Held“. Für mich ist es regelrecht wichtig, Herausforderungen zu suchen und anzunehmen. Nur dann erwacht mein Mars in voller Stärke, während er bei langweiliger Routinearbeit niemals seine ganze Power entwickelt.
Mein Mars neigt zu Zerstörung. Diese Eigenschaft kann unter Umständen wichtig sein, dann nämlich, wenn etwas Altes, Verbrauchtes, Überholtes zu Ende geführt werden muss. Aber ich muss mich vor mutwilliger Zerstörung und Wutausbrüchen in Acht nehmen: dazu verleitet mich nämlich mein Mars auch.
Mit Mars im Skorpion verfüge ich auch über eine kolossale Sexpower. Ich bin leidenschaftlich, triebstark und letztendlich beseelt von der Idee, Nachwuchs zu zeugen.

Marscheck
Wie viel Sexpower verleiht mir mein Mars? Mehr als allen anderen.
Wie lebe ich als Frau meinen Mars? Ich suche mir einen Mann mit den für Mars im Skorpion typischen Eigenschaften.
Wie lebe ich als Mann meinen Mars? Ich lebe meinen Mars im Skorpion selbst, bin also leidenschaftlich, furchtlos und mutig.

Lektion 66:

♂ Mars im Schützen ♐

Meine Marsstärken: Schlagfertig, begeisterungsfähig, klar und offen, direkt, ehrlich.
Meine Marsschwächen: Streitbar, aggressiv, beleidigend.

Mit Mars im Schütze-Zeichen trifft Feuer auf Feuer und wird zur lodernden Flamme. Das beruht darauf, dass sowohl der Planet Mars als auch das Schütze-Zeichen vom Element her Feuer sind. Mein Mars besitzt daher eine besonderer Intensität, die er voll auf mich überträgt: Ich bin ein Mensch, der sich an Ideen und Aufgaben schnell „entzündet“, der sich auch rasend schnell für andere Menschen begeistert und bereits ist, „durchs Feuer zu gehen“. Mein Handeln und Wirken wird stark von Idealen wie Gerechtigkeit, Ritterlichkeit und Fairness geleitet. Einmal in Schwung, bin ich kaum mehr zu bremsen. Was ich brauche, ist ein Ziel, eine Hoffnung, eine Perspektive – sonst erlischt mein Feuer.
Allerdings kann es auch sein, dass mein Mars noch ein Schattendasein führt, dass ich ihn noch gar nicht richtig entdeckt habe und daher auch nicht lebe. Vielleicht erlebe ich mich eher als passiv oder gebremst. Dies würde bedeuten, dass ich einen Teil meines Selbst, nämlich meinen Mars, negiere – und mich auf die Suche nach ihm begeben sollte.
Was mir hilft, meinen Mars zu „wecken“, ist Bewegung, Tanz, aktiver Sport und Reisen. Vor allem aber muss ich mir gestatten, direkter, spontaner und selbstbewusster zu sein. Wenn ich mich mit dem Mars in meinem Inneren verbinde, ihn achte und als Geschenk des Kosmos ansehe, so führt das auch dazu, dass mein Mars stärker zum Vorschein tritt.

Marscheck
Wie viel Sexpower verleiht mir mein Mars? Sex bringt mich dem Himmel näher.
Wie lebe ich als Frau meinen Mars? Ich suche mir einen Mann mit den für Mars im Schützen typischen Eigenschaften.
Wie lebe ich als Mann meinen Mars? Ich lebe meinen Mars im Schützen selbst, bin also begeisterungsfähig, ehrlich, direkt und offen.

Lektion 67:

♂ Mars im Steinbock ♑

Meine Marsstärken: Verantwortungsvoll, geduldig, zäh, mutig, tatkräftig, genau, treu, ausdauernd. *Meine Marsschwächen:* Eigenwillig, missmutig, streng, hart.

Mars im Steinbock führt zu einem Zusammentreffen von Feuer und Erde. Denn Mars ist von seiner Energie her Feuer, Steinbock wiederum zählt zu den Erdzeichen. Feuer und Erde zusammen wecken Arbeitswillen, Genauigkeit und Realitätssinn. Mein Feuer brennt nicht lichterloh (um sich dann rasch zu verzehren), sondern lang anhaltend wie eine wohl geschürte Glut. Das macht mich zu einem Menschen, der gerne und gut arbeitet, ausdauernd und präzise ist, strategisch vorgeht und sich nicht unüberlegt in seine Sache stürzt. Mars im Steinbock macht mich auch extrem widerstandsfähig. Man kann mich mit einem Diamantbohrer vergleichen, der sich in eine Sache unaufhaltsam hineinfrisst.

Diese Position macht auch erfolgreich. Sie verleiht mir eine entsprechende Motivation und ein Gespür für Machtverhältnisse.
Mars im Steinbock bedeutet aber auch, dass sich dieser Planet völlig verwandeln muss. Die impulsive, feurige, leicht erregbare, leidenschaftliche Energie soll zu einer kontrollier- und regulierbare Kraft werden, die sich höheren Absichten fügt und dem Allgemeinwohl dient. Allerdings darf ich die ursprüngliche Natur von Mars nicht vollständig unterdrücken. Das würde einen Aggressionsstau herbei führen und könnte unter Umständen gesundheitliche Probleme verursachen. Es ist wichtig, meinem Mars Ventile zu schaffen. Wenn ich ihn beim Sport oder bei abenteuerlicher Freizeitgestaltung auslebe, gelingt es mir besser, meinen Mars für höhere Zwecke einzuspannen.

Marscheck
Wie viel Sexpower verleiht mir mein Mars? Wenn die Verhältnisse stimmen, hole ich mir auch hier meine Gipfelerlebnisse!
Wie lebe ich als Frau meinen Mars? Ich suche mir einen Mann mit den für Mars im Steinbock typischen Eigenschaften.
Wie lebe ich als Mann meinen Mars? Ich lebe meinen Mars im Steinbock selbst, bin also geduldig, zäh, mutig, tatkräftig.

Lektion 68:

♂ Mars im Wassermann ♒

Meine Marsstärken: Aufgeweckt, innovativ, selbständig, menschenfreundlich, schöpferisch.
Meine Marsschwächen: Prahlerisch, überheblich, eingebildet.

In meiner Mars-Position vereinigen sich Feuer (Mars) und Luft (Wassermann). Diese Kombination kommt beiden Elementen zugute und wertet sie auf. Ich habe daher ein leichtes, „luftiges" Temperament und habe die Gabe, andere für sich einzunehmen. Mein Auftreten ist charmant, einfühlsam, zeitgemäß und zuvorkommend.
Alltag, graues Einerlei, tägliche Routine erzeugen bei mir eine Gänsehaut. Ich möchte Neues erschaffen, eingefahrene Gleise verlassen, originell und schöpferisch sein. Freiheit ist für mich überaus wichtig. Ich arbeite besser, wenn mich nicht ständig jemand gängelt. Ich bin der geborene „Freelancer". Mein ausgeprägtes Improvisationstalent ermöglicht mir, originelle und unkonventionelle Lösungen zu finden aber nur, wenn ich nicht durch Vorgaben eingeschränkt werde.
Auch in Beziehungen wird es mir schnell zu eng. Eine Ehe bereitet mir (auch) Probleme. Ich fühle mich unfrei und wie „eingesperrt".
Allerdings kann es auch sein, dass ich meinen Mars noch gar nicht richtig entdeckt habe. Vielleicht schätze ich mich weder als unabhängig oder freiheitsliebend noch als übermäßig schöpferisch ein. Dann ist klar, dass mein Mars noch auf seine Entdeckung wartet.
Was mir hilft, meinen Mars zu „wecken", ist Bewegung, vor allem Tanz. Noch wichtiger aber ist, unkonventioneller und spontaner zu werden. Wenn ich mich mit dem Mars in meinem Inneren verbinde, ihn annehme und ihn achte, hilft mir das sicher auch, meinen Mars zu stärken.

Marscheck
Wie viel Sexpower verleiht mir mein Mars? Sex ist schön, aber er ist nicht alles.
Wie lebe ich als Frau meinen Mars? Ich suche mir einen Mann mit den für Mars im Wassermann typischen Eigenschaften.
Wie lebe ich als Mann meinen Mars? Ich lebe meinen Mars im Wassermann selbst, bin also lebendig, selbständig und schöpferisch.

Lektion 69:

♂ Mars in den Fischen ♓

Meine Marsstärken: Empfänglich, intuitiv, einfühlsam, kreativ.
Meine Marsschwächen: Willensschwach, beeinflussbar, täuschbar.

Der Feuerplanet Mars steht im Wasserzeichen Fische: Es treffen also Feuer und Wasser aufeinander. Das kann dazu führen, dass mein Feuer zunächst einmal erlischt. Dann bin ich ein Mensch, der Schwierigkeiten hat, seinen Willen durchzusetzen, der zögert, seine Ellenbogen zu benützen, dem es schwer fällt, sich zu behaupten. Und gleichzeitig fühle ich mich innerlich gespannt und unter Druck.
Es gibt allerdings auch die Möglichkeit, meinen Mars zu transformieren. Dazu muss ich akzeptieren, dass ich zwar nicht so direkt und forsch handeln kann, wie man es bei einem ungebremsten Mars erwarten würde, dafür aber andere Fähigkeiten besitze: Intuition, Phantasie, Instinkt, Gespür. Das Fische-Zeichen ist seinem Wesen nach „transparent“, es besitzt keine klaren Grenzen, versetzt daher in die Lage, sich universell zu „vernetzen“. Ich besitze also eine Art sechsten Sinn, spüre andere Menschen, die sich nicht einmal in meiner Nähe aufhalten müssen, ja, vermag mich sogar in die Zukunft zu „beamen“. Mit Mars lassen sich diese Fähigkeiten noch steigern.
Wenn ich meinen Mars so lebe, bin ich ein Mensch, der durch seinen guten Instinkt, sein Mitschwingen mit anderen und sein psychologisches Gespür am Ende genauso viel erreicht wie Menschen mit anderen Mars-Positionen.

Marscheck
Wie viel Sexpower verleiht mir mein Mars? Sex ist wunderbar –, aber er ist nicht alles ...
Wie lebe ich als Frau meinen Mars? Ich suche mir einen Mann mit den für Mars in den Fischen typischen Eigenschaften.
Wie lebe ich als Mann meinen Mars? Ich lebe meinen Mars in den Fischen selbst, bin also empfindsam, intuitiv und einfühlsam.

Lektion 70:

♃ Jupiter

Den Gott des leuchtenden Himmels verehrten die Römer in Jupiter. Und als einer der hellsten Sterne erscheint uns der Planet Jupiter am nächtlichen Himmel, wenn Venus das Szenario verlassen (oder noch nicht wieder betreten) hat. Sein Strahlen ließ ihn daher zu einem Symbol für Hoffnung, Trost, Stimmigkeit und Gerechtigkeit werden. Die Position Jupiters im Horoskop verweist daher einerseits auf tiefe Einsichten: Jupiter sorgt dafür, dass uns „ein Licht aufgeht", wir letzten Endes weise werden. Auf der anderen Seite verkörpert Jupiter eine Gestalt, der eine unendlich große Liebe zukommt. Sinnbildlich gesprochen, sehnt sich der Mensch danach, sich mit dem göttlichen Jupiter zu vereinigen.

Darüber hinaus repräsentiert Jupiter den großen Helfer und Heiler. Dort, wo er im Horoskop steht, findet der Mensch Kräfte, sich und andere zu trösten und zu stärken. Am bekanntesten ist Jupiter in der Astrologie aber deswegen, weil er Glück verheißt.

Sein astronomischer Steckbrief lautet folgendermaßen: Der gewaltige Äquator-Durchmesser von 143 000 Kilometern macht ihn zum größten und schwersten Planeten des Sonnensystems. Seine Entfernung zur Sonne beträgt minimal 740 Millionen Kilometer, zur Erde rund 590 Millionen Kilometer. Jupiter hat mindestens 17 Monde. Bemerkenswert sind vor allem die vier großen Trabanten, Io, Europa, Ganymed und Callisto, die alle so

groß oder sogar noch größer als unser Erdmond sind. Diese Monde schrieben insofern Geschichte, als sie mit einem besseren Feldstecher klar erkennbar sind. Als der berühmte Astronom Koperikus (1473 – 1643) mit einem noch primitiven Fernrohr die Jupiter-Monde entdeckte, schloss er von deren Bewegung auf eine entsprechenden Lauf der Erde um die Sonne: Das „heliozentrische Weltbild" war geboren.
Der Gigant Jupiter mit seinen Monden stellt tatsächlich ein verkleinertes Abbild des Sonnensystems dar. Und erstaunlicherweise findet diese Erhebung in den Rang einer „zweiten Sonne" auch in seiner Deutung einen Niederschlag: Man sagt, dort, wo Jupiter im Horoskop steht, neige man dazu, dem Göttlichen nahe zu sein. Im extremen Fall kann eine Jupiter-Position auch dazu führen, sich den Status eines Gottes oder eines göttlichen Stellvertreters auf Erde anzumaßen. Viele Glaubenskriege in der Vergangenheit standen im Zusammenhang mit starken Jupiter-Einflüssen. Und die modernen Glaubenskriege, die von islamischen Fundamentalisten ausgehen, sind ebenfalls mit starken Jupiter-Stellungen verbunden. Deren Anführer maßen sich gerne an, Gottes Stellvertreter zu sein, das „Gute" zu verkörpern und das „Böse" zu bekämpfen.
So wunderbar die positiven Eigenschaften Jupiters sind, so schrecklich sind diese anderen: Wer sich durch Jupiter „auserwählt" fühlt, ist manchmal nur ein „Spinner", ein selbsternannter Guru, Prophet oder Heiliger. Manchmal aber, wie es auch wieder gerade die jüngste Geschichte in New York am 11. September 2001 bewiesen hat, eine dunkle, zerstörerische Gestalt, die sich auch nicht scheut, einen dritten Weltkrieg herauf zu beschwören.

Jupiter macht weise – aber er verblendet auch. Er verhilft zu großem Wissen und umfassender Bildung – aber er bewirkt auch eine eigenartige Selbstüberhöhng und führt dazu, Binsenweisheiten als der „Wahrheit letzter Schluss" zu verkaufen.

♃

Lektion 71:

♃ Jupiter im Widder ♈

Meine Jupiterstärken: Selbstvertrauen, Optimismus, Glück, Wahrheitssuche, Heilkraft.
Meine Jupiterschwächen: Prahlerei, Selbstüberheblichkeit.

Ein Glück für mich, dass ich meinen Willen und meine Impulse spontan und unmittelbar umsetzen kann. Ich bin ein Abenteurer – im wirklichen Leben und in meiner Vorstellung. Ich möchte wie Columbus die Welt entdecken und wie Einstein, Hildegard von Bingen oder Galileo Galilei den Gipfel der Erkenntnis erklimmen. Wenn ich mich geistig und körperlich bewege, bin ich meinem Schöpfer am nächsten. Stillstand erweckt bei mir Resignation. Ich fühle mich ausgestoßen und weit entfernt vom Ganzen. Meine optimistische und positive Einstellung ist dafür bestimmt, anderen voranzugehen oder ihnen den Weg zu weisen. Denn ich trage die Fackel des Lichts und der Wahrheit. So ist es nicht verwunderlich, dass in mir auch ein Heiler und Prophet schlummert. Er wartet nur darauf, im Laufe meines Lebens von mir geweckt zu werden. Bevor ich jedoch selbst ein Lichtbringer sein kann, muss ich Persönlichkeiten suchen, die mir auf diesem Weg ein Vorbild sind. Ich darf auch nie vergessen, mit der Gabe, andere zu führen, sorgsam umzugehen. Ich muss mich davor hüten, andere zu blenden oder mich über deren Unwissen zu erheben. Niemals darf ich meine Demut verlieren. Ich muss immer daran denken, dass auch ich ein Suchender bin. Mit dieser Jupiterposition habe ich Glück. Ich kann mich darauf verlassen, dass alles, was ich tue, von Jupiter begleitet wird und in eine für mich glückliche Richtung läuft. Einzig und allein Unstimmigkeiten in mir selbst können dieses Glück, das von Jupiter kommt, zunichte machen.

Jupitercheck

Wie finde ich inneres und äußeres Glück? Durch Handeln, Reisen, Unternehmungen, Initiativen.
Wie kann ich helfen und heilen? Durch tatkräftige Unterstützung, Körpertherapie, Yoga, Sport und menschliche Wärme und – nicht zu vergessen – durch Motivation und Ermutigung.

♃

Lektion 72:

♃ Jupiter im Stier ♉

Meine Jupiterstärken: Geduld, Großzügigkeit.
Meine Jupiterschwächen: Bequemlichkeit.

Mein Glück liegt im ungestörten Genuss. Überfluss und Sicherheit bedeuten für mich die Erfüllung meiner Wünsche. Natürlich würde ich mein Glück gern herbeizaubern. Ich kann aber auch warten. Ich habe Geduld. Ähnlich einem Gärtner, der nach der Saat die heranwachsenden Pflanzen hegt, damit sie sich zur vollen Pracht entfalten können, überwache ich mein Hab und Gut, meine Anlagen und Talente, bis sie sich zur vollen Reife entwickelt haben.
Der Vergleich mit dem Gärtner trifft auch in anderer Hinsicht auf mich zu: Ich liebe die Natur. Sie zeigt mir die absolute Ordnung, Stimmigkeit und Erfüllung. Und die Natur heilt. Sie heilt mich, wenn ich erschöpft oder krank bin. Ich brauche mich nur unter einen Baum zu legen, schon fühle ich mich besser. Eine Waldlichtung im Frühling erscheint mir als Dom; dort kann ich meine Seele regenerieren und bin meinem Schöpfer oft näher als in einer Kirche.
In der Natur finde ich neben Nahrung auch Kräuter und homöopathische Essenzen, mit denen ich andere heilen kann. Denn durch meinen Jupiter bekommt alles einen höheren Wert. Daran sollte ich denken und mich davor hüten, nur auf Besitz zu achten. Ähnlich einem Baum, der Erde sammelt, um von ihr gehalten und in den Himmel getragen zu werden, sollte ich mein Hab und Gut für Höheres nutzen.
Mit dieser Jupiterposition habe ich Glück. Ich kann mich darauf verlassen, dass alles, was ich tue, von Jupiter begleitet wird und in eine für mich glückliche Richtung läuft. Einzig und allein Unstimmigkeiten in mir selbst können dieses Glück, das von Jupiter kommt, zunichte machen.

Jupitercheck
Wie finde ich inneres und äußeres Glück? Durch Geduld und in der Nähe zur Erde, durch materiellen Wohlstand, Liebe und Sinnlichkeit.
Wie kann ich helfen und heilen? Mit Hilfe der Heilkräfte aus der Natur, aber auch allein durch mein Nahesein.

♃

Lektion 73:

♃ Jupiter in den Zwillingen ♊

Meine Jupiterstärken: Begeisterungsfähigkeit.
Meine Jupiterschwächen: Ruhelosigkeit.

Mein Glück finde ich im Alltäglichen: auf einem Wochenmarkt, im Zug, in Gesprächen mit Freunden und Bekannten. Meine Kontaktfreudigkeit ermöglicht es mir, schnell neue Menschen kennenzulernen und mit ihnen einen vertrauten Umgang herzustellen. Dieses „kleine Glück" ist für mich wesentlich wichtiger als die Suche nach großer und absoluter Erfüllung.
Mit meiner angeborenen Sprachbegabung werde ich im Laufe meines Lebens bestimmt mehrere Sprachen erlernen. Doch damit nicht genug: Ich kann auch gut schreiben und bin redegewandt.
Mein Wohlgefühl hängt von Geselligkeit, intensiven Gesprächen und lebendiger Kommunikation ab. Unter Menschen geht es mir gut. Alleinsein hingegen verunsichert mich. Ich verliere die innere Sicherheit und zweifle an mir. Ich sehe dann keinen Sinn mehr im Leben und verliere auch den Glauben an eine höhere Macht.
Deshalb ist es meine Aufgabe, Menschen zusammenzubringen und aus ihrer Einsamkeit zu befreien. Niemand soll – wie Robinson Crusoe – „allein auf einer Insel" leben. Der Mensch ist ein soziales Wesen. Er wächst in der Familie auf, gründet später seine eigene Familie, schafft sich seine Arbeitswelt und sucht sich seine Freunde. Selbst wenn er die Erde verlässt, endet er nicht in der Einsamkeit. Er kehrt dorthin zurück, wo sich schon immer alle aufhalten, die unsere Erde verlassen haben.
Mit dieser Jupiterposition habe ich Glück. Ich kann mich darauf verlassen, dass alles, was ich tue, von Jupiter begleitet wird und in eine für mich glückliche Richtung läuft. Einzig und allein Unstimmigkeiten in mir selbst können dieses Glück, das von Jupiter kommt, zunichte machen.

Jupitercheck

Wie finde ich inneres und äußeres Glück? In den „kleinen" alltäglichen Dingen und in der Begegnung mit anderen.
Wie kann ich helfen und heilen? Durch gute Worte, aufmunternden Zuspruch, durch Zuhören und Anteilnahme. Und durch das Herstellen von Kontakten.

Lektion 74:

♃ Jupiter im Krebs ♋

Meine Jupiterstärken: Suggestivwirkung, Phantasie.
Meine Jupiterschwächen: Gefühlspathos, Missbrauch von Gefühlen.

Glück finde ich in meinen Gefühlen und in den Gefühlen anderer. Dabei kann gute Musik oder ein Gedicht der Auslöser sein. Ich ahne, was mich dem Schöpfer näher bringt. Denn Gott ist für mich ein Gefühl, eine Verschmelzung mit dem Strom, dem Ozean, aus dem alles kommt, in den alles mündet.
Ich beschäftigte mich am liebsten mit der Seele, meiner eigenen und der anderer Menschen. Deshalb könnte man mich auch einen „Seelentaucher“ nennen. Ich brauche eine heile Seele, um zufrieden sein zu können.
Instinktiv wende ich mich Menschen zu, die Probleme haben. Ich helfe ihnen beim Heilen ihrer kranken Seele. Als „Lichtbringer“, der anderen Frieden schenkt, bringt man mir Dankbarkeit entgegen.
Die Familie ist für mich der Beginn allen Glücks. Aber auch der Anfang allen Elends. Ich kämpfe unermüdlich für die heile, sinnstiftende, ganzheitliche, befreiende Familie. Dabei ist eines sehr wichtig: Nicht meine Familie und deren Lebensart steht hier im Mittelpunkt. Nicht ich will bewundert werden. Im Gegenteil: Ich respektiere und akzeptiere fremde Sitten und Bräuche. Ich möchte nämlich dazulernen. Kein Wunder, dass ich am liebsten mit Menschen unterschiedlichster Herkunft zusammenleben würden.
Das Wort „Geborgenheit“ ist für mich keine Floskel. Es ist für mich Ausdruck für Erfüllung, Heimat, Göttlichkeit und Ewigkeit. Wie ein Seismograph erspüre ich Unstimmigkeiten, die Disharmonie in meiner Umgebung verursachen und dadurch den Frieden stören. Mit Hilfe meiner heilerischen Fähigkeiten kann ich diese Missstimmungen auflösen. Den Retter zu spielen, das kommt mir aber nicht zu.
Mit dieser Jupiterposition habe ich Glück. Ich kann mich darauf verlassen, dass alles, was ich tue, von Jupiter begleitet wird und in eine für mich glückliche Richtung läuft.

Jupitercheck
Wie finde ich inneres und äußeres Glück? Im Fühlen, in der Liebe, im Geben, in der Familie, in der Vergangenheit, bei den Ahnen.
Wie kann ich helfen und heilen? Durch aufdeckende Gespräche und begleitende Hilfe.

Lektion 75:

♃ Jupiter im Löwen ♌

Meine Jupiterstärken: Herzenswärme, Großmut, Gerechtigkeit, Wahrheitssuche, Glück.
Meine Jupiterschwächen: Eitelkeit, Einbildung, Selbstüberheblichkeit, Leichtfertigkeit, Verschwendungssucht.

Ich bin glücklich, wenn ich spontan und großzügig schenken kann nach dem Motto: Wer hat, kann geben. Äußere Werte sind mir weniger wichtig. Wenn ich nach Macht und Einfluss strebe, dann nicht in erster Linie, weil ich mir persönliche Vorteile davon verspreche. Vielmehr ist es das Wohl der Allgemeinheit, das mir am Herzen liegt.
Meine Großzügigkeit beschränkt sich nicht auf Geld und schöne Geschenke. Vielmehr möchte ich – geküsst von der Göttin der Muse – andere erfreuen und unterhalten. Als Künstler (Maler, Musiker, Bildhauer, Poet) finde ich meine Erfüllung. Um meiner Bestimmung als „göttlicher Unterhalter" gerecht zu werden, muss ich allerdings nicht perfekt sein. Es genügt, wenn ich Optimismus verbreite und anderen Freude am Leben zeige. Mein Stolz kann mir große Probleme bereiten. Ich empfinde Kritik immer als persönlichen Affront. Das ist ein Fehler. Ich sollte heiter bleiben und das Feuer der Freude unter die Menschen tragen. Ich muss dabei aber darauf achten, niemanden zu verbrennen!
Mit dieser Jupiterposition habe ich Glück. Ich kann mich darauf verlassen, dass alles, was ich tue, von Jupiter begleitet wird und in eine für mich glückliche Richtung läuft. Einzig und allein Unstimmigkeiten in mir selbst können dieses Glück, das von Jupiter kommt, zunichte machen.

Jupitercheck

Wie finde ich inneres und äußeres Glück? Durch lebendige Teilnahme am Leben, durch Großzügigkeit, durch die Kraft der Heiterkeit.
Wie kann ich helfen und heilen? Indem ich anderen das Leben zeige, wie ich es wahrnehme: als nährenden Urgrund, als göttlichen Spielplatz.

Lektion 76:

♃ Jupiter in der Jungfrau ♍

Meine Jupiterstärken: Engagement, Bescheidenheit.
Meine Jupiterschwächen: Zersplitterung.

Glück ist für mich die einfachste Sache der Welt. Es liegt vor der Tür, man muss es nur sehen. Auf die Suche nach dem Glück begebe ich mich nicht. Entweder es ist hier – oder nirgends.
Manchmal taucht es bei meiner Arbeit auf. Ich bin völlig zufrieden, wenn Dinge passen und richtig ineinander gefügt sind. Am Schluss läuft die Maschine und liefert Ergebnisse.
Manchmal entdecke ich mein Glück in der Ordnung. Und dabei ist mir die Natur ein genialer Lehrmeister. Die Folge der Jahreszeiten, das Ineinandergreifen von Phasen des Wachstums und der Stagnation: das alles ist für mich Ausdruck göttlicher Ordnung, die sich in Geschehnissen am Himmel tagtäglich und jahraus, jahrein wiederholt.
Ganz besonders faszinieren mich aber auch Vorgänge im menschlichen Körper. Das Wunder der Nahrungsaufnahme, die Geburt, das Ineinandergreifen von Atmung und Herzschlag: das ist für mich ein sinnhafter Beweis göttlichen Wirkens.
Mein Wissen über die Natürlichkeit und Göttlichkeit des menschlichen Seins befähigt mich zum Heiler. Das heißt aber nicht, dass ich Arzt, Heilpraktiker oder Psychotherapeut sein muss. Allein meine Nähe und mein Bewusstsein bewegen andere zu kleinen Fortschritten. Je mehr ich mich bemühe, mein Wissen rüberzubringen, umso besser gelingt es mir, Vorbild zu sein. Ich muss mich jedoch davor hüten, meine wertvollsten Gaben zu missbrauchen. Ich muss als gutes Beispiel vorangehen, darf niemals Druck ausüben und nicht in Besserwisserei verfallen.
Mit dieser Jupiterposition habe ich Glück. Ich kann mich darauf verlassen, dass alles, was ich tue, von Jupiter begleitet wird und in eine für mich glückliche Richtung läuft. Einzig und allein Unstimmigkeiten in mir selbst können dieses Glück, das von Jupiter kommt, zunichte machen.

Jupitercheck

Wie finde ich inneres und äußeres Glück? Im alltäglichen Tun. In der Arbeit. Im Prinzip der Ordnung.
Wie kann ich helfen und heilen? Durch bewusste Ernährung. Durch Studium von Körper und Geist. Durch Lernen von der Natur.

Lektion 77:

♃ Jupiter in der Waage ♎

Meine Jupiterstärken: Toleranz, Lebenskunst.
Meine Jupiterschwächen: Eitelkeit, Genusssucht.

Ich finde mein Glück in der Kraft der Liebe. Und daran muss ich nicht einmal selbst direkt beteiligt sein. Wenn andere Menschen die Liebe finden, fühle ich mich angenommen, zu Hause, eins mit der Schöpfung.
Noch schöner und göttlicher ist es natürlich, wenn die Liebe mich selbst betrifft. Ich schwebe auf „Wolke sieben", bin im Paradies, bin im Himmel.
Liebe ist für mich der Ursprung und das Ziel allen Seins. Gott ist die Liebe, das Leben entspringt ihr. Der Liebe opfere ich alles. Und sie beschenkt mich durch die Fähigkeit, andere tief zu berühren, zu trösten, zu erfreuen und aufzubauen.
Meine Liebe ermöglicht es mir, unterschiedliche Wünsche und Strömungen aufzunehmen und in Einklang zu bringen. So finde ich immer wieder vertretbare Kompromisse, bei denen es keinen Verlierer gibt. Ich eigne mich daher besonders für Berufe, bei denen es um Vermittlerrollen geht. Die Politik ist ein solches Betätigungsfeld: Menschen mit unterschiedlichen Meinungen müssen an einen Tisch gebracht und vernünftige Kompromisse gefunden werden.
Auch für die Kunst schlägt mein Herz. Allerdings nur für die Kunst, die von Liebe getragen und von Harmonie und Stimmigkeit begleitet wird. Im Grunde schlummert in mir selbst ein Künstler, der darauf wartet, seine Fähigkeiten zeigen zu können.
Doch alles im Leben hat zwei Seiten. Ich darf bei meiner Suche nach Liebe und Harmonie nicht vergessen, dass zur Liebe auch die Auseinandersetzung gehört.
Mit dieser Jupiterposition habe ich Glück. Ich kann mich darauf verlassen, dass alles, was ich tue, von Jupiter begleitet wird und in eine für mich glückliche Richtung läuft. Einzig und allein Unstimmigkeiten in mir selbst können dieses Glück, das von Jupiter kommt, zunichte machen.

Jupitercheck

Wie finde ich inneres und äußeres Glück? Indem ich verzeihe, liebe, empfange und gebe.
Wie kann ich helfen und heilen? Allein meine Nähe heilt. Meine Berührungen sind Labsal für Körper, Geist und Seele.

Lektion 78:

♃ Jupiter im Skorpion ♏

Meine Jupiterstärken: Tiefgründigkeit, Spiritualität.
Meine Jupiterschwächen: Exaltiertheit, Despotentum.

Glück finde ich meiner Meinung nach nur auf dem Grund aller Dinge, nicht an der Oberfläche. Dieses Wissen habe ich mit in die Welt gebracht. Es ist die Wahrheit, die mir mein Jupiter verkündet, und ich soll sie auch so weitergeben. Ich kenne die Höhen und Tiefen menschlicher Existenz; ich lasse mich nicht blenden vom so genannten schönen Schein.
Der ewige Kreislauf ist das, was die Welt zusammenhält: Zeugung, Geburt, Leben und Tod. Alles, was schon immer war – alles, was immer wieder sein wird.
Doch es gibt Menschen, deren Kreislauf gestört und nicht geradlinig ist. Sie brauchen Hilfe und die bekommen sie dann. Von mir! Ich nehme mich ihrer an. Ich weiß, dass der Schatten ein Teil des Lichts ist und die Schwächeren oder von der Gesellschaft Ausgestoßenen meine Unterstützung brauchen. Mit sicherem Instinkt versuche ich Schritt für Schritt, den Betroffenen wieder auf die Sprünge zu helfen.
Der Grund für mein soziales Engagement ist das in mir stark und leidenschaftlich lodernde heilende Feuer. Wie Pollux einst seinem toten Bruder Castor in die Unterwelt folgte, um ihm beizustehen, bin ich bereit, die größten Unannehmlichkeiten auf mich zu nehmen, um Teile des Lebens zu retten. Ich fühle mich zum Retter und Heiler geboren. Egal, ob ich diese Gaben beruflich nutze oder damit ganz selbstverständlich im Alltag umgehe.
Ich muss mich allerdings davor hüten, selbst Schicksal zu spielen oder ein unangenehmes, aber wichtiges Ereignis „ungeschehen" zu machen.
Mit dieser Jupiterposition habe ich Glück. Ich kann mich darauf verlassen, dass alles, was ich tue, von Jupiter begleitet wird und in eine für mich glückliche Richtung läuft. Einzig und allein Unstimmigkeiten in mir selbst können dieses Glück, das von Jupiter kommt, zunichte machen.

Jupitercheck

Wie finde ich inneres und äußeres Glück? Durch Hinterfragen, In-die-Tiefe-Gehen, Abwarten und einfach durch mein Sein.
Wie kann ich helfen und heilen? Ich sollte mich der Menschen annehmen, die von der Gesellschaft ausgegrenzt sind.

Lektion 79:

♃ Jupiter im Schützen ♐

Meine Jupiterstärken: Idealismus, Expansion, Großzügigkeit, Wahrheitssuche, Abenteuertum.
Meine Jupiterschwächen: Schwärmerei, Naivität, „Blauäugigkeit".

Glück bedeutet für mich, unterwegs zu sein – auf Rädern, im Flugzeug, im Zug, auf dem Schiff. In mir lebt die Geschichte aller fahrenden Völker: der Nomaden und Zigeuner, der Boten, der herumziehenden Bader, Gaukler, Barden und Geschichtenerzähler. Letztlich ist es immer die große Suche, die mich leitet und führt: die Suche nach dem ewigen Gral, nach Erleuchtung, nach der blauen Blume, nach der Quintessenz der Alchemie. Mein Ziel ist es, auf dem Weg zu sein. Der Glaube ist für mich dabei die Sehnsucht, die Sehnsucht nach Gott, der sich immer woanders befindet.
Ich orientiere mich an der Vielfalt des Daseins. Und das tröstet diese Welt: Ich weiß immer noch einen weiteren Weg, bin für andere Möglichkeiten stets offen. Für mich ist nichts aussichtslos. Viele Wege führen nach Rom. Und kein Problem ist so groß, dass es man es nicht auch lösen könnte.
Das Feuer, das mir Jupiter in die Hände gibt, heißt „Hoffnung". Und wo immer ich bin, keimt dieses Gut wie ein Samen in der Erde. Ich kämpfe gegen Hoffnungslosigkeit und Borniertheit und verachte Menschen, die anderen keine Chancen lassen. Mein fundamentales Anliegen ist Gerechtigkeit und Menschenwürde. Und dafür setze ich mich vehement ein.
Ich muss allerdings darauf achten, „das Kind nicht mit dem Bade auszuschütten". Denn in meinem „Heiligen Krieg" gegen die Blindheit der Menschen laufe ich Gefahr, selbst blind und einseitig zu werden.
Mit dieser Jupiterposition habe ich Glück. Ich kann mich darauf verlassen, dass alles, was ich tue, von Jupiter begleitet wird und in eine für mich glückliche Richtung läuft. Einzig und allein Unstimmigkeiten in mir selbst können dieses Glück, das von Jupiter kommt, zunichte machen.

Jupitercheck

Wie finde ich inneres und äußeres Glück? Durch die immerwährende Suche nach dem Sinn des Lebens und nach der Göttlichkeit.
Wie kann ich helfen und heilen? Durch meine hoffnungsvolle Art, meinen Trost, meinen Humor, meinen Witz.

Lektion 80:

♃ Jupiter im Steinbock ♑

Meine Jupiterstärken: Führungsqualität, Ausdauer.
Meine Jupiterschwächen: Lehrmeisterei, Überheblichkeit, Härte.

Ich bin glücklich, wenn meine Arbeit getan ist und ich in Ruhe das Ergebnis genießen kann, ähnlich der Erde, die nach einer Dürrephase den Regen dankbar aufnimmt.
Glück bedeutet für mich aber auch, sich einer Sache völlig hinzugeben, ihr zu gehören, bis sie erledigt ist. Es geht mir dabei wie einem Bergsteiger, der nicht eher ruht, bis er auf dem Gipfel steht und nach dem nächsten Ausschau halten kann.
Ich bin ein Mensch, der sich selbst immer wieder antreiben und motivieren kann. Dabei strebe ich nach höheren, größeren Zielen.
Ich kann aber ebenso anderen ein Vorbild und eine große Hilfe sein, vor allem verzagten und ängstlichen Menschen. Ich bin eine echte Führungspersönlichkeit. Dabei will ich aber nicht durch große Reden beeindrucken und schon gar nicht andere voranschicken und selbst im Hintergrund bleiben. Ich gehe einfach voraus. Mit Kraft, Ausdauer und Zähigkeit kann ich dann das leisten, was ich mir vorgenommen habe. Deshalb trainiere ich diese Eigenschaften immer wieder, um sie zu verbessern.
Ich bin hart mir selbst gegenüber, weil ich weiß, dass ich mich nicht schonen darf, wenn ich meine Ziele erreichen will. Und das Gleiche erwarten ich auch von anderen mit dem Ergebnis, dass sich viele dadurch bedrängt fühlen und mir aus dem Weg gehen. Deshalb ist es für mich wichtig zu erkennen, dass nicht alle Menschen aus dem gleichen (harten) Holz geschnitzt sind wie ich. Ich muss meinen Mitmenschen Geduld, Nachsicht und Toleranz entgegenbringen. Dann werde ich eines Tages den höchsten Berg bezwingen – den „Berg der Weisheit“ nämlich.
Mit dieser Jupiterposition habe ich Glück. Ich kann mich darauf verlassen, dass alles, was ich tue, von Jupiter begleitet wird und in eine für mich glückliche Richtung läuft.

Jupitercheck

Wie finde ich inneres und äußeres Glück? Durch Arbeit und die Übernahme von Verpflichtungen. Durch Demut, durch Anstrengung und Leistung.
Wie kann ich helfen und heilen? Durch vorbildliches Verhalten und durch richtige Führung.

Lektion 81:

♃ Jupiter im Wassermann ♒

Meine Jupiterstärken: Humanismus, Toleranz.
Meine Jupiterschwächen: Autoritätskonflikte.

Glück bringt mir das Gefühl, vorwärts zu schreiten. Mit meinen Idealen möchte ich einer besseren, gerechteren, liebevolleren Welt näher kommen. Ich bin ein Utopist, beseelt von der Vorstellung einer Welt, in der Armut, Krankheit und anderes Leid nicht mehr existieren. Dafür arbeite und kämpfe ich.
Ich bin ein Menschenfreund, der immer an das Gute glaubt. Ich verfüge über ein großes soziales Verantwortungsbewusstsein. Und ich suche immer wieder nach Aufgaben, um Schwächeren und Benachteiligten helfen zu können. Dabei spiele ich mich jedoch keinesfalls als Helfer oder Missionar auf, der anderen in der Not zwar beisteht, sie aber ihrer Unmündigkeit überlässt. Ich unterstütze vielmehr die Eigenverantwortung und Autonomie eines Menschen und helfe ihm dadurch wesentlich besser.
Die Ungleichheit unter den Menschen hasse ich mehr als alles andere auf der Welt. Es fällt mir daher auch schwer, mich einer straffen Hierarchie unterzuordnen. Ich dulde niemanden über, aber auch niemanden unter mir.
Das Feuer, das mir Jupiter geschenkt hat, ist Kraft und mein Glaube an eine positive Zukunft. Und das macht mich für diese Welt besonders wichtig. Denn meinem Willen, meinen Visionen ist es zu verdanken, dass wir uns immer weiterentwickeln und nicht in Stagnation verharren. Von emotional geäußerter Kritik oder Ablehnung lasse ich mich nicht irritieren. Ich arbeite beharrlich weiter, bis ich mein Ziel erreicht habe.
Allerdings muss ich mich in Acht nehmen, das Alte nicht völlig zu verwerfen. Ich würde mich damit meiner eigenen Wurzeln berauben und jeglicher Fortschritt bliebe Illusion.
Mit dieser Jupiterposition habe ich Glück. Ich kann mich darauf verlassen, dass alles, was ich tue, von Jupiter begleitet wird und in eine für mich glückliche Richtung läuft.

Jupitercheck
Wie finde ich inneres und äußeres Glück? Durch Arbeit an einer besseren Zukunft.
Wie kann ich helfen und heilen? Durch Vermitteln von neuen Perspektiven. Durch solidarische Unterstützung. Durch Veränderung.

♃

Lektion 82:

♃ Jupiter in den Fischen ♓

Meine Jupiterstärken: Liebe, Mitgefühl, Intuition.
Meine Jupiterschwächen: „Helfersyndrom“.

Glück bedeutet für mich, eins zu sein mit der Schöpfung, ein Tropfen, der ins Meer fällt und im Ganzen aufgeht. Ich lebe nach dem Ideal der Selbstlosigkeit, stelle meine eigenen Bedürfnisse hinter das Wohlergehen der Gemeinschaft. Mein Engagement für eine bessere, humanere, liebevollere Welt verfolge ich konsequent. So kann es sein, dass ich als Tierfreund, der Tierversuche und -quälereien verabscheut, auf Fleisch verzichte. Oder ich setze mich für schutzbedürftige Kinder und Kranke ein. Soziales Engagement ist für mich kein Schlagwort, sondern ein großer Teil des Lebens. Mein Jupiter macht mich sensibel für Ungerechtigkeit und Lieblosigkeit. Er schenkt mir die Kraft und Fähigkeit, Missstände zu mindern und zu lindern. Und das gelingt mir besonders als Arzt oder Krankenpfleger, aber auch als Mitarbeiter einer Umweltorganisation.

Jupiter verleiht mir eine Magie, die Leid und Traurigkeit auflösen kann. Es wäre schade, wenn ich diese besondere Fähigkeit brachliegen ließe und nicht in eine entsprechende Tätigkeit einbrächte.
Große Aufmerksamkeit schenke ich fernen Idealen, die oft mit tiefen Gefühlen verbunden sind. Die Bewältigung des Naheliegenden, der Umgang mit der unmittelbaren, konkreten Wirklichkeit liegt mir weniger.
Ich sollte daran denken, mich als Helfer nicht missbrauchen zu lassen. Ich muss lernen, mich anderen gegenüber deutlich abzugrenzen.
Mit dieser Jupiterposition habe ich Glück. Ich kann mich darauf verlassen, dass alles, was ich tue, von Jupiter begleitet wird und in eine für mich glückliche Richtung läuft. Einzig und allein Unstimmigkeiten in mir selbst können dieses Glück, das von Jupiter kommt, zunichte machen.

Jupitercheck

Wie finde ich inneres und äußeres Glück? Durch Hingabe an das, was wahr ist. Durch die Liebe zu allem.
Wie kann ich helfen und heilen? Ich besitze große heilerische Fähigkeiten, die ich nur zum Fließen bringen muss.

Lektion 83:

♄ Saturn

In der Astrologie gilt Saturn als Übeltäter, als Verkörperung des Schlechten und Bösen. Er scheint es darauf abgesehen zu haben, uns das Leben so schwer wie irgend möglich zu machen. Wie der Drache im Märchen verkörpert er Schrecken, Gefahr, ja, zuweilen sogar den Tod. Alte Abbildungen zeigen Saturn als Skelett mit Sense, das alles erbarmungslos niedermäht. Saturn kennt kein Mitleid, keine Gnade. Er wirft den Menschen ihr Schicksal vor die Füße und es bleibt nichts anderes, als es zu nehmen und zu tragen.
Seine astronomischen Daten sind rasch gesagt: Er ist mit einem Äquatordurchmesser von 122 000 Kilometer nach Jupiter der zweitgrößte Planet unseres Sonnensystems. Er pendelt zwischen einer Distanz von 1139 und 1658 Millionen Kilometer zur Erde und umläuft die Sonne in etwas weniger als 30 Jahren.
Der griechische Mythos besagt, dass Saturnus oder – wie ihn die Griechen nannten – Kronos alle seine Nachkommen (außer Jupiter/Zeus) auffraß, weil er befürchtete, dass eines seiner Kinder ihn dereinst vom Throne stieße. Das Opfern („Auffressen") der eigenen Kinder zeigt symbolisch, wofür Saturn steht, nämlich seine tiefsten und innersten Gefühle zu opfern. Die Kinder, die Saturn „frisst", sind ein also ein Vergleich, stehen für etwas Lebendiges und Gefühlvolles.
Saturn hält den Menschen in besonderer Weise dazu an, ein Leben zu führen, in dem Gefühle aufgearbeitet, man kann auch sagen „aufgefressen" und kontrolliert werden.

Im Falle Saturns allerdings findet durch die Geburt seines Sohnes Zeus/Jupiter eine unerwartete Wende statt: Seine Schwester und Gemahlin Rheia war dem Mythos zufolge so erzürnt über den Egoismus ihres Mannes, dass sie sein Kind vor ihm versteckte und ihrem Gatten dafür einen in Windeln gewickelten Stein überreichte, den dieser anstelle des vermeintlichen Göttervaters sofort verschlang. Zieht man eine schlüssige Lehre aus dieser Symbolik, könnte man somit auch sagen, dass man als Kind Saturn nur überlebt, wenn man sich in einen Stein verwandelt, das heißt, etwas Wirklichkeit werden lässt.

Wenn Saturn einen plagt, schikaniert, an den Abgrund heranführt, dann hilft er auch, sich gegen ihn zu wappnen. Saturn bietet die Chance, stark zu werden. Er „schmiedet" den Menschen, macht ihn hart (wie Stein), widerstandsfähig, ausdauernd.

Wer immer etwas Großes erreicht in seinem Leben, der schafft es mit Hilfe Saturns und seiner (oft) grausamen Wechselbäder.

Dort, wo in unserem Horoskop der Planet Saturn steht, müssen wir also lernen, in die Schule gehen, dort werden wir gestreckt und zusammengeschoben, kritisiert und tyrannisiert, trainiert und behindert, bis wir Perfektion erlangen.

Perfektion, Vollkommenheit, Reinheit, vom Rohling zum Diamanten: So lässt sich das Wirken Saturns zusammenfassen.

Und dennoch geht es dabei nicht ausschließlich um Härte, Ausdauer, Übung, Verzicht und unermüdliches Arbeiten an sich selbst. Der Weg zur Vollkommenheit führt unmittelbar am Fluss der Gnade und Demut entlang. Die Arbeit mit und durch Saturn besteht nicht nur aus Ehrgeiz und läuft auch nicht nach dem Motto: „Gelobt sei, was hart macht!" Der Weg zur Vollendung schließt Demut mit ein.

Saturn ist kein kalter, gemeiner, fordernder Feind, dem gegenüber es sich zu wappnen und zu rüsten gilt. Er verlangt, nein, er verdient Ehrfurcht, Demut, Liebe.

Lektion 84:

♄ Saturn im Widder ♈

Saturnstärken: Ehrgeizig, machtvoll, führungsbegabt, durchsetzungsstark, edel.
Saturnschwächen: Rechthaberisch, sarkastisch, bösartig, bissig, gemein.

Meine Wildheit zu bändigen, meine Emotionen zu zügeln und meinen persönlichen Willen einem höheren Ziel, einer Idee mit allgemeinem Wert unterzuordnen: darum geht es in meinem Leben. Saturn nimmt dabei das Heft in die Hand. Er agiert als „Pferdeflüsterer“, der aus dem Widderzeichen, dem „wilden, ungezähmten Pferd“, ein edles, dem Reiter seine feurige Energie voll und gerne zur Verfügung stellendes Wesen macht. Dabei ist nicht beabsichtigt, die Wildheit zu brechen und sie zu unterdrücken, wie es viele Menschen mit Saturn im Widder machen. Ich darf meine Wildheit nicht verdrängen und vergessen, sonst bin ich, um es salopp auszudrücken, letztlich nur noch im Besitz eines alten Kleppers. Der Prozess des Wandels fordert von mir große Geduld und harte Arbeit an mir selbst. Ich muss die Auseinandersetzung mit dem Leben als Läuterungsprozess begreifen und Kritik nicht als Verhinderung oder Bösartigkeit des Schicksals, sondern als Wink Saturns nehmen. Wesentlich für mich ist auch, meine Emotionen, Wünsche und Sehnsüchte zu hinterfragen und dem Prozess der Läuterung unterzuordnen.
Meine Saturn-Position im Widder ist mit vielen Prüfungen und mit ettlichem Leid verbunden. Aber letztendlich führt mich dieser Weg zum Ziel: ein leuchtender Diamant zu werden.

Saturncheck
Wo muss ich mich Saturn beugen? Ich muss mein Feuer zähmen und Geduld lernen.
Wie führt mich Saturn zur Einsicht? Durch Verhinderung, Kritik und Strafe, damit ich vollkommen werde.
Worauf muss ich achten? Dass ich nicht zu streng und rechthaberisch und auch nicht starr und rigide werde.

Lektion 85:

♄ Saturn im Stier ♉

Saturnstärken: Beharrlichkeit, Festigkeit, Standhaftigkeit, Sparsamkeit.
Saturnschwächen: Geiz, Gefühllosigkeit, Sturheit, Gier, Neid, Existenzangst.

Ich nehme mir mehr vom Leben, als mir zusteht, und leide dann unter den Folgen. Für Menschen mit Saturn im Stier ist dies typisch. Wir essen und trinken mehr, als wir vertragen können, nehmen zu, setzen Fett an, bekommen Bewegungsprobleme und werden unter Umständen krank. Des Mammons wegen arbeiten wir mehr und härter, als uns gut tut, wir werden nervös, gestresst und sind zum Schluss arbeitsunfähig. Wir legen unser Geld in Geschäften an, die wir nicht überblicken und zu guter Letzt ergeht es uns wie Hans im Glück: Wir besitzen gar nichts mehr.
Ich lebe also über meine Verhältnisse, und das von Kindesbeinen an. Dramatische Auseinandersetzungen mit Eltern und anderen Erwachsenen waren und sind die Folge, wobei ich zunächst immer die anderen als die „bösen, versagenden und missgünstigen“ Menschen sehe. Aber es ist Saturn, der mir das Leben schwer macht. Er verlangt Verzicht und das gerade dort, wo das Leben am meisten Spaß macht. Das ist ein harter, mühsamer, frustrierender Weg. Auf der anderen Seite entwickle ich auf diese Weise eine besonders feine Sinnlichkeit, werde zum Genießer der kleinen Dinge und der wirklichen Köstlichkeiten des Lebens. Auf dem Weg dorthin hält mir Saturn jedoch jede „Verfehlung“ gnadenlos vor: Wer seiner Lust folgt, bekommt früher oder später die Rechnung.

Saturncheck
Wo muss ich mich Saturn beugen? Ich darf meiner Lust und meinen Wünschen nicht nachgeben. Auch gegenüber sämtlichen materiellen Werten, Geld und Reichtum, bedarf es Aufmerksamkeit.
Wie führt mich Saturn zur Einsicht? Durch Leid, Schmerzen, Versagung und Verhinderung, unter Umständen auch durch Krankheit.
Worauf muss ich achten? Dass ich nicht zum lustfeindlichen Asketen werde und mir und anderen die Lust am Leben nehme.

Lektion 86:

♄ Saturn in den Zwillingen ♊

Saturnstärken: Klarheit, Überblick, das Wesentliche erkennen, literarisches Geschick, Flexibilität, geistige Wendigkeit.
Saturnschwächen: Die Wahrheit verdrehen, Unsicherheit, Besserwisserei, Charakterschwäche.

Meine Aufgabe ist es, mich im Leben nicht zu verzetteln, die Wahrheit zu finden und nicht ihren Schein – also Wissen zu erwerben, das wirklich nützlich ist. Ich gehe mein ganzes Leben lang in eine Schule, in der ich lerne, immer besser zu werden, immer mehr Kenntnisse zu erwerben. Aber dieses „Besser“ und dieses „Mehr“ ist nicht einfach quantitativ gemeint. Es geht um einen großen inneren und äußeren Reifungsprozess.
Weshalb werde ich dermaßen streng diszipliniert?
In mir findet sich ein ungeheuer leichtfertiger Anteil. Aus der Sicht des (Über-)Lebens heraus braucht es daher eine andere, eben die saturnische Kraft, damit ich mir nicht aus dieser Leichtfertigkeit heraus selber schade. In meiner Tiefenpsyche herrscht also ein berechtigter Zweifel an meiner Kontrollfunktionen. Das ist der Grund für die Strenge Saturns.
Wenn ich mit meinem Saturn in den Zwillingen behutsam und richtig umgehe, „schleife“ ich mich selbst, werde nicht überheblich, sondern orientiere mich an anderen und suche mir Lehrer und Meister, die mir helfen, vollkommener zu werden.
Ich muss auch daran denken, dass ich mit meiner Saturn-Stellung zu einsamen Entschlüssen neige. Sozusagen als Gegenreaktion auf die Leichtfertigkeit werde ich leicht zum Dogmatiker und Besserwisser, zu einem, der alles mit dem Kopf checkt. Eine solche Haltung entspricht aber nicht dem eigentlichen Wunsch Saturns.

Saturncheck
Wo muss ich mich Saturn beugen?
Ich muss lernen, Kritik konstruktiv zu nehmen. Ich muss über sämtliche Konsequenzen meines Verhaltens Bescheid wissen.
Wie führt mich Saturn zur Einsicht? Durch Verhinderung, Misserfolg und Demütigung.
Worauf muss ich achten? Nicht dogmatisch und überheblich zu werden. Auch vor allzu großer Strenge muss ich mich hüten.

Lektion 87:

♄ Saturn im Krebs ♋

Saturnstärken: Selbstbeherrschung, seine Gefühle im Griff haben, zum Kern vordringen, Distanz, Wahrhaftigkeit, Zuverlässigkeit.
Saturnschwächen: Gefühlskälte, Rückzug, Misstrauen, Pessimismus.

Mein Saturn hat mich auf eine besondere Lebensreise geschickt: Aus mir, einem Wesen, das seinen Gefühlen und Instinkten folgt, soll ein Mensch werden, der sein Leben nach Einsicht, Wahrheit und höherem Wissen steuert.
Der Weg ist überaus schwierig und schmerzlich. Saturn hat mir nämlich Angst vor dem Glück und sogar vor der Liebe eingepflanzt. Als wäre es mir verboten, Zufriedenheit zu kosten. Als müsste ich immer wieder die Erfahrung machen, dass das Leben bitter ist.
Woher kommen diese Ängste? Meine Psyche ist geprägt von traumatischen Erfahrungen. Es kann sein, dass diese Erfahrungen aus früheren Leben stammen. Es ist aber genauso möglich, dass ich mit bestimmten existentiellen Erfahrungen meiner Ahnen verbunden bin. Jedenfalls lebt in mir die Angst fort, meine Gefühle könnten – wie schon einmal – missbraucht werden. Deswegen misstraut Saturn grundsätzlich allen Gefühlen.
Aber es ist reiner Schutz.
Ich soll über die Gefühle hinauswachsen, unabhängig und frei von ihnen werden.
Aber ich darf Saturn auch nicht zum Alleinherrscher über mein Leben machen und grundsätzlich vor Gefühlen davonlaufen. Ich soll klüger, erfahrener ins Leben treten, damit mir nichts Schlechtes widerfährt. Ziel meines Lebens ist, meine Vergangenheit zu überwinden, nicht vor ihr zu kapitulieren. Ich muss mich meinen Gefühlen stellen. Ich bin kein Kind mehr, das man verletzen kann. Ich bin eine erwachsene, starke Person! Ich brauche mich heute nicht mehr davor zu füchten, dass meine Gefühle verletzt werden könnten. Denn ich bin aus mir selbst heraus stark.

Saturncheck
Wo muss ich mich Saturn beugen? Ich muss lernen, über meine Gefühle hinauszuwachsen.
Wie führt mich Saturn zur Einsicht? Durch Angst, Schmerzen, Versagung und Leid.
Worauf muss ich achten? Das „Kind nicht mit dem Bade auszuschütten" und Gefühle zu missachten und zu unterdrücken.

Lektion 88:

♄ Saturn im Löwen ♌

Saturnstärken: Selbstbeherrscht, erhaben, edel, vollendet.
Saturnschwächen: Arrogant, selbstherrlich, destruktiv.

Mit Saturn im Löwen bin ich dafür bestimmt, das Höchste anzustreben, muss aber immer wieder die Erfahrung machen, ganz unten zu sein. Diese Saturn-Position schmiedet Menschen, die Ruhm und Ehren erwerben, schafft Meister und Führungspersönlichkeiten. Aber der Weg dorthin ist beschwerlich; ich muss viel erdulden, durchmachen und verstehen lernen.
Das Leben pendelt zwischen Macht und Ohnmacht, zwischen Stolz und Scham hin und her. Mit der Zeit überfällt mich Angst bei dem Gedanken an Macht, Verantwortung und Erfolg, aber ich werde davon doch auch regelrecht angezogen. Saturn im Löwen kann mit der Zeit zu Unlust dem Leben gegenüber führen. Dagegen muss ich dann selbst „zu Felde ziehen".
Meine Saturn-Position ist die Folge von Machtmissbrauch. Vielleicht habe ich in einem früheren Leben versagt, die Verantwortung nicht übernommen. Vielleicht trage ich aber auch an einer Schuld meiner eigenen Ahnen. Jedenfalls ist mein Saturn eine Folge der Vergangenheit. Ich muss für etwas bezahlen, etwas ausgleichen, was vor mir geschah. Es ist mein Karma.
Saturn im Löwen „erzieht" mich dazu, mein Wirken, mein Verhalten und Sein zu überdenken und hinsichtlich sämtlicher Konsequenzen zu verantworten. Dazu gehört vornehmlich mein Verhalten als Vater bzw. Mutter den eigenen Kindern gegenüber.
Ich muss die Verantwortung selbst dann übernehmen, wenn ich gängiger Meinung nach davon frei gesprochen werde, zum Beispiel bei einer Krankheit oder einem Unfall.

Saturncheck
Wo muss ich mich Saturn beugen? Ich muss lernen, Verantwortung zu übernehmen.
Wie führt mich Saturn zur Einsicht? Ich werde verhindert, gedemütigt, kritisiert.
Worauf muss ich achten? Nicht zu einem lust- und lebensfeindlichen Menschen zu werden.

Lektion 89:

♄ Saturn in der Jungfrau ♍

Saturnstärken: Treue, Anhänglichkeit, Arbeitseifer, Selbstkontrolle, Genügsamkeit.
Saturnschwächen: Ernst, Pedanterie, Kritiksucht.

Wenn sich Saturn in der Jungfrau niederlässt, trifft Kontrolle auf Kontrolle. Allein das Zeichen Jungfrau hat zur Folge, seine Gefühle, seine Triebe, seinen Sex, seinen gesamten Körper im Griff zu haben. Wenn dann Saturn noch hinzukommt, verdoppelt sich die kritische Einstellung allem gegenüber, was spontan, unüberlegt und von Gefühlen getragen ist. Was ist in meiner Vergangenheit (in einem früheren Leben oder in meiner eigenen Ahnenreihe) geschehen, das ein so großes Misstrauen hervorgerufen hat? Die Antwort findet sich in Bereichen, die mit Liebe, Zeugung, Schwangerschaft und Geburt zu tun haben. Saturn in der Jungfrau verweist mich auf ein „Versagen" in diesen Bereichen: Vielleicht musste in meiner Vergangenheit eine Schwangerschaft abgebrochen werden, möglicherweise kam ein Kind tot zur Welt oder beide, Mutter und Kind, kamen zu Tode. Das ist der Grund, warum Saturn in der Jungfrau meine Gefühle blockiert, meine Lust einschränkt, versucht, aus mir einen Menschen zu machen, der nicht von seinen Gefühlen abhängig ist: Damit mir nicht das Gleiche widerfährt wie damals. Damit ich nicht zu Tode komme. Saturn verhindert und weckt die Sehnsucht, das Körperhafte des Lebens zu transformieren, ein Wesen zu sein, dessen Energie nicht aus den „Bauch", sondern aus dem „Kopf" kommt. Das heißt beileibe nicht, das ich gleich in ein Kloster gehöre. Aber es bleibt mir mit Saturn in der Jungfrau nicht erspart, mich mit den Thema Sex und seiner Transformation auseinander zu setzen.

Saturncheck
Wo muss ich mich Saturn beugen? Ich muss lernen, meine Lust zu kontrollieren.
Wie führt mich Saturn zur Einsicht? Durch Versagen, Enttäuschung, Krankheit und last not least Einsicht.
Worauf muss ich achten? Meine Lust nicht vollständig zu unterdrücken, kein lustfeindlicher Mensch zu werden.

Lektion 90:

♄ Saturn in der Waage ♊

Saturnstärken: Gerechtigkeitssinn, Ausgewogenheit, wahrhaftig lieben können.
Saturnschwächen: Disharmonie, Unzufriedenheit, Gefühlskälte, Einsamkeit.

Saturn in der Waage fordert mich auf, mein Leben lang nach der richtigen, wahren Liebe zu suchen. Ihr gilt mein ganzes Sehnen und Streben. Um sie zu finden, muss ich jede Menge Enttäuschungen verkraften. Denn was man gemeinhin für Liebe hält – den Rausch der Sinne, überwältigende Gefühle, Herz und Schmerz – hat vor Saturn noch lange keinen Bestand. Unter seinen Augen bedeutet Liebe, dass sich Ich und Du, der eine und der andere, gleichwertig gegenüber treten. Niemand ist kleiner oder größer, gescheiter oder dümmer, wichtiger oder unbedeutender, reifer oder naiver. Das klingt einfach und ganz selbstverständlich, ist es aber nicht. Menschen haben von Natur aus das Bestreben, sich selbst zu verwirklichen und dabei anderen (und dazu zählen auch Partner) die zweite Rolle zuzuweisen. Das kann soweit gehen, dass sich Partner gegenseitig schamlos ausnützen und missbrauchen.
Darüber hinaus besteht Saturn auf Zuverlässigkeit. Vor ihm zählt noch das eherne Gesetz: „... bis dass der Tod uns scheidet ...!"
Es müssen gravierende Dinge geschehen sein (in einem früheren Leben, in der Ahnenreihe), dass jetzt Saturn über meine Liebe wacht. Es muss große Würdelosigkeit in meiner Vergangenheit geherrscht haben: Jemand wurde elend im Stich gelassen, die Liebe wurde verraten, Herzen wurden gebrochen. Leben sind daran gescheitert ...
Jetzt „zahle" ich dafür. Aber es ist keine Rache oder Strafe. Saturn macht sich stark, damit ich die gleichen Fehler vermeide. Er zeigt mir den richtigen Weg, und er lässt mich nur so lange leiden, wie ich nicht angekommen bin, nicht verstanden habe.

Saturncheck

Wo muss ich mich Saturn beugen? Ich muss lernen, verbindlich zu sein.
Wie führt mich Saturn zur Einsicht? Durch falsche Liebe, Liebeskummer und Alleinsein.
Worauf muss ich achten? Die Liebe nicht restlos zu „vergessen".

Lektion 91:

♄ Saturn im Skorpion ♏

Saturnstärken: Tiefe, Zugehörigkeit, Willenskraft, Verbundenheit mit den Ahnen.
Saturnschwächen: Engstirnigkeit, Fanatismus, Sarkasmus.

Saturn im Skorpion verweist mich auf tragische, leidvolle Erfahrungen. Könnte ich mein Leben rückwärts ablaufen lassen, würden rasch Szenen auftauchen, in denen ich auf der Flucht, vertrieben, ohne Heimat, ohne Zugehörigkeit, ohne Familie bin. Auch bei meinen Ahnen – den Eltern, Großeltern und noch weiter zurück – herrschen diese Themen vor. Ich finde keine richtigen Wurzeln, kein Erbe, das ich übernehmen, keine Fußstapfen, in die ich treten kann. Wenn ich zurückschaue, entdecke ich Leben ohne Glanz, ohne Würde, ohne Höhepunkte.
Daher drängt mich Saturn mit aller Macht dazu, meinem Leben einen Wert zu verleihen. Denn das Gefühl, dass die eigenen Ahnen ein würdeloses Leben führen mussten, formt sich in den Seelen der Nachkommen zu einem großen, mächtigen Anspruch, es besser zu machen, den Gipfel zu ersteigen, damit die Vergangenheit wenigstens stolz auf die Zukunft sein kann.
Saturn im Skorpion veranlasst mich, die dünnen Fäden aus der Vergangenheit aufzuspüren und im Laufe des Lebens ein Netz daraus zu knüpfen, um so wieder einen Halt zu finden. In der Weise, wie ich mich umdrehe und vor der Vergangenheit verneige, bekomme ich eine Verbindung zu meinen Ahnen und der eigenen Vergangenheit und erhalte Kraft und Wissen. Das ist der „Dank der Ahnen“. Weil ich mich ihrer annehme, erfahre ich ihren Schutz und stehe nicht allein im Leben.

Saturncheck
Wo muss ich mich Saturn beugen? Ich muss mich vor der Vergangenheit verbeugen.
Wie führt mich Saturn zur Einsicht? Durch hohe Ansprüche an mich selbst und mein Leben.
Worauf muss ich achten? Nicht in meiner Vergangenheit zu „ertrinken“, die Gegenwart und Zukunft nicht aus den Augen zu verlieren.

Lektion 92:

♄ Saturn im Schützen ♐

Saturnstärken: Pioniergeist, Mut, Weisheit, Stärke, Wahrhaftigkeit, Glaubenskraft, Humanismus.
Saturnschwächen: Dünkel, Zynismus, Grausamkeit, Arroganz.

Saturn im Schützen bringt mir eine Reise zu mir selbst. Seine Botschaft lautet: „Suche deinen eigenen Weg! Lass dich nicht von anderen beeinflussen. Höre nur auf dich ...!“
Diese starke Hinwendung zu mir bei gleichzeitiger Abkehr von anderen beruht auf einer Reihe großer Enttäuschungen in meiner Vergangenheit, bei denen der Glauben an andere Menschen verloren ging. Solche Ereignisse brauchen nicht in meinem eigenen Leben geschehen zu sein. Auch wenn sie zur Geschichte meiner Ahnen gehören, wirken sie in mir, formen sie mein jetziges Leben: Vielleicht versagte ein Arzt, es unterlief ihm ein Fehler oder er gab sich zu wenig Mühe. Vielleicht wurde ein Vorfahr in seinem Glauben zutiefst erschüttert, weil „Gott“ etwas Schreckliches zuließ, ihm nicht beistand. Vielleicht musste jemand, um zu überleben, seinem Glauben verleugnen. Jedenfalls begannen alle „Geschichten“ in der Vergangenheit mit großen Hoffnungen, mit optimistischen Erwartungen – und endeten in Tragik, Hoffnungslosigkeit und Leid.
Mit Saturn im Schützen habe ich einen Vertrauten an meiner Seite, einen, der mir hilft, derartige Enttäuschungen zu vermeiden. Allerdings besteht mein Saturn von vorneherein auf Skepsis. Er hat mir ein Misstrauen in die Wiege gelegt. Und im Laufe der Jahre habe ich mich immer mehr daran gewöhnt, alles erst einmal in Frage zu stellen, alles zu prüfen, mich auf nichts einzulassen, was nicht „hieb- und stichfest“ ist. Ich bin Menschen gegenüber vorsichtig geworden und misstraue den Meinungen und Ideen, die sie vertreten.

Saturncheck
Wo muss ich mich Saturn beugen? Ich muss lernen, mir selbst immer mehr zu vertrauen.
Wie führt mich Saturn zur Einsicht? Durch Enttäuschungen, Fehlschläge und Irrwege.
Worauf muss ich achten? Nicht an der Welt zu verzeifeln, kein grundsätzliches Misstrauen zu entwickeln.

Lektion 93:

♄ Saturn im Steinbock ♑

Saturnstärken: Klarheit, Standhaftigkeit, Verantwortlichkeit, Führungskompetenz, Selbstbeherrschung.
Saturnschwächen: Kälte, Rücksichtslosigkeit, Einsamkeit.

Mit dieser Position besitze ich einen besonders mächtigen Saturn. Das beruht darauf, dass Saturn der regierende Planet des Tierkreiszeichen Steinbock ist. Dort ist er zu Hause, dort verdoppelt sich seine Kraft.
Diese Kraft befähigt mich einerseits, kontinuierlich an einer Lebensaufgabe zu arbeiten. Sie lautet: Etwas Großes im Leben vollbringen!
Auf der anderen Seite führt diese doppelte Saturnkontrolle dazu, dass ich mir misstraue: Angst vor mir selbst, meinen Gefühlen, meinen Absichten, meinem Tun ist die Folge.
Diese Angst hat ihre Wurzeln in der Vergangenheit (in einem früheren Leben, im Leben meiner Ahnen). Irgendetwas ist geschehen, was mit Manipulation oder sogar Missbraucht zu tun hat. Erinnerungen an so schreckliche Geschehnisse wie Entführung, Vergewaltigung und sogar Missbrauch eines Kindes leben in mir und meinem Unterbewusstsein fort. Aus diesem Grund steht Saturn bei mir im Steinbock. Er „impft" mich mit Misstrauen gegenüber Menschen. Für mich sind alle gefährlich, unberechenbar und zu jeder Schandtat fähig.
In der Weise, wie ich älter werde und erlebe, dass das Leben, ich, die anderen berechenbar sind, werde ich neues Vertrauen schöpfen. Ich werde neue Gefühle entdecken, Gefühle, die weniger aus dem Bauch, sondern aus dem Herzen kommen. Ich kann lieben und mit anderen Menschen zusammen sein. Aber ich kann auch allein sein. Ich bin unabhängig, selbständig. Mein Leben wird getragen von Stimmigkeit und Zufriedenheit.

Saturncheck
Wo muss ich mich Saturn beugen? Ich muss lernen, Herr meiner selbst zu sein.
Wie führt mich Saturn zur Einsicht? Durch Angst, Vorsicht, Enttäuschung.
Worauf muss ich achten? Kein Einsiedler und kein Menschenfeind zu werden.

Lektion 94:

♄ Saturn im Wassermann ♒

Saturnstärken: Individualität, Erfindertum, Menschlichkeit, Erhabenheit, Liebe, Gerechtigkeit.
Saturnschwächen: chaotisch sein, verwirrt und verrückt sein, Hochstapelei.

Als Mensch mit Saturn im Wassermann suche ich etwas besonders Wertvolles im Leben, nämlich Individualität. Individualität ist kostbar. Zwar sagt man leicht dahin, jemand sei ein Individuum. Aber das ist hier nicht gemeint. Ein Individuum besitzt einen eigenen Charakter, etwas Besonderes und Einmaliges. Dadurch unterscheidet sich der Einzelne von allen anderen Menschen, vergleichbar einem einzeln stehenden Baum in einer Landschaft. Dieser Wunsch nach Individualität ist uralt. Ich trage ihn schon lange (viele Leben, durch Generationen hindurch) mit mir herum. Ich bin aus der Gesellschaft ausgebrochen, habe meine Familie verlassen, immer auf der Suche nach Freiheit, nach Individualität. Ich habe Menschen mit anderem Glauben, aus anderen Ländern und aus anderen sozialen Schichten geliebt. Kinder kamen, noch bevor ein längeres Zusammenleben überhaupt zur Diskussion stand. Ich selbst entstamme letztendlich einer derartigen „Augenblicks-Verbindung". Ich verdanke mein Leben einem „Zufall", einer Laune des Lebens und der Spontaneität und Freiheit meiner Vergangenheit.
Aber ich war auch blind und unwissend und erlebte daher grandiose Irrungen und Verwirrungen. Ich erlitt die große Angst vor dem Chaos, vor einem Sein ohne Ordnung und Sicherheit. Ich wurde ausgestoßen und verbannt, verjagt und geächtet. Jetzt begleitet mich Saturn.
Ich werde mein freies Leben fortführen und mich dabei immer sicherer und geschickter am Chaos vorbeimanövrieren – in ein Leben voller Freiheit.

Saturncheck
Wo muss ich mich Saturn beugen?
Ich muss lernen, meine Individualität zu leben, ohne im Chaos unterzugehen.
Wie führt mich Saturn zur Einsicht? Durch Reinfall, Bruchlandung und Fehlentscheidung.
Worauf muss ich achten? Dass ich den Kontakt zu anderen Menschen nicht verliere.

Lektion 95:

♄ Saturn in den Fischen ♓

Saturnstärken: Toleranz, Opferbereitschaft, Weitblick, Visionen.
Saturnschwächen: Ich-Schwäche, Isolation, Selbstzweifel.

Saturn in den Fischen signalisiert ein Geheimnis. Wie im Märchen wird mir aufgetragen, mich auf eine Reise zu begeben. Wohin? Vielleicht zum Ende des goldenen Regenbogens, ans Ende der Welt, vielleicht nirgendwohin.
Das Geheimnis hat damit zu tun, dass in meiner Vergangenheit (in einem früheren Leben, in meiner Ahnenreihe) jemand verschwiegen wurde: ein Kind, eine andere Frau, der richtige Vater ... Dieses verleugnete, verschwiegene, verheimlichte Leben fehlt jetzt meinem Unterbewusstsein, und ich suche nach ihm, ohne dass ich es selbst bewusst wahrnehme.
Als Folge dieser Geschehnissen habe ich ein besonderes Organ für Unrecht und Lüge. Wo immer in dieser Welt Unrecht geschieht, leide ich mit. Jedes Leid zieht mich regelrecht an. Aber das hat auch fatale Folgen für die Liebe. Ich neige dazu, mir einen Partner zu suchen, der ganz besonders der Liebe bedarf, weil er unglücklich ist. Dann kann ich ihm – so meine ich zumindest – all das angedeihen lassen, was in der Vergangenheit nicht geschehen ist: Anerkennung, Liebe, Ehre, Standhaftigkeit, Respekt, Treue.
Aber das ist der falsche Weg. Ich muss mit der Vergangenheit fertig werden und sie nicht ständig vor mir hertragen. So wiederhole ich mein Karma nur.
Ich brauche nicht aufzuhören, andere zu lieben. Aber ich darf das rechte Maß nicht aus den Augen verlieren.

Saturncheck
Wo muss ich mich Saturn beugen? Ich muss mich mit meiner Vergangenheit auseinander setzen.
Wie führt mich Saturn zur Einsicht? Durch Desillusionierung und Enttäuschung.
Worauf muss ich achten? Die Vergangenheit nicht endlos zu wiederholen.

Lektion 96:

♅ Uranus

Nomen est omen: Uranos ist das griechische Wort für Himmel. Und dessen Weite symbolisiert der Planet Uranus. Er weist uns den Weg hinaus, ins Freie, in die Freiheit. Er steht uns bei, wenn wir uns aufmachen, unsere Einmaligkeit zu entdecken und zu entwickeln. Wir begreifen uns heutzutage in der Regel alle als eigenständige Wesen, als Individuen. Aber unter dem Aspekt des Planeten Uranus gesehen sind die meisten noch meilenweit davon entfernt, dies auch wirklich zu sein. Vielmehr sind auch wir die Produkte unserer Gesellschaft, unserer Kultur. Richtig, wir alle müssen durch die Schule des Lebens, die uns unsere Aufgaben zuweist. Dazu gibt es keine Alternative. Aber es gibt ein „Dahinter". Und dort beginnt das Reich des Uranus.

Uranus wurde 1781 entdeckt und als Regent dem Tierkreiszeichen Wassermann zugeordnet. Damit löste er den Planeten Saturn ab, der bis zu diesem Zeitpunkt das Wassermannzeichen beherrschte. Und das ist auch seine Bestimmung: über Saturn hinaus zu gelangen, die Weite des Universums sichtbar zu machen.

Uranisch sein heißt, Grenzen zu überschreiten, Vorgefundenes zu hinterfragen und aufzulösen. Wer seinen Uranus lebt, befreit sich von seiner Vergangenheit und sucht seine Zukunft.

Das Gestirn Uranus dreht sich wie die Erde um die eigene Achse. Aber

Uranus dreht in die entgegengesetzte Richtung. Er ist also gegenläufig. Auch seine fünf Monde drehen sich (im Vergleich zu unserem Erdmond und den meisten anderen Monden des Sonnensystems) „verkehrt“, also rückläufig. Als wäre den Menschen diese Besonderheit schon immer vertraut, verlieh man dem Planeten auch diese Deutung: Uranisch sein heißt anders sein. Das kann zum Zwang werden, dann nämlich, wenn man sich grundsätzlich gegen gerade Vorherrschendes stellt. Aber das „Dagegen-Sein“ ist nur eine Vorstufe. Letztendlich ist der Uraniker frei, auch frei von Protest. Er lebt sein eigenes Leben.

Wer seinen Uranus nicht oder zu wenig lebt, der erstarrt, dem fehlt Luft, der hat weder Phantasie noch Humor. Dessen Leben wird trostlos.

Uranus gewährt uns die Gunst, aus der Form auszubrechen, die Starre zu überwinden. Er ähnelt dem Flaschengeist, der sagt: „Befreie mich ... und ich befreie dich ...!“

Sein größtes Geschenk aber ist die Gnade, dass unsere Seele einst, wenn wir sterben, unseren Körper verlassen und davonfliegen kann. Ich glaube, dass dies um so leichter fällt, je uranischer man gelebt hat: Wer sein Lebtag lang einen dicken Panzer um sich aufgebaut hat, wird schwer loslassen können.

Man kann seinen Uranus zu wenig leben, aber auch zu stark. Dann findet man keine Ruhe, wird nervös, unstet, lebt im Chaos und in Angst vor dem, was kommt.

Uranus befreit uns von Zwängen, holt uns aus der Langeweile und Trostlosigkeit heraus. Aber er öffnet auch die Türe ins Chaos, er lässt uns den Boden unter den Füßen verlieren.

Man muss den schmalen Grat zwischen Unterdrückung und Chaos gehen. Man benötigt Saturns Verlässlichkeit. Aber genauso braucht man Uranus und seine Freiheit.

Lektion 97:

♅ Uranus im Widder ♈

Uranusstärken: Eigenwillig, selbständig, frei und unabhängig sein, Einfälle sofort in die Tat umsetzen wollen, sich spontan entscheiden können.
Uranusschwächen: In Rebellionen stecken bleiben, die Kraft der Ahnen verlieren, Neigung zu Gewalt und Jähzorn.

Mit Uranus im Widder blicke ich auf ein langes und reiches Leben zurück. Gehöre ich zu den Menschen, die ihren Uranus gelebt haben, dann bin ich heute ein freies Individuum. In mir steckt ein Macher, ein Unternehmer, jemand, der das, was er vorfindet, nicht einfach übernimmt, sondern den es drängt, das Vorgefundene zu verändern. Ein Stürmer, der alles niederreißt, um es dann erneut und anders wieder aufzubauen, bin ich auch. Und ein Nestflüchter, jemand, den es nirgends lange hält, der ungern zurückschaut, sondern lieber die Zukunft anvisiert, der heiße Füße bekommt, wenn er zu lange am gleichen Ort bleiben muss.
Habe ich es irgendwo in meinem Leben lange ausgehalten?
Bin ich nicht wieder und wieder ausgebrochen?
War es nicht so, dass ich immer wieder mit dem Bestehenden zusammengeprallt bin, mit Hierarchien und Autoritäten, mich an ihnen rieb, an ihnen verzweifelte und sie doch schlussendlich überwand, um mein eigenes Leben zu führen?
Menschen, die anders waren, die den Mut hatten, ihr Leben auf eigene Weise zu leben, habe ich immer bewundert. Weil auch in mir selbst ein derartig freies Individuum lebt. Wo und wann immer es eine Gelegenheit gab, ging ich meine eigenen Wege.
Jetzt – mit den vielen Jahren, die ich schon gelebt habe – wird mir bewusst, dass Uranus mir die Gnade schenkt, ein Individuum zu sein. Jetzt kann ich mich über Zwänge und Pflichten hinwegsetzen und mich selbst bestimmen. Ich habe keine Angst vor der Freiheit und keine Angst vor dem Tod. Meine Seele wird einmal wie ein Vogel aus mir entschweben und sich mit dem großen Geist, der das Universum erfüllt, vereinigen.
Dort werde ich glücklich sein.

Uranuscheck
Wie kann ich meinen Uranus und damit mich selbst am besten verwirklichen? Ich muss meine persönliche Freiheit über alles andere stellen

Lektion 98:

♅ Uranus im Stier ♉

Uranusstärken: Eigenwillig und selbständig sein Leben gestalten, ungewöhnliche Fähigkeit zum Gelderwerb, Unbeschwertheit im Umgang mit materiellen Gütern, vorhandene Mittel auf ungewöhnlichem Weg gewinnbringend einsetzen, Fähigkeit zu besonderer Sinnlichkeit.
Uranusschwächen: Keine Wurzeln haben, sich getrieben fühlen, Neid, Gier, Verschwendungssucht, nichts festhalten können.

Ich kann auf ein reiches Leben zurückblicken. Wenn ich meinen Uranus gelebt habe, dann war mein Leben eine einzige große Wanderung. Uranus im Stier verhindert die Sesshaftigkeit, lässt mich keine Wurzeln schlagen. Wann immer ich meine, den Platz gefunden zu haben, an dem ich immer und ewig bleiben könnte, fegt er wie ein Sturmwind daher und treibt mich weiter. Als wäre in mir noch ein Tropfen Blut jener Völker, jener Menschen, die schon immer durch die Welt zogen oder ziehen müssen: Nomaden, Zigeuner, Auswanderer, Flüchtlinge, deren Aufenthaltsorte nur vorübergehend zu nennen sind. Das ist mühsam, aber auch aufregend.
Ich habe diese große, nun hinter mir liegende Wanderschaft nicht nur als anstrengend oder mühselig erlebt. Ich kann hinter allen Anstrengungen auch das Abenteuer und die besondere Lebensqualität meines Uranus im Stier erkennen. Ich frage mich manchmal, ob ich jetzt endgültig meine Ruhe gefunden habe, und ahne die Antwort der Sterne: Ja, aber nur meinen Körper betreffend. Ich habe jetzt ein Alter erreicht, in dem ich bleiben kann, wo ich bin. Aber mein Geist wird nicht ruhen. Er wird weiterhin durch die Welt ziehen, aufgeregt von einem Ort zum anderen.
Die Orte meiner Phantasie sind es jetzt, die mich bewegen. Ich darf nur nicht fest und starr werden im Denken.
Ich bleibe ein Wanderer, aber jetzt im Geiste!
Ich lasse mir von niemandem meine Freiheit nehmen. Ich wehre mich gegen alles, was mich einengt und festlegt.

Uranuscheck
Wie kann ich meinen Uranus und damit mich selbst am besten verwirklichen? Ich darf nicht sesshaft werden. Ich muss meinen Geist immer damit vertraut machen, nichts ein für allemal festzuhalten

Lektion 99:

♅ Uranus in den Zwilingen ♊

Uranusstärken: Vielseitig, unabhängig, geschickt, frei, kreativ und kommunikativ sein.
Uranusschwächen: Unkonzentriert, unklar, bindungsschwach, nervös und unsicher sein.

Ich habe einen besonders freiheitsliebenden Uranus. „Luft" trifft auf „Luft", denn beide – das Zwillingezeichen und der Planet Uranus – gehören zum Element Luft. Daher bin ich ein Mensch, der jede Einengung nahezu als Freiheitsberaubung empfindet. In engen Räumen fühle ich mich schnell unwohl und bin auch nicht gerne unter vielen Menschen. Uranus in den Zwillingen macht mich zum Wanderer, zu einem Nomaden, zum Zigeuner. Ich bin in meinem Leben viele Male umgezogen. Nur ein Platz, der groß, weit und geräumig ist, kann mich halten. Uranus in den Zwillingen verbindet mich mit der Zunft der Schauspieler und solchen Individuen, die auf der Welt sind, um andere zu unterhalten. Tief in meiner Seele steckt ein Komödiant, der Narr der Tarotkarte mit der Ziffer Null, jemand, der die spielerische Seite im Leben erkennt und sie sucht. Manchmal jagt mir allzu große Ernsthaftigkeit einen regelrechten Schauer ein. Was soll's? Ist das Leben nicht ein ko(s)misches Spiel? Das führt zur anderen Seite meiner Uranusposition in den Zwillingen. Ich gehe tiefen Gefühlen gerne aus dem Weg und verdränge sie zuweilen regelrecht. Ich gebärde mich dadurch gelegentlich ein bisschen „verkopft", kühl und abweisend, was sich auch als Sarkasmus bemerkbar machen kann.
Lebe ich meinen Uranus zu stark, akzeptiere ich kaum noch Grenzen, Hierarchien, Strukturen. Mein magisches Schutztier ist ein Vogel, ein Wesen, das überall hinfliegen kann. Lebe ich meinen Uranus zu wenig, werde ich kribbelig und nervös, kann mich nicht mehr konzentrieren und bekomme im Alter vielleicht sogar nervöse Beschwerden. Den Uranus im richtigen Maße leben heißt, immer wieder einmal etwas Neues zu wagen, ausgetretene Pfade zu meiden, Grenzen zu überqueren. Vor allem aber gehört zu meinem Uranus, dass ich mich als freie, selbständige, einzigartige Persönlichkeit begreife.

Uranuscheck
Wie kann ich meinen Uranus und damit mich selbst am besten verwirklichen? Ich bin dafür geboren, ein freies Leben zu führen. Und ich werde meinem Uranus treu bleiben.

Lektion 100:

♅ Uranus im Krebs ♋

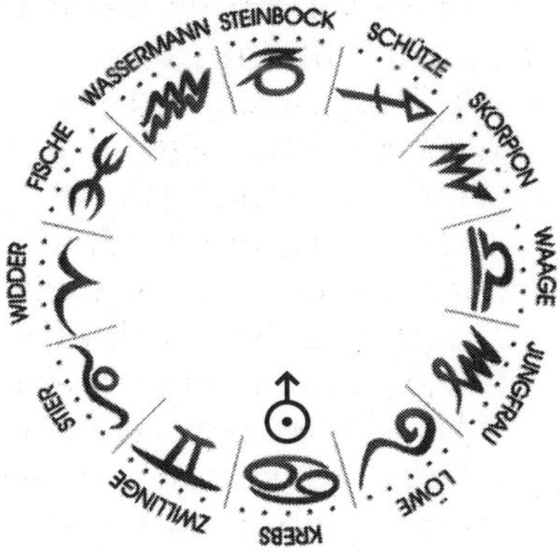

Uranusstärken: Kreatives Phantasieleben, spontanes seelisches Verstehen (Aha-Erlebnisse), Gefühlsregungen neutral betrachten können.
Uranusschwächen: Launenhaftigkeit, Gefühlskälte, Unversöhnlichkeit zwischen Fühlen und Denken, Leichtgläubigkeit.

Wenn Uranus im Krebs steht, treffen Luft und Wasser zusammen, denn Krebs ist vom Element her Wasser und Uranus Luft. Wasser bedeutet Gefühl, Luft steht für Geist. Gefühl und Geist müssen sich bei mir also arrangieren. Das bedeutet, dass sich in meine Gefühle immer auch eine intellektuelle oder geistige Note einmischt. Ich versuche, meine Gefühle bestimmten Vorstellungen anzupassen, sie zu lenken und zu formen. Manchmal weiß ich dann nicht mehr, wem ich mehr „glauben" sollen: meinem Kopf (der Logik meiner Argumente) oder meinem Herzen (meinen Gefühlen).
In der Zwischenzeit habe ich allerdings ein Alter erreicht, in dem mir das leichter fällt.

So wenig selbstverständlich mir meine Gefühle sind, sind mir auch die Bereiche Familie, Eltern sein, Wohnen und gemeinsames Leben. Mit Uranus im Krebs kann ich nicht einfach in einer Familie leben, in der die Aufteilung zwischen Mann und Frau, Eltern und Kindern nach klassischen Muster funktioniert. Das war einmal. Ich musste (und muss immer noch) neue Formen der Gemeinschaft erfinden. In jedem Fall gehört dazu, dass Mann und Frau eigenständige, gleichwertige Wesen sind. Das führte in meinem bisherigen Leben zu vielen Konflikten, unter Umständen auch zu Trennungen und Neuanfängen, und daran wird sich auch in Zukunft wenig ändern.
Lebe ich meinen Uranus zu stark, trenne mich ständig und fühle mich weder allein noch in Gemeinschaft richtig wohl.
Lebe ich meinen Uranus im Krebs aber zu wenig, wirke ich vielleicht nach außen hin sesshaft, stabil und gefestigt, bin aber im Inneren nervös, unstet, kann nicht richtig lieben, fühle mich nirgends wirklich zugehörig, schaffe es aber auch nicht, mich zu trennen.

Uranuscheck
Wie kann ich meinen Uranus und damit mich selbst am besten verwirklichen? Ich bin immer bereit für Neues und fühle mich besser, wenn ich mir das Leben als eine große Wanderung mit unbekanntem Ziel vorstelle.

Lektion 101:

♅ Uranus im Löwen ♌

Uranusstärken: Kreativität, Schöpferkraft, Selbstbewusstsein, große Begabung, spontane Entschlusskraft, Unabhängigkeitsliebe.
Uranusschwächen: Ewiges „Revoluzzertum", Eigensinn, Ziellosigkeit, Unentschlossenheit.

Mein Uranus im Löwen verbindet große Gegensätze. Denn dieser Planet ist der Herrscher des Wassermannzeichens, das dem Löwen im Tierkreis genau gegenüber liegt. Das Löwische – das Schöpferische, Starke, Selbstbewusste – muss sich mit dem Wassermännischen vereinigen und damit mit dem Ideenreichen, Geistigen, Humanen und Freiheitsliebenden. Diese Verbindung ist eine Garantie dafür, dass Menschen wirklich zu Menschen werden, dass sie sich nicht selbst überhöhen, sondern immer nur so weit ihre Freiheit leben, dass sie nicht das Wohl aller tangiert. Zugleich verdoppelt sich die Schöpferkraft: In mir schlummern Welten – solche, die bereits waren, und solche, die erst noch geboren werden. Ich bin ein kreativer Mensch, ein „Fass ohne Boden", einer, der nur in sich hineinspüren muss, um aus dieser Quelle der Inspiration ewig schöpfen zu können.
Freiheit und Individualität sind für mich das wichtigste Ziel in meinem Leben. Solange man jung ist, versucht man diese Einmaligkeit eher dadurch zu demonstrieren, dass man anders als die anderen erscheint: Man besitzt einen besonderen Geschmack und möchte Dinge, die andere nicht haben. Je älter man wird, umso mehr verlagert sich der Anspruch auf Einmaligkeit nach innen. Man hat zwar immer noch einen auserlesenen Geschmack und umgibt sich mit besonderen Dingen. Aber viel bedeutsamer wird die Entwicklung des eigenen Ichs hin zu einer eigenständigen und einmaligen Persönlichkeit.
Lebe ich meinen Uranus zu einseitig, werde ich ein elitärer Mensch, der wähnt, über allen anderen zu thronen.
Lebe ich meinen Uranus zu wenig, begleitet mich eine innere Unruhe, von der ich nicht weiß, woher sie kommt.
Die Mitte ist wie immer der richtige Weg: Meine Freiheit und Individualität zu leben, sich aber nicht außerhalb der Gemeinschaft zu stellen.

Uranuscheck
Wie kann ich meinen Uranus und damit mich selbst am besten verwirklichen?
Ich muss nur mir selbst treu bleiben und niemandes „Sklave" werden.

Lektion 102:

♅ Uranus in der Jungfrau ♍

Uranusstärken: Optimistische Zukunftsplanung, Hilfsbereitschaft, Liebe zur Natur und zum Leben.
Uranusschwächen: Zerstreutheit, Gefühllosigkeit, Wurzellosigkeit, verschwommener Realitätsbezug, chaotische Lebensbewältigung.

Bei mir vereinigen sich Erde und Luft, weil Jungfrau vom Element her Erde und Uranus ein Planet des Luftelementes ist. Treffen Luft und Erde zusammen, entsteht eine besonders schöpferische Energie. So wie der Wind im Frühling der Erde neues Leben einhaucht, so bin ich in der Lage, das Leben zu entwickeln und zu kultivieren. Alles, was ich vorfinde, ist für mich eine Aufforderung, es zu verändern und zu verbessern. Dabei geht es mir mehr um konkrete Dinge als um Ideen. Ich bin jemand, der – mit einem technischen Instrument unzufrieden – ein Patent entwickelt, das diesen Vorgang verbessert und beschleunigt. Meine Philosophie lautet, das Praktische nie aus den Augen zu verlieren. Ich bin technisch begabt und habe keine Probleme mit modernen Kommunikationsmitteln, zum Beispiel mit dem Computer oder Internet. Da das Zeichen Jungfrau auch für Wirklichkeit steht, bin ich ein Mensch, der sich innovativ um den Umgang mit unserer Umwelt kümmert. Und da Uranus (zumindest wenn er verantwortungsbewusst gelebt wird) immer das Wohlergehen aller vor Augen hat, bin ich ein Mensch, der in besonderer Weise nach alternativen Möglichkeiten der Lebensbewältigung Ausschau hält.
Mit Uranus in der Jungfrau schaffe ich es auch in ganz besonderer Weise, „der Vergangenheit davonzulaufen“. Aber ich kann diese Unabhängigkeit auch zu weit treiben und die Wurzeln vergessen, denen ich entstamme. Auch bezüglich Familie, Zeugung und Geburt habe beziehungsweise entwickle ich sehr eigene Vorstellungen. Das ist positiv, solange ich mich nicht gegen die Natur stellen oder versuche, über sie hinauszuwachsen.
Lebe ich meinen Uranus zu stark, werde ich ein Phantast, der sich Wirklichkeit nicht mehr zurechtfindet. Lebe ich meinen Uranus zu wenig, habe keine Lust am Leben.

Uranuscheck
Wie kann ich meinen Uranus und damit mich selbst am besten verwirklichen? Indem ich von der Natur lerne. Denn die Natur ist aus sich selber heraus uranisch.

Lektion 103:

♅ **Uranus in der Waage** ♎

Uranusstärken: Große künstlerische Inspiration, intuitives Einfühlungsvermögen, Interesse an Astrologie, Religion, schriftstellerische Begabung.
Uranusschwächen: Konzentrationsschwäche, sprunghaftes Denken, Unfähigkeit, sich zu entscheiden und festzulegen, inneres Gespaltet sein.

Uranus findet in der Waage Vertrautes, weil er seiner Natur nach „Luft" ist und auch das Tierkreiszeichen Waage aus diesem „Stoff" besteht. Das bedeutet, dass sich Uranus voll entfalten kann. Nichts bremst oder behindert ihn: Die Ideale wachsen in den Himmel, der Geist kann sich endlos ausdehnen. Natürlich ist das nicht in der konkreten, materiellen Wirklichkeit möglich. Dort existieren nun einmal Grenzen und Hindernisse. Aber im Reich des Geistes, in der Kunst, der Musik, der Poesie, existiert nichts, das diesen Uranus und damit auch mich aufhalten könnte. Damit sind wir auch beim Problem dieser Position: Man hat derartig große Erwartungen und Ansprüche, dass sie vom alltäglichen Leben kaum erfüllt werden können. Dann gibt es zwei Möglichkeiten: Man sucht die Flucht aus dem Alltag und baut sich eine Welt der Phantasie und Träume. Oder man schraubt seine Ansprüche zurück, gibt aber sein Ziel der Freiheit dennoch nicht auf und arbeitet kontinuierlich und hartnäckig darauf zu.
Die Waage ist das Tierkreiszeichen, in dem es um harmonische und ausgeglichene Begegnung geht. Mit Uranus in diesem Zeichen wird der Anspruch an Begegnung und Liebe riesengroß. Es ist jedoch nahezu unmöglich, einen Menschen zu finden, der dem Wunsch nach permanenter Harmonie entsprechen kann. Daher bringt diese Uranuskonstellation auch viele Enttäuschungen und Trennungen, bis man schlussendlich verstanden hat, dass der Mensch keine Idee, kein Gott, kein Kunstwerk ist.
Was ich finde (oder schon gefunden habe), ist eine Form von Liebe ind gegenseitiger Freiheit. Es ist ein Ziel, das man erreichen kann, wenn man über die körperlichen Liebe hinauswächst.

Uranuscheck
Wie kann ich meinen Uranus und damit mich selbst am besten verwirklichen? Indem ich jeden Menschen als eigenständiges, unabhängiges, freies Individuum schätze und liebe.

Lektion 104:

♅ Uranus im Skorpion ♏

Uranusstärken: Widersprüche vereinen können, intuitives und ahnungsvolles Denken, besondere heilerische Begabung besitzen, Vielschichtigkeit.
Uranusschwächen: Ruhelosigkeit und Nervosität, Sarkasmus, innere Zweifel, Pessimismus.

Bei mir treffen zwei völlig gegensätzliche Kräfte aufeinander und müssen einen Kompromiss finden. Skorpion ist ein Wasserzeichen. Es spiegelt die Sippenseele, den Strom der Ahnen, all das, was aus der Vergangenheit kommt und mir überliefert wurde. In ganz besonderer Weise sind es die Hoffnungen und Aufgaben, die die Ahnen mir aufgetragen haben und die ich durch meine Geburt angenommen haben. Uranus hingegen symbolisiert etwas genau Entgegengesetztes, nämlich die Zukunft – frei von jedem Blick zurück. Eine Verbindung ist deswegen so schwierig, weil jedes Prinzip für sich den Anspruch erhebt, das andere nicht gelten zu lassen: Was skorpionisch ist, stellt sich gegen Erneuerungen und Veränderungen, und das Wassermännische hält nichts von Vergangenheit und negiert sie. Mein Leben ist, soweit es um diese Seite geht, daher ein ständiger Kampf zwischen Bewährtem und Zukünftigem, zwischen dem, was die Ahnen und die Vergangenheit von mir wollen, und dem, was ich als freier, unabhängiger, losgelöster Mensch tun möchte. Wahrscheinlich habe ich in meinem bisherigen Leben zuweilen die eine und dann die andere Seite gelebt.
Im Laufe meines Lebens werde ich mehr und mehr eine Synthese zwischen diesen beiden sich so widersprechenden Kräften finden. Ich werde das Alte aufnehmen und es in eine neue Zukunft führen.
Lebe ich meinen Uranus zu stark, bin ich ein bindungsloser, heimatloser, wurzelloser Mensch, der in einer phantasierten und idealisierten Zukunft lebt und sich im Hier und Jetzt immer mehr isoliert.
Lebe ich aber meinen Uranus zu wenig, bin ich dem Alten verhaftet, zugleich aber nicht wirklich glücklich, sondern innerlich getrieben und voller Unruhe.

Uranuscheck
Wie kann ich meinen Uranus und damit mich selbst am besten verwirklichen? Ich muss meine Vergangenheit ehren und sie in Liebe in eine neue Zukunft führen.

Lektion 105:

♅ Uranus im Schützen ♐

Uranusstärken: Selbständig, freiheitlich, unabhängig und liberal sein; über starke Inspiration verfügen; Eingebungen haben, ungewöhnliche Ziele suchen.
Uranusschwächen: Naiv, blauäugig sein; sich leicht etwas vormachen, ein eigenbrödlerisches Leben führen, falschen Idealen nachlaufen.

Mein Uranus steht im Schützen. Damit üben neue geistige und philosophische Strömungen eine große Anziehungskraft auf mich aus. Deshalb lasse ich mich schnell einmal von Ideen überzeugen, die bisherige Glaubenssätze in Frage stellen und neue Antworten auf alte Fragen liefern. Die Glaubwürdigkeit und der Sinngehalt einer Idee sind mir dabei oft wichtiger als deren Realisierbarkeit. Auf der Suche nach Inspiration und Kreativität beschränke ich mich auch nicht unbedingt auf den eigenen Kulturkreis. Oft sind es gerade fremde, „exotische" Denk- und Glaubensmuster, die mich besonders faszinieren. Eine innere Unruhe und Unzufriedenheit mit dem Bekannten kann sich deshalb auch in einer großen Reiselust und Entdeckungsfreude äußern.
Infolge meines Uranus im Schützen werde ich immer etwas verrückte Ideen produzieren und alles ganz anders als die anderen machen wollen. Ich liebe es, mich ununterbrochen in etwas Neues zu verlieben. Dazu gehören auch Menschen. Es ist daher unwahrscheinlich, dass ich nur eine einzige wirklich große Liebe erleben werde. Trotzdem kann ich auch gut in einer Beziehung bleiben, solange ich mich nicht eingesperrt fühle. Immer treu zu sein, ist für mich allerdings eine schwierige, fast unlösbare Aufgabe. Ich bin auch glücklich, wenn ich allein bin.
Was meinen Beruf betrifft, läuft es ähnlich. Ich bin aktiv, steige auf, wechsle meinen Job und bastle irgendwann an einer ganz anderen Sache als meiner Karriere, zum Beispiel einem erfüllten Lebensabend. Ich reise wahnsinnig gerne und suche mir dabei außergewöhnliche Ziele aus.

Uranuscheck
Wie kann ich meinen Uranus und damit mich selbst am besten verwirklichen? Mein Geist muss frei und unabhängig bleiben. Und die ganze Welt muss für mich offen sein.

Lektion 106:

♅ Uranus im Steinbock ♑

Uranusstärken: Wissenschaftliche Begabung, Forschertyp, bewährte Ideen in einen neuen Zusammenhang stellen, unabhängig und selbständig arbeiten wollen und auch können, die Gesellschaft als Ganzes verändern.
Uranusschwächen: Berufliche und materielle Fehlspekulationen, Misstrauen und Abwehr gegenüber Autoritäten und gesellschaftlichen Strukturen.

Ich bin noch sehr jung, nämlich unter fünfzehn Jahren. Aber allmählich fange ich an, meinen Uranus zu leben. Und was ich schon lange ahne und spüre, erkennen nun auch die anderen, nämlich dass ich blitzgescheite Ideen mit Hand und Fuß habe und bereits jetzt genau weiß, was dieser Welt fehlt. Mit anderen Worten: Menschen wie ich mit dieser Uranusstellung sind die zukünftigen Profis in Sachen „Überleben im Wassermannzeitalter".

Ich werde zunächst einmal Schwierigkeiten haben, einen passenden Beruf zu finden. Denn beinahe an allem, was es gibt, habe ich etwas auszusetzen. Das ist bei meinem Uranus auch kein Wunder, denn er will ja alles anders machen, alles verändern.
Am ehesten fühle ich mich in einem Beruf wohl, der modern und zukunftsweisend ist, mit Medien oder modernen Kommunikationstechniken (Internet) zu tun hat. Noch wichtiger ist beinahe, dass ich frei und selbständig arbeiten kann. Mit größter Wahrscheinlichkeit werde ich meinen Beruf mehrmals wechseln.
Ich gehöre zu der Generation, für die volle berufliche Mobilität bereits Wirklichkeit geworden ist.

Uranuscheck
Wie kann ich meinen Uranus und damit mich selbst am besten verwirklichen? Ich brauche einen Beruf, der mir freies und selbständiges Arbeiten ermöglicht.

Lektion 107:

♅ Uranus im Wassermann* ♒

Uranusstärken: Starke Intuition, wissenschaftliches und okkultes Interesse, große gedankliche Verbindungen herstellen können, einen neuen Weltgeist vertreten, frei und unabhängig sein, ein hohes Menschheitsideal vertreten.
Uranusschwächen: Hochmut, Persönlichkeitsspaltung, Revoluzzertum, Zerstörungswut.

Ein wenig bin ich schon ein Kind des Wassermanns, schließlich kam ich (oder komme ich noch) mehr oder weniger exakt zur Zeit des Übergangs von der Fische-Ära in die Wassermann-Zeit zur Welt. Denn man sagt, dass der Eintritt des Planeten Uranus in den Wassermann der eigentliche Beginn der Wassermann-Ära sei. In jedem Fall ist mein Uranus im Wassermann zu Hause. In mir schlummert also schon die zukünftige Zeit. Natürlich dauert es noch ein paar Jahre, bis sie richtig zutage treten kann. Aber ich bin sicher, ich werde die Menschheit mit meiner ungeheuren geistigen Kraft in eine neue Zeit lenken. Ungefähr im Jahr 2010 werde ich zum ersten Mal groß auftreten und alle Welt in Erstaunen versetzen.
Wahrscheinlich schätze ich einmal unkonventionelle Menschen, weil diese mir ermöglichen, ganz ich selbst zu sein und anerzogenen und angepassten Seiten einmal über Bord zu werfen. Ich habe viel Sinn für Freiheit und Gleichheit für alle und großes soziales Engagement. Eine Art Aufbruchsstimmung lässt mich nach einer menschlicheren Welt mit unkonventionellen Idealen suchen. Ich sehe die in der Zukunft liegenden Möglichkeiten, muss aber auch achtgeben, diese von unrealistischen Luftschlössern zu unterscheiden.

Uranuscheck
Wie kann ich meinen Uranus und damit mich selbst am besten verwirklichen? Planet Uranus ist „bei mir zu Hause". Ich werde immer wissen, was ich tun muss, um frei zu sein.

*** Anmerkung:** *Uranus im Wassermann prägt die Generation, die in der Zeit zwischen Mai 1995 und September 2003 auf die Welt kommt. Da diese Phase heute noch nicht abzusehen ist, handelt es sich bei den Deutungen eher um Erwartungen als um konkrete Beschreibungen*

Lektion 108:

♅ Uranus in den Fischen* ♓

Uranusstärken: Kolossale Intuition, Gespür für außersinnliche Vorgänge, Toleranz, telepathische Begabung, wissenschaftliches und okkultes Interesse, komplexes und ganzheitliches Erfassen einer Situation.
Uranusschwächen: Utopisches Denken, Disposition zu Bewusstseinsspaltung, Realitätsblindheit, Außenseiter sein.

Ich werde mitten hinein geboren in einen Umsturz, in eine kolossale Veränderung. Meine Eltern werden mir wahrscheinlich später einmal erzählen, dass alles ganz anders war, bevor ich auf die Welt gekommen bin – „in der alten Zeit vor der Jahrtausendwende". Ich selbst werde ein strahlendes Kind der neuen Zeit sein, voller Kraft und Licht, voller Ideen für eine bessere Welt. Natürlich wird es noch ein paar Jahre dauern, bis ich an der Neugestaltung entscheidend beteiligt bin. Aber das eine kann jetzt schon gesagt werden: Meine Geburt wird die Welt verändern und die Menschheit sanfter und liebevoller werden lassen. Ich bin sehr unkonventionell. Eine Seite von mir hat Spass an den verrücktesten Ideen. Allerdings zeige ich anderen nicht viel davon. Das alles ist mein Geheimnis. Wenn ich mich äußerlich an gesellschaftliche Normen anpasse, heißt das noch lange nicht, dass ich innerlich damit identifiziert bin. In meiner Seele bleibe ich immer frei und unabhängig.

Uranuscheck
Ich brauche immer wieder die Einsamkeit – nur mich selbst –, um frei und unabhängig zu bleiben.

> **** Anmerkung:*** *Uranus in den Fischen prägt die Generation, die in der Zeit ab September 2003 auf die Welt kommt. Da diese Phase heute noch nicht abzusehen ist, handelt es sich bei den Deutungen eher um Erwartungen als um konkrete Beschreibungen.*

Lektion 109:

ψ Neptun

In allererster Linie steht der Planet Neptun für Geheimnisse. So ist es auch kein Wunder, wenn sich dieser Planet demjenigen, der ihn entdecken und analysieren möchte, immer neu entzieht. Man muss sich Zeit lassen, um ihn kennen zu lernen. Und man muss bereit sein, für das Wunderbare. Wer logisch und nüchtern an diesen Planeten herangeht, dem offenbart er sich nie.
Neptun ist der Planet der Fische. Das heißt, dass er dieses Zeichen regiert, ihm sehr ähnlich ist und sich dort, im Fische-Abschnitt, am „wohlsten" fühlt. Neptun teilt die Eigenschaften des Fischezeichens: Er ist genauso unklar, verschwommen, feinfühlig, empfindsam, geheimnisvoll und mysteriös wie dieses Tierkreiszeichen selbst. Und so schwer es ist, das „Fischehafte" in Worten auszudrücken, so sehr ist man auf Ahnungen, Annährungen, Ahaerlebnisse und Offenbarungen angewiesen, wenn es um den Planeten Neptun geht.
Neptun wurde erst spät, nämlich im Jahre 1846, entdeckt. Er gehört damit zu den transsaturnischen Gestirnen, die mit bloßem Auge nicht auszumachen sind und daher auch bei den Menschen vor der Entdeckung von Ferngläsern keine Beachtung fanden. Neptun dreht seine Bahn um die Sonne in ungefähr 4,5 Milliarden Kilomtern. Er benötigt 165 Jahre für einen Umlauf. Seine Farbe ist ein unergründliches Grün-Blau.

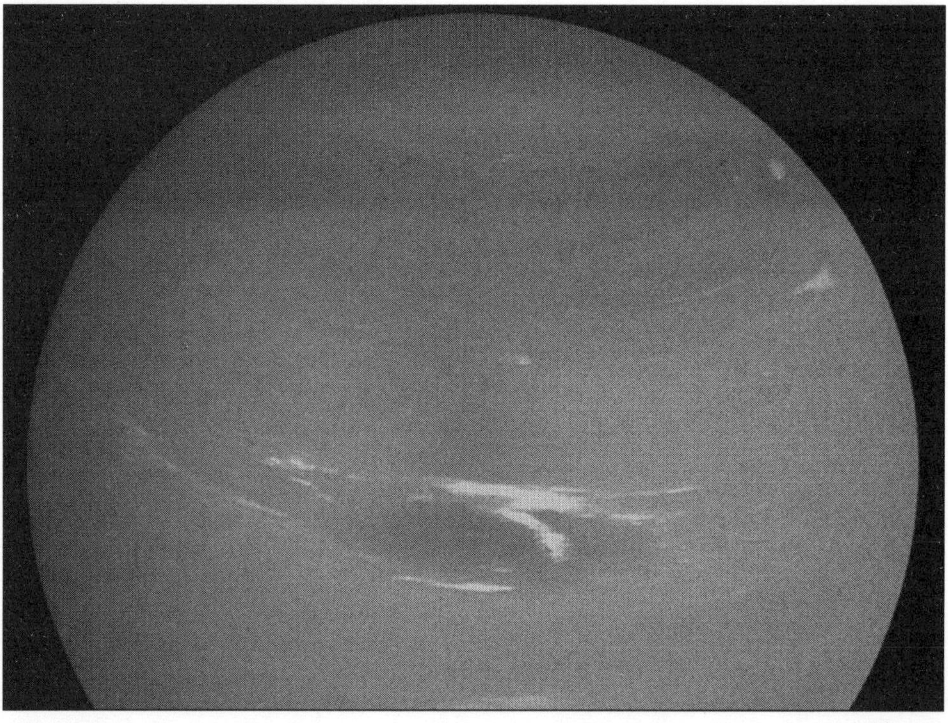

Seine Entdeckung fiel in die Zeit großer technischer Erfindungen, zu denen auch die Entwicklung der Telegrafie und des Telefons gehört. Tatsächlich steht Neptun auch für über- beziehungsweise außersinnliche Wahrnehmung, also auch für Telepathie, Intuition und Hellsichtigkeit.
In dieser Ära entwickelte die Menscheit auch mehr soziales Engagement. In den USA wurde die Sklaverei abgeschafft, und in Europa entstanden die ersten sozialen Behandlungseinrichtungen für psychisch Kranke. Und auch Mitgefühl ist eine typische Eigenschaft Neptuns.
Im Altertum galt Neptun – er hieß bei den Griechen Poseidon – als der Gott der Meere, in deren Tiefen er hauste. Man bekam ihn eigentlich nie zu Gesicht, so dass über seine Person ein großes Rätselraten herrschte. Obendrein war er mit einer Tarnkappe ausgestattet, mit der er sich unsichtbar machen konnte, wenn er an Land ging. Sein Dreizack verlieh ihm ungeheuere Stärke. Homer nannte ihn den „Erschütterer", weil er Inseln verschwinden und andere neu erschaffen konnte.
Neptun ist so etwas wie der große Unbekannte, Faktor X, das Mysterium, oder wie immer man etwas Geheimnisvolles benennen will. Man muss sich also auf eine geheimnisvolle und auch lange Reise und Suche einstellen, wenn man diesen Planeten auch nur ein wenig verstehen will. Aber die Reise lohnt sich, Neptun ist letztendlich das Tor zu unserer Seele. Neptun steht für unsere Allverbundenheit. Mit Neptun finden wir unseren tiefsten Frieden. Was passiert, wenn ein Tropfen Wasser ins Meer fällt? Richtig, der Tropfen löst sich auf. Aber ist es nicht so, dass dieser Tropfen das ganze Meer erfüllt? Und ist nicht auch das ganze Meer in diesem einen Tropfen?
Durch die geheimnisvolle Kraft Neptuns ist alles mit allem verbunden, so wie im Gleichnis vom Tropfen und dem Meer.
Wenn man neptunisch ist, existieren keine Grenzen, kein Hier und Dort. Und es existiert auch keine Zeit, kein Heute und Gestern. Neptunische Menschen sind „Seher". Für Sie existiert weder Zeit noch Raum. Sie sind überall – in der Vergangenheit wie in der Zukunft, im Hier wie im Dort.

Lektion 110:

♆ Neptun im Widder ♈

Neptunstärken: Spontane Verwirklichung von Eingebungen und Ideen, große Intuition und Visionskraft, besondere Heilkraft.
Neptunschwächen: Unsicherheit, Verschwommenheit, mangelnde Motivation, nicht erreichen, was man möchte.

Die Position „Neptun im Tierkreiszeichen Widder“ teile ich mit vielen Menschen, denn dieser Planet verweilt weit mehr als zehn Jahre in ein und demselben Tierkreiszeichen. Neptun im Widder deutet auf eine kollektive Tendenz zur Hingabe an Handlung und Aktivität.

Neptuncheck
Wo mache ich mir am leichtesten Illusionen? Über mich selbst. Über meine Stärke und die anderer Leute oder Institutionen. Auch über alles, was mit Sexualität und Zeugungskraft zu tun hat, darf ich dem Schein nicht erliegen.
Wo finde ich meinen inneren Frieden? Indem ich meine Aggression in Heilkraft transformiere.

Lektion 111:

♆ Neptun im Stier ♉

Neptunstärken: Künstlerische Begabung, Liebesmystik, großer innerer Reichtum.
Neptunschwächen: Verlustgeschäfte, sich schlecht abgrenzen können.

Die Position „Neptun im Tierkreiszeichen Stier“ teile ich mit vielen Menschen, denn dieser Planet verweilt weit mehr als zehn Jahre in einem Tierkreiszeichen. Ich bin ein Mensch, der sich schlecht abgrenzen kann und neige daher zu rigider Abwehr, ich muss lernen, durchlässig zu sein, ohne verletzbar zu sein.

Neptuncheck
Wo mache ich mir am leichtesten Illusionen? Über Besitz, Geld und Reichtum. Ich täusche mich auch über meine Sicherheit und meine Fähigkeit, mich gut abzugrenzen.
Wo finde ich meinen inneren Frieden? In der Natur und bei einem Glauben, der die Schönheit allen Irdischen bejaht.

Lektion 112:

♆ Neptun in den Zwillingen ♊

Neptunstärken: Große gedankliche Einfühlungsgabe, mystisches Bewusstsein, visionäre Kraft, Heilen durch Kommunikation.
Neptunschwächen: Einbildung, Täuschungen, Unaufrichtigkeit.

Die Position „Neptun im Tierkreiszeichen Zwillinge" teile ich mit vielen Menschen, denn dieser Planet verweilt weit mehr als zehn Jahre in einem Tierkreiszeichen. Phantasie und Illusion, die symbolische Welt der Märchen, Bilder und Träume bilden bei mir einen Gegenpol zum rationalen, wissenschaftlichen Denken.

Neptuncheck
Wo mache ich mir am leichtesten Illusionen? Dass alles erfahrbar und austauschbar ist, über mich selbst und meine Fähigkeiten.
Wo finde ich meinen inneren Frieden? In meiner Phantasie, in meinen Gesprächen mit mir selbst, im Loslassen aller Vorstellungen.

Lektion 113:

♆ Neptun im Krebs ♋

Neptunstärken: Liebe, Heilkraft, Hingabe, psychologisches Gespür.
Neptunschwächen: Keine Wurzeln haben, seine Herkunft nicht kennen, Illusionen über die eigenen „Wurzeln".

Die Position „Neptun im Tierkreiszeichen Krebs" teile ich mit vielen Menschen, denn dieser Planet verweilt weit mehr als zehn Jahre in einem Tierkreiszeichen. Bei mir besteht die Gefahr, persönliche Regungen zugunsten kollektiver Gefühle zu unterdrücken. Meine Bestimmung ist es, die wahre Kraft der Mutter zu finden.

Neptuncheck
Wo mache ich mir am leichtesten Illusionen? Über meine Gefühle und meine Beziehung zu meinen Eltern, besonders zu meiner Mutter.
Wo finde ich meinen inneren Frieden? Zuhause, nachdem alles Störende daraus befreit ist.

Lektion 114:

♆ Neptun im Löwen ♌

Neptunstärken: Feine Selbstdarstellung, große visionäre Kraft, Herzlichkeit und Güte.
Neptunschwächen: Unsicherheit, Mutlosigkeit, Selbstaufgabe.

Die Position „Neptun im Tierkreiszeichen Stier“ teile ich mit vielen Menschen, denn dieser Planet verweilt weit mehr als zehn Jahre in einem Tierkreiszeichen, ist also schon beinahe ein „Generationsplanet“. Sie deutet auf eine kollektive Tendenz, sich gebremst und desillusioniert ins Leben zu werfen. Insbesondere der Glaube an sich selbst ist gebrochen, bzw. wird immer wieder hinterfragt. Meine Generation verfügt über Phantasie und Kreativität.

Neptuncheck
Wo mache ich mir am leichtesten Illusionen? Über mich selbst und mein Selbstbewusstsein. Auch beim Thema Sexualität muss ich mit Enttäuschungen fertig werden.
Wo finde ich meinen inneren Frieden? In mir und meinem Herzen.

Lektion 115:

♆ Neptun in der Jungfrau ♍

Neptunstärken: Naturverbundenheit, Heilkraft, Demut, Wissen, astrologische Einweihung.
Neptunschwächen: Verkennung der Wirklichkeit, „Arbeitssucht“.

Die Position „Neptun im Tierkreiszeichen Jungfrau“ teile ich mit vielen Menschen, denn dieser Planet verweilt weit mehr als zehn Jahre in einem Tierkreiszeichen. Meine Generation stellt viele logische und alltägliche Strukturen in Frage und lockert die starre Ordnung, indem sie weniger festhält und organisiert, sondern sich vermehrt einfach dem Dienst an der Sache hingibt.

Neptuncheck
Wo mache ich mir am leichtesten Illusionen? Über meine Wirkung und meine Unentbehrlichkeit.
Wo finde ich meinen inneren Frieden? In der Natur.

Lektion 116:

♆ Neptun in der Waage ♎

Neptunstärken: Liebesmystik, sinnliche Verfeinerung, Phantasie, Geschmack, Einfühlungsvermögen.
Neptunschwächen: Unentschiedenheit, Gefühlsschwärmerei, erotische Verirrungen, Liebesschwäche.

Die Position „Neptun im Tierkreiszeichen Waage" teile ich mit vielen Menschen, denn dieser Planet verweilt weit mehr als zehn Jahre in einem Tierkreiszeichen. Der Traum von der idealen Partnerschaft und einzigartigen Liebe ist meine Illusion, die ich Laufe meines Lebens immer deutlicher erkenne. Das Erlebnis totaler Einheit werde ich nie mit einem einzelnen Menschen finden, sondern höchstens mit der Menschheit als Ganzes.

Neptuncheck
Wo mache ich mir am leichtesten Illusionen? In der Liebe. Ich glaube an den Märchenpartner und muss immer wieder mit der harten Wirklichkeit konfrontiert werden.
Wo finde ich meinen inneren Frieden? In der Kunst, bei Musik, im liebevollen Zusammensein.

Lektion 117:

♆ Neptun im Skorpion ♏

Neptunstärken: Starke Liebesfähigkeit, mediale Veranlagung, Heilkräfte, Magie, Okkultismus.
Neptunschwächen: Von der Vergangenheit nicht loskommen, sich Illusionen über seine Herkunft machen, falschen Idealen nacheifern.

Die Position „Neptun im Tierkreiszeichen Skorpion" teile ich mit vielen Menschen, denn dieser Planet verweilt weit mehr als zehn Jahre in einem Tierkreiszeichen. Ich habe die Kraft, Fragen, die über den Tod hinausweisen, zu lösen. Ich bin aber auch aufgerufen, mich der Geheimnisse aus der Zeit meiner Ahnen anzunehmen.

Neptuncheck
Wo mache ich mir am leichtesten Illusionen? Über meine Stärke und die anderer Menschen. Auch über alles, was mit Sexualität und Zeugungskraft zu tun hat, darf ich dem Schein nicht erliegen.
Wo finde ich meinen inneren Frieden? In einer Familie.

Lektion 118:

♆ Neptun im Schützen ♐

Neptunstärken: Starke Phantasie, weites Bewusstein, kosmopolitisch denken und handeln können, Religiosität, große Heilkräfte.
Neptunschwächen: Verlust an Ichhaftigkeit, Illusionen erliegen, enttäuscht werden.

Die Position „Neptun im Tierkreiszeichen Schützen" teile ich mit vielen Menschen, denn dieser Planet verweilt weit mehr als zehn Jahre in einem Tierkreiszeichen. Meine Generation vertritt eine religiöse Begeisterung, die weit über eigentliche Glaubensfragen hinaus romantische Vorstellungen von einer heilen Welt kreiert und die totale Hingabe an ein Ideal zum Ziel hat.

Neptuncheck
Wo mache ich mir am leichtesten Illusionen? Über die Wirklichkeit und über Vorstellungen über die Wirklichkeit.
Wo finde ich meinen inneren Frieden? In Meditation, gehaltvoller Musik, beim Reisen, in mir.

Lektion 119:

♆ Neptun im Steinbock ♑

Neptunstärken: Großes Interesse an Heilberufen. Berufliche Selbstverwirklichung im Dienste der Menschheit.
Neptunschwächen: Illusionäre Berufsgestaltung, Fehlinvestitionen.

Die Position „Neptun im Tierkreiszeichen Steinbock" teile ich mit vielen Menschen, denn dieser Planet verweilt weit mehr als zehn Jahre in einem Tierkreiszeichen. Mein „Neptun-Thema" ist mein Beruf. Ich brauche das Gefühl, etwas wirklich Sinnvolles zu tun.

Neptuncheck
Wo mache ich mir am leichtesten Illusionen? Über meine Wirkung in der Öffentlichkeit. Auch im Zusammenhang mit meiner Berufswahl erliege ich vielen Täuschungen.
Wie finde ich meinen inneren Frieden? Nach getaner Arbeit.

Lektion 120:

♆ Neptun im Wassermann ♒

Neptunstärken: Großes Interesse an Heilberufen, besonders Homöopathie, Akupunktur und Naturmedizin. Berufliche Selbstverwirklichung im Dienste der Menschheit. *Neptunschwächen:* Lebensenttäuschungen, Illusionen im Zusammenhang mit Freundschaften.

Die Position „Neptun im Tierkreiszeichen Wasermann“ teile ich mit vielen Menschen, denn dieser Planet verweilt weit mehr als zehn Jahre in einem Tierkreiszeichen. Der Traum von der goldenen Zukunft öffnet vor allem meiner Generation immer wieder neue Türen. Sie spricht mit besonderer Hingabe auf die unkonventionellen Ideen und Zukunftsprojekte an, verliert sich aber auch gerne in Luftschlössern.

Neptuncheck
Wo mache ich mir am leichtesten Illusionen? Bei meinen Plänen für die Zukuft.
Wo finde ich meinen inneren Frieden? Im Kreise von Menschen.

Lektion 121:

♆ Neptun in den Fischen ♓

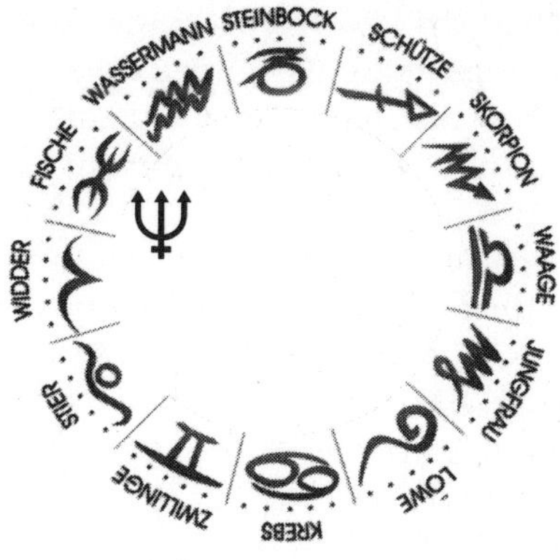

Neptunstärken: Starke Phantasie, weites Bewusstein, Religiosität, Heilkräfte, Interesse an Magie, Astrologie und Okkultismus. *Neptunschwächen:* Verlust an Ichhaftigkeit, Illusionen erliegen.

Die Position „Neptun im Tierkreiszeichen Fische“ teile ich mit vielen Menschen, denn dieser Planet verweilt weit mehr als zehn Jahre in einem Tierkreiszeichen, ist also schon beinahe ein „Generationsplanet“. Er verhilft mir zu großer Einfühlungskraft. Auch meine Leidensfähigkeit ist groß, was bedeuten kann, dass ich die Kraft besitze, Unrecht endgültig auflösen zu können.

Neptuncheck
Wo mache ich mir am leichtesten Illusionen? Über die Wirklichkeit
Wo finde ich meinen inneren Frieden? Überall.

Lektion 122:

♇ Pluto

Auch Pluto ist – wie Neptun – ein Planet, der sich dem Blick des bloßen Auges entzieht. Er zieht seine Bahn um die Sonne jenseits von Neptun und hält damit unter den Planeten die größte Distanz zur Erde, und er ist ein Winzling, gerade mal 3000 km im Durchmesser. Aber seine Wirkung ist kolossal – vergleichbar der Atomkraft, von der eine winzige Menge spaltbaren Materials genügt, um eine verheerende Wirkung zu erzielen. Auch Pluto kann eine ganze Kettenreaktion auslösen. Und auch seine Energie kann positiv oder negativ sein, aufbauend oder zerstörend.
Woher nimmt der Planet Pluto seine ungeheure Kraft?
Pluto war im griechischen Mythos der Gott der Unterwelt, dem Ort der Toten. Auch in der Astrologie besteht eine Verbindung zwischen ihm und dem Tod.
Bringt Pluto den Tod?
Ja und nein! Er bringt den Tod, aber auch dessen Überwindung, die Transformation des Todes.
Sie geschieht dadurch, dass man sich in den Strom begibt, der aus der Vergangenheit kommt und in die Zukunft mündet.
Die Botschaft Plutos lautet:
„Mensch, du vergehst. Aber das Leben bleibt bestehen ...!"
Man muss also in den Strom steigen, der aus der Vergangenheit kommt. Und am Tor zur Vergangenheit steht Pluto, so wie Pluto am Eingang zum Hades wachte.
Alle Menschen, die vor einem waren: die Eltern, Großeltern, Urgroßeltern –, alle wirken durch Pluto in das jetzige Leben hinein. Wer sich mit Pluto beschäftigt, beschäftigt sich immer auch mit denen, die zuvor waren.
Sich beschäftigen meint, die Ahnen

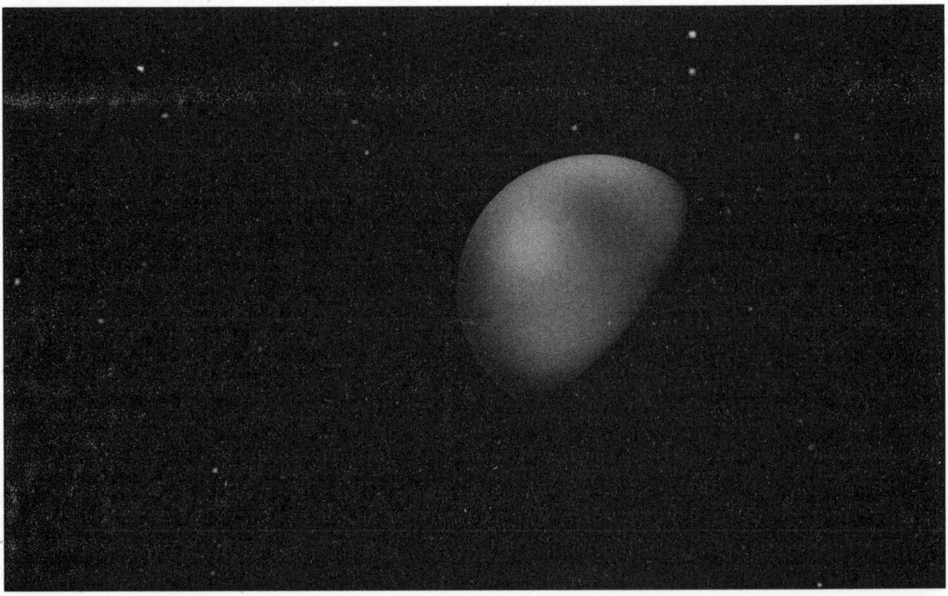

kennen, achten und als „Wurzeln" des eigenen Lebens nehmen.
Wenn man sich mit Pluto beschäftigt, beschäftigt man sich immer mit den Toten, denen, die vor einem waren. Und man denkt an diejenigen, die nach einem kommen, denen man selbst das Leben weitergibt. Das ist die Kettenreaktion, die Pluto auslösen kann: Leben, das Leben weitergibt, Leben, das Leben erzeugt. Das ist die großartigste und mächtigste Kettenreaktion: Leben, das Leben erschafft!
Aus der Perspektive Plutos ist jeder ein Glied in einer unendlichen Kette, ist jeder zugleich die Zukunft der Vergangenheit und genauso die Vergangenheit der Zukunft – eine Kettenreaktion, die ungeheure Kräfte freisetzen kann. Und genau hier beginnt die große Gefahr, die Pluto in sich birgt: Wenn man die Kraft Plutos überhöht, sie über alles andere stellt, wird die Kraft des Todes stärker als die des Lebens.
Daher ist Pluto auch die Legitimation aller Regimes und Kriege, in denen die eigene (besondere!) Vergangenheit über die anderer Menschen erhoben wird: Die arische Rasse gegenüber den Juden, Serben gegen Kroaten, Moslems gegen Christen. Wohlverstanden, Pluto kann durchaus als Symbol einer „Völker-, Nationalitäten- oder Sippenehre" verstanden werden, aber er muss sich in das natürliche Miteinander der astrologischen Gesamtheit und Gemeinschaft einordnen und sich nicht zum „alleinigen Gott" erheben. Außer ihm gibt es noch mindestens neun andere Prinzipien, unter anderem das uranische, das auf jeden Vergangenheitskult laut pfeift.
Pluto steht zum Zeitpunkt der Entstehung dieses Buches im Schützen. Das führt unweigerlich zum Ausbrechen religiöser Ideologien, die sich auf jahrhundertealte Traditionen stützt. Während ich diese Zeilen schreibe, kommt es zur Apokalypse in New York, in der religiöse Fanatiker sich selbst und wahrscheinlich mehrere tausend Menschen zu Tode bringen: Das ist die „reine" und damit pervertierte Lehre Plutos!
Sie führt sich selbst ad Absurdum, weil es irgendwann keine Zukunft mehr gibt.
Pluto benötigt 248,5 Jahre, um den Tierkreis einmal zu durchlaufen. Da er erst 1930 entdeckt wurde, liegen zuverlässigen Aussagen nur über seinen Lauf durch die Tierkreiszeichen Krebs bis Schütze, dem Zeichen, in dem er sich gerade befindet, vor.
Des weiteren ist Pluto infolge seiner langsamen Umlaufzeit ein ausgesprochener „Generationsplanet". das heißt, er bringt kollektive Stimmungen mit sich, die mehr oder weniger für alle Menschen einer Generation gelten.
Die Beschäftigung mit Pluto ist eine wichtige und heilsame Tätigkeit. Sie kann Katastrophen verhindern – im Moment mehr denn je.

Anmerkung: Weil der Planet Pluto noch so wenig erforscht ist, sind die Deutungen entsprechend kurz.

♇

Lektion 123:

♇ Pluto im Krebs ♋

Meine Plutostärken: Gefühlsreichtum, Tiefe, Fülle.
Meine Plutoschwächen: Engstirnigkeit, Angst.

Ich bin ein Mensch, der in ganz besonderer Weise auf seine Vergangenheit verwiesen ist. Sie ist für mich die Wurzel, die das Leben trägt. Ohne Familie irre ich durch die Welt. In meinen Träumen bin ich manchmal noch das Kind auf der Suche nach Vater und Mutter. Ich muss mir im Inneren das Bild einer heilen Familie schaffen. Zu diesem Bild gehören meine tatsächlichen Ahnen, meine Eltern, meine Großeltern, alle, die vor mir waren.

Plutocheck
Wie bekomme ich Plutos Kraft? Indem ich mich mit meinen Ahnen – besonders den Frauen – verbinde.
Wo liegen Plutos Gefahren? Wenn ich mich nicht vom „Nabel" meiner Ahnen löse, werde ich intolerant.

Lektion 124:

♇ Pluto im Löwen ♌

Meine Plutostärken: Selbstbewusstsein, eine Autorität sein.
Meine Plutoschwächen: Überheblichkeit, Größenphantasien.

Ich verfüge über einen besonders starken Pluto. Er verweist mich auf die Menschen, die vor mir waren. Insbesondere sind es die Männer, die Väter und Großväter, die mir Kraft verleihen. Ich brauche in meinem Innern starke und intakte Männer. Dann bin ich kraftvoll und gesund. Ich muss in meiner Vergangenheit die Männer finden, denen ich die Ehre gebe.

Plutocheck
Wie bekomme ich Plutos Kraft? Indem ich mich auf die männliche Kraft in meiner Vergangenheit beziehe.
Wo liegen Plutos Gefahren? Ich muss auch dem Neuen, der Zukunft, dem Fremden, eine Chance geben.

♇

Lektion 125:

♇ Pluto in der Jungfrau ♍

Meine Plutostärken: Genauigkeit, tiefe und selbstverständliche Ordnung, natürliche Anmut.
Meine Plutoschwächen: Zwanghaftigkeit, Rigidität.

In meiner Vergangenheit gab es viel Leid und Unrecht. Ich bin dafür bestimmt, ausgleichend, mäßigend und heilend zu wirken. In der Weise, wie mir das gelingt, erhalte ich die Kraft der Ahnen. Menschen, die mit der Erde auf besondere Weise verbunden sind, sind meine Freunde. Mit meinem Pluto soll ich dafür sorgen, dass der Erde Gutes widerfährt.

Plutocheck
Wie bekomme ich Plutos Kraft? Ich muss extrem Positionen meiden, für den Frieden und die Erhaltung der Erde eintreten.
Wo liegen Plutos Gefahren? Das ich vergesse, dass andere Menschen ganz anders sein können als ich.

Lektion 126:

♇ Pluto in der Waage ♎

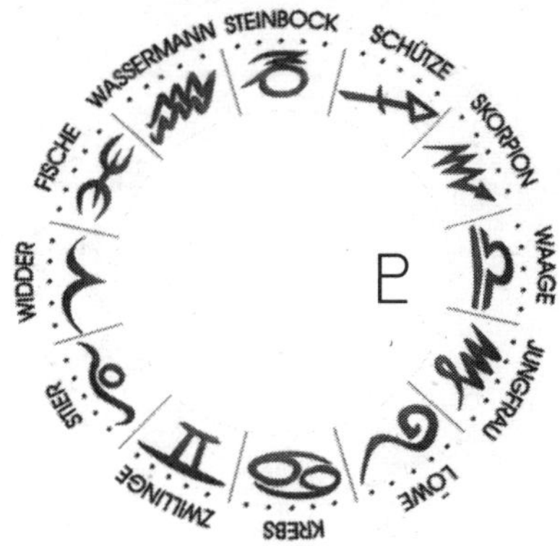

Meine Plutostärken: Gerecht, schöpferisch, ausgleichend, friedlich, verbindend.
Meine Plutoschwächen: Verkünstelt, zwanghaft, intolerant.

Mein Pluto verweist mich auf das Land der Liebe. Ich bin in ganz besonderer Weise angehalten, der Welt Liebe zu bringen. Die Kraft der Liebe kann Berge versetzen. In meiner Vergangenheit ging die Kraft der Liebe verloren. Jetzt bin ich auf der Welt, um ihr ein Denkmal zu setzen.

Plutocheck
Wie bekomme ich Plutos Kraft? Indem ich nach den Prinzipien Gerechtigkeit, Ausgleich und Liebe handle.
Wo liegen Plutos Gefahren? Intolerant und anmaßend zu sein.

Lektion 127:

♇ Pluto im Skorpion ♏

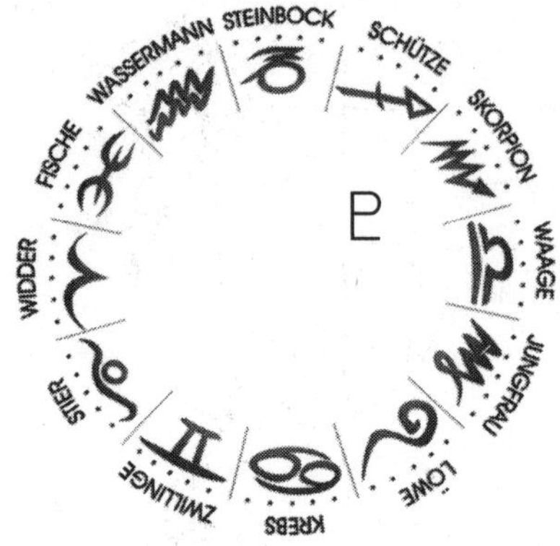

Meine Plutostärken: Leichter Zugang zur „Kraft der Ahnen“.
Meine Plutoschwächen: Intoleranz, Fremdenfeindlichkeit.

Ich gehöre zu einer Generation von Menschen, die in ganz besonderer Weise dazu angehalten sind, sich mit dem „Thema Pluto“, seinen positiven wie seinen negativen Kräften, auseinander zu setzen. Es liegt auch an mir, wie die Zukunft sein wird – und ob es überhaupt noch eine Zukunft geben wird. Ich muss die Kraft der Versöhnung in die Vergangenheit tragen – dann wird die Zukunft heil.

Plutocheck
Wie bekomme ich Plutos Kraft? Durch Beschäftigung mit der Vergangenheit, mit Hilfe persönlicher Ahnenforschung.
Wo liegen Plutos Gefahren? In einseitiger Verherrlichung.

Lektion 128:

♇ Pluto im Schützen ♐

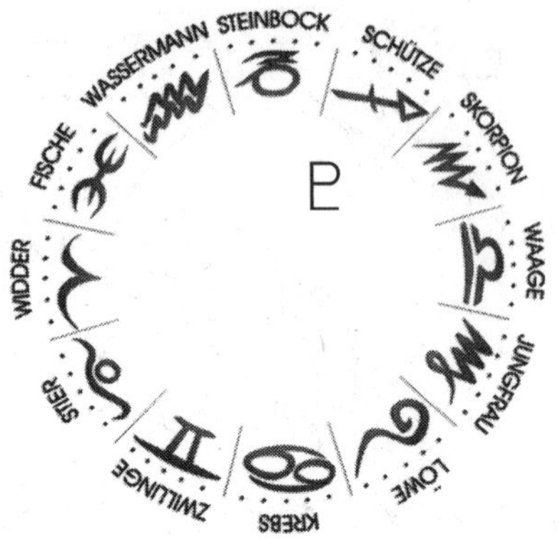

Meine Plutostärken: Geistige Stärke und Wahrhaftigkeit.
Meine Plutoschwächen: Dogmatismus, Fanatismus, Bigotterie.

Pluto im Schützen birgt die große Chance, Glaubenskriege endgültig von der Erde zu verbannen. Aber er bringt auch die Gefahr eines Rückfalls ins finstere Mittelalter. Ich mit meiner Pluto-Position bin in ganz besonderer Weise dazu aufgefordert, den richtigen Weg zu unterstützen und Dogmatismus und Einseitigkeit keine Chance zu geben.

Plutocheck
Wie bekomme ich Plutos Kraft? Durch Beschäftigung mit Religion und Glauben, durch Weltoffenheit.
Wo liegen Plutos Gefahren? In Blindheit und Einseitigkeit.

Im Kosmos ist alles mit allem vernetzt – diese alte Darstellung weist jedem Bereich des Körpers die ihm entsprechenden Planeten und Tierkreiszeichen zu.

Lektion 129:

Das Zusammenspiel der Gestirne

In der folgenden Abbildung sind zwei Gestirne, Sonne und Mond, eingetragen. Die Sonne steht im Krebs, der Mond im Schützen.

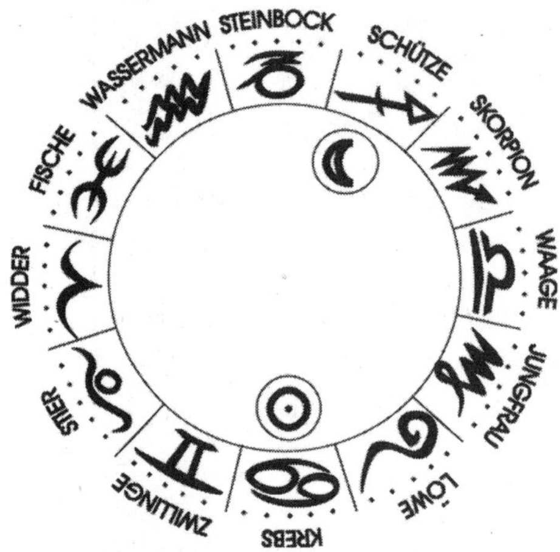

Jede Position führt zu einer eigenen und spezifischen Aussage über einen Menschen mit dieser Konstellation in seinem Geburtshoroskop. Von der Sonne würde man auf eine Person schließen, die Familie, Nähe und Bindung wünscht. Aus dem Mond wiederum würde man auf einen Menschen schließen, der sich innerlich ungern bindet. Beide Beschreibungen gelten dem gleichen Menschen. Die eine, die „Sonnenseite" beschreibt eher, wie man sich verhält, was man nach außen hin zeigt. Die andere, die „Mondseite" führt eher zu Aussagen über das Innenleben. Nun geht es in der Astrologie stets darum, mehrere Aussagen zusammenzutragen und miteinander zu verbinden. Wie das Beispiel zeigt, kann es dabei durchaus vorkommen, dass widersprüchliche Aussagen (Sonne: sucht Bindung, Mond: bleibt lieber frei) aufeinandertreffen. Darin liegt dann die eigentliche Kunst des Astrologen, Widersprüchliches zusammenzutragen. Kein Mensch ist jemals nur sein Sonnenzeichen. Er ist auch mehr als Sonne und Mond zusammengenommen. Es existieren noch weitere Gestirne, deren jeweilige Position zu bestimmten Aussagen über einen Menschen führen. Erst

die Zusammenschau aller ergibt ein zuverlässiges Bild über eine Person. Bei der Deutung eines Gesamthoroskops beginnt man immer mit der Sonne (dem Sternzeichen). Es ist zweifelsohne am wichtigsten. Aber dann wendet man sich sofort dem Mond zu, denn er ist beinahe genauso bedeutsam, auch wenn man das immer vergisst. Bei einer Frau spielt der Mond sogar eine wichtigere Rolle als die Sonne.
Dann deutet man jeden weiteren

Planeten der Reihe nach, achtet dabei auf Ergänzungen, aber genauso auf Widersprüche. Als Anfänger ist es günstig, jede einzelne Deutung der Gestirne in Stichworten aufzuschreiben. Auch zu diesem Zweck werden die zehn wichtigen Gestirne nochmals der Reihe nach mit einer kurzen Deutungsanleitung vorgestellt:

☉ ***Sonne*** ist eine Quelle für Ausstrahlung, Freude, Lebenskraft.
Familienastrologisch: Vater.

☾ ***Mond*** ist eine Quelle für Fruchtbarkeit, Mütterlichkeit, Gefühl.
Familienastrologisch: Mutter.

☿ ***Merkur*** ist eine Quelle für Leichtigkeit, Vielfalt, Austausch, Neutralität.
Familienastrologisch: Geschwister.

♀ ***Venus*** ist eine Quelle für Sinnlichkeit, Liebe, Weiblichkeit, Fülle.
Familienastrologisch: Schwester.

♂ ***Mars*** ist eine Quelle für Kraft, Durchsetzung, Wille, Männlichkeit.
Familienastrologisch: Bruder.

♃ ***Jupiter*** ist eine Quelle für Weite, Begeisterung, Sinnsuche, Ethik.
Familienastrologisch: Geistiger Freund und Liebhaber.

♄ ***Saturn*** ist eine Quelle für Klarheit, Substanz, Standpunkt.
Familienastrologisch: Großmutter.

♅ ***Uranus*** ist eine Quelle für Freiheit, Gleichheit, Geist, Unabhängigkeit.
Familienastrologisch: Der freie Großvater.

♆ ***Neptun*** ist eine Quelle für Phantasie, Sehnsucht, Allliebe, Einsamkeit.
Familienastrologisch: Die Seelen-Großmutter.

♇ ***Pluto*** ist eine Quelle für Leidenschaft, Sexualität, Vergänglichkeit, Tiefe.
Familienastrologisch: Die Ahnin

Teil III Aszendent und Häuser

Lektion 130:

Der Aszendent

Zuvor wurde der Tierkreis oder Zodiak mit seinen Gestirnen erläutert. Es wurde gesagt, dass entsprechend der Stellungen dieser Himmelskörper auf spezifische Eigenschaften eines Menschen geschlossen werden kann. Obendrein spielen auch noch der Aszendent, die astrologischen Häuser und weitere Faktoren eine Rolle. Alles zusammen ergibt ein Horoskop.

Dieses Wort hat seine Wurzeln im Griechischen und heißt soviel wie „Stundenschau“, weil ein Horoskop auf die Geburtsstunde (eigentlich Geburtsminute) genau erstellt wird. Es ist also eine – in Zeichen und Symbole übersetzte – Aufnahme der astrologischen Gestirnskonstellationen zum Zeitpunkt einer Geburt. Es spiegelt die vollständige Persönlichkeit eines Menschen wider.

Wie ich bereits erwähnte, kann die Interpretation einer einzelnen Größe wie zum Beispiel Mond oder Sonne immer nur einen bestimmten Aspekt wiedergeben, der eventuell widersprüchlich zu dem sein kann, was über einen anderen Faktor gesagt ist. Es geht also darum, Verschiedenes, eventuell sogar sich Widersprechendes, miteinander zu verbinden bzw. gemäß der eigenen Intuition und Erfahrung zu gewichten.

Für die Bestimmung des Aszendenten muss man die genaue Geburtszeit kennen. Sie ist erfahrbar, weil sie auf dem Standesamt des Geburtsorts festgehalten wird. Wenn Sie also die Zeit, zu der Sie das Licht der Welt erblickt haben, nicht kennen, haben Sie die Möglichkeit, dort anzufragen und um Auskunft zu bitten.

Als ich vor Jahren damit begann, Horoskope zu erstellen, war ich sehr erstaunt darüber, dass die Geburtszeit neben dem Geburtstag in den Büchern der Standesämter festgehalten wird. Der Geburtstag dient dem Staat neben anderen Angaben zur eindeutigen Identifizierung einer Person. Aber welchen Zweck erfüllt für die Bürokratie die Geburtszeit? Für mich liegt darin auch heute noch kein größerer Nutzen als dieser: Durch die schriftliche Fixierung der Geburtszeit liefern die Behörden der Astrologie die wichtigste Berechnungsgrundlage und ermöglichen so jedem Menschen einen Blick auf den ganz persönlichen, einzigartigen Anfang seines Lebens.

Der Aszendent symbolisiert Ihre individuelle Note. Das Sonnen- oder Tierkreiszeichen haben Sie ja gemeinsam mit allen Menschen, die wie Sie während einer bestimmten Tierkreizeichen-Phase geboren sind. Der Aszendent jedoch ergibt sich aus Ihrer ganz persönlichen Geburtszeit.

Was ist denn nun der Aszendent? Bekanntlich dreht sich die Erde in zirka 24 Stunden um ihre eigene Achse. Von einem bestimmten Punkt der Erde aus betrachtet taucht am östlichen Horizont ein Sternzeichen nach dem anderen auf. Da ein Tag auf 24 Stunden festgesetzt ist, erscheint alle zwei Stunden ein neues Tierkreiszeichen.

Dasjenige Tierkreiszeichen, das zum Zeitpunkt einer Geburt gerade dort aufgeht, nennt man Aszendent (dieser Begriff ist abgeleitet vom lateinischen Wort ascendere = „aufsteigen").
In der folgenden Abbildung geht gerade das Zeichen Widder auf. Würde jemand zu diesem Zeitpunkt

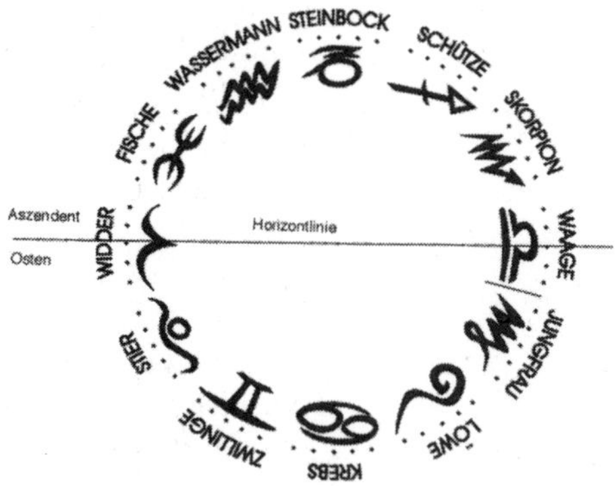

das Licht der Welt erblicken, wäre sein Aszendentenzeichen Widder. In der folgenden Abbildung geht gerade das Tierkreiszeichen Krebs auf. Also würde eine Geburt, die

jetzt stattfände, ein Horoskop mit dem Aszendenten Krebs bekommen Die Deutung des Aszendenten ist entsprechend seiner Bewegung am Himmel. Zunächst einmal wollen die Anlagen (repräsentiert durch den Aszendenten) das gleiche wie das Tierkreiszeichen am Himmel, nämlich „aufgehen". Wenn Sie also Aszendent Widder „sind", dann strebt die durch dieses Zeichen symbolisierte Kraft danach, in Ihrem Leben aufzugehen und stärker zu werden. Sind Sie Aszendent Fische, dann versuchen sich Fische-Kräfte in Ihrem Leben bemerkbar zu machen. Man kann auch sagen, dass Ihr Aszendent mit zunehmendem Alter immer stärker wird. Manchmal ergänzen sich Aszendent und Tierkreiszeichen, zuweilen sind sie völlig entgegengesetzt. Entsprechend fällt es einem leichter oder schwerer, seinen Aszendenten zusammen mit seinem anderen Sternenkräften in sein Leben zu integrieren.

Lektion 131:

Die 12 Häuser

Ein Horoskop besteht nicht nur aus den zwölf Tierkreiszeichen, sondern auch aus den zwölf Häusern. Man kann sich das so vorstellen, dass man auf den Kreis der Tierkreiszeichen einen zweiten Kreis legt, der ebenfalls aus zwölf Segmenten besteht, wie in der folgenden Abbildung geschehen.
Die einzelnen Abschnitte der beiden Kreise entsprechen sich im wesentlichen. Das heißt, dem Widderzeichen entspricht das 1. Haus. Dem Stierzeichen entspricht das 2. Haus. Dem Zwillingszeichen entspricht das 3. Haus. Dem Krebszeichen entspricht das 4. Haus. Dem Löwezeichen entspricht das 5. Haus. Dem Jungfrauzeichen entspricht das 6. Haus. Dem Waagezeichen entspricht das 7. Haus. Dem Skorpionzeichen entspricht das 8. Haus. Dem Schützezeichen entspricht das 9. Haus. Dem Steinbockzeichen entspricht das 10. Haus. Dem Wassermannzeichen entspricht das 11. Haus. Dem Fischezeichen entspricht das 12. Haus. Das bedeutet auch, dass das 1. Haus wie das Widderzeichen interpretiert wird. Das 2. wie der Stier und so fort bis zum 12. Haus, dem die gleiche Deutung wie dem Fischezeichen zukommt.

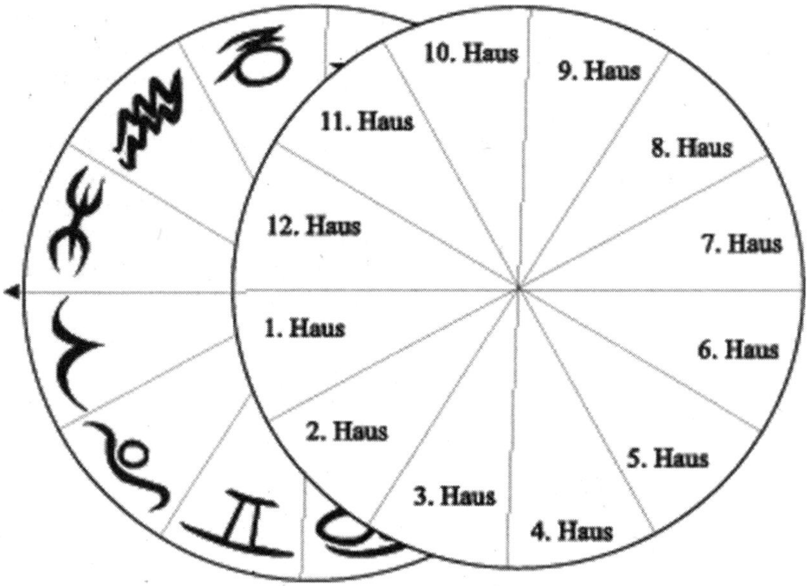

So wie der allgemeine Tierkreis mit dem Widder beginnt, so beginnt der Häuserkreis mit dem 1. Haus.
Der Beginn des 1. Hauses ist identisch mit dem Aszendenten, dessen Bedeutung bereits erklärt wurde. Dort wurde gesagt, dass der Aszendent das Tierkreiszeichen sei, das zu

einer bestimmten Geburtszeit am östlichen Horizont aufsteigt. Jetzt muss man nur noch in Betracht ziehen, dass dieses Aszendenten-Zeichen zu einem vollständigen Kreis, dem Häuser-Kreis, gehört. Dann ist auch einsichtig, dass sich mit dem veränderndem Aszendenten-Zeichen sich auch alle Haus-Zeichen-Beziehungen ändern. Man kann auch sagen, dass sich der Tierkreis langsam im Uhrzeigersinn dreht. Dann überqueren nacheinander seine verschiedenen Tierkreiszeichen die Aszendentenlinie. In der Abbildung gegenüber steigt gerade das Zeichen Widder auf. Dann (in Wirklichkeit nach circa zwei Stunden) wird das Stierzeichen an der Reihe sein, und so weiter bis irgendwann das Fischezeichen die Aszendenten-Linie überquert. Nimmt man jetzt die Aszendenten-Linie als Horizontlinie und den Aszendenten als den Ostpunkt, dann hat man ein Bild des Zodiaks mit seiner Bewegung von Ost nach Westen. Denn jeder Punkt des Zodiak geht im Osten auf, steigt gen Süden und fällt dann wieder gegen Westen, wo er unter die Horizontlinie sinkt. Wie bereits mehrfach erwähnt, ist diese Bewegung scheinbar. In Wirklichkeit dreht sich die Erde in die entgegengesetzte Richtung. In unserer Zeichnung müsste sich also der Häuserkreis nach unten drehen.
Gleich, wie man es nimmt, durch die Drehung verändern sich ununterbrochen die Zuordnungen zwischen den Häusern und Zeichen. In der Abbildung auf der Seite gegen-

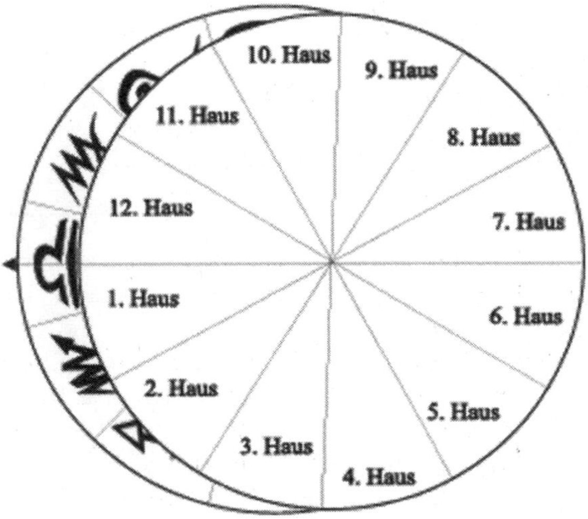

über liegt wie gesagt das 1. Haus (oder der Aszendent) auf dem Anfang des Widderzeichens. Das 2. Haus liegt zu Beginn des Stierzeichens, das 11. Haus fällt mit dem Beginn des Wassermannzeichens zusammen.
In der Abbildung auf der vorhergehenden Seite ist das 1. Haus Waage, das 2. Skorpion, das 11. ist Jungfrau. Außerdem liegt der Häuserkreis genauer über dem Zeichenkreis. In einem richtigen Horoskop decken sich die beiden Kreise vollständig, sie sind hier aus Verständlichkeitsgründen verschoben abgebildet. Durch Drehung des Häuserkreises ergeben sich 144 (12 Zeichen mal 12 Häuser) Kombinationen zwischen Zeichen und Häusern.

Man sagt in der Astrologie tatsächlich „mein 1. Haus ist Widder, oder mein 11. Haus ist Wassermann (wie in der vorletzten Abbildung). Oder mein 1. Haus ist Waage, oder mein 11. Haus ist Jungfrau (wie in der Abbildung auf dieser Seite).
Nimmt man jetzt wider die Planeten hinzu, die zum besseren Verständnis weggelassen wurden, dann ergibt sich folgendes:
Ein Planet steht immer in einem Tierkreiszeichen und in einem Haus. Zum Beispiel steht in dem folgenden Horoskop die Sonne im 7. Haus und in der Jungfrau. Der Mond steht im 8. Haus und in der Waage. Mars befindet sich im 12. Haus und im Wassermann.

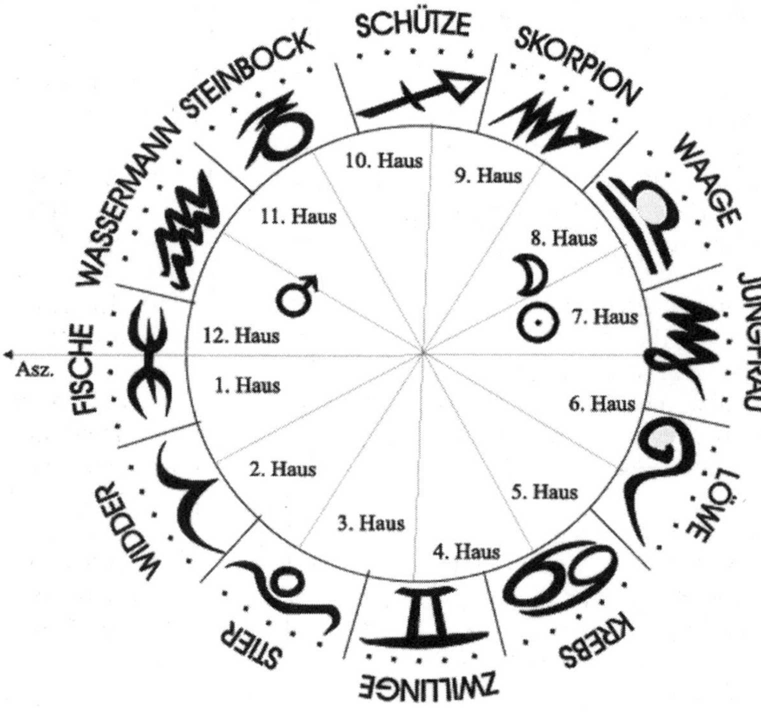

Lektion 132:

Kurzbeschreibung der 12 Häuser

Bevor der Aszendent und die Häuser im einzelnen erklärt werden, hier eine Einführung:

1. Haus (Widder-Charakter): Die jeweilige Tierkreiszeichen-Energie verwirklicht sich ichhaft, was bedeutet, dass der Horoskopeigner selbst zum Träger dieser Energie wird.

2. Haus (Stier-Charakter):
Die jeweilige Tierkreiszeichen-Energie dient der Abgrenzung, Bereicherung, Sinnlichkeit und Lust.

3. Haus (Zwillinge-Charakter):
Die jeweilige Tierkreiszeichen-Energie wird beweglich, flexibel, tolerant, weniger selbstbezogen. Sie dient der intellektuellen Erfahrung der Welt, der Selbstdarstellung und dem Austausch mit anderen.

4. Haus (Krebs-Charakter):
Die jeweilige Tierkreiszeichen-Energie wird gefühlsmäßig erfahren und verarbeitet und sagt etwas über die Emotionalität aus.

5. Haus (Löwe-Charakter):
Die jeweilige Tierkreiszeichen-Energie dient dem gefühlsgetragenen Selbstausdruck, dem Vergnügen, stärkt aber auch Kreativität, Selbstbewusstsein und Führungskraft.

6. Haus (Jungfrau-Charakter):
Die jeweilige Tierkreiszeichen-Energie sucht Wachstum und Vervollkommnung (Ernte). Achtsamkeit gegenüber allem Körperlichen (Thema Gesundheit).

7. Haus (Waage-Charakter):
Die jeweilige Tierkreiszeichen-Energie wird in der Begegnung gesucht und gelebt, häufig auch auf andere (Partner) projiziert.

8. Haus (Skorpion-Charakter):
Die jeweilige Tierkreiszeichen-Energie dient der Festigung von Beziehungen.

9. Haus (Schütze-Charakter):
Die jeweilige Tierkreiszeichen-Energie wird als zu überwindende Begrenzung erlebt. Freiheit wird über Bindung gestellt. Die Suche nach Neuem und nach Sinn.

10. Haus (Steinbock-Charakter):
Die jeweilige Tierkreiszeichen-Energie sucht Struktur, bleibenden Ausdruck und Erhöhung. Das 10. Haus verweist im Besonderen auf den Beruf beziehungsweise auf ein Tun, das Bedeutsamkeit erlangt.

11. Haus (Wassermann-Charater)
Die jeweilige Tierkreiszeichen-Energie tritt in erhöhter, mystifizierter Form in Erscheinung. Dieses Haus bietet Raum für Experimente, Veränderungen, Entdeckungen.

12. Haus (Fische-Charakter):
Die jeweilige Tierkreiszeichen-Energie erfährt Auflösung, Verfeinerung und Grenzenlosigkeit, kann höchstens abstrakt oder als energetische Schwingung wahrgenommen werden. Sie findet einen Niederschlag im Verstehen, Helfen und Heilen.

Lektion 133:

Der Aszendent oder das 1. Haus

Das 1. Haus (man schreibt Häuser immer in arabischen Zahlen) beginnt mit dem Aszendenten. Die Begriffe Aszendent und 1. Haus werden daher auch synonym verwandt.
Man gibt grundsätzlich einem Haus den Beinamen des Tierkreizeichens, in dem es beginnt. Man sagt dazu auch „das Haus schneidet ein Tierkreizeichen an". Im Beispiel A rechts beginnt das 1. Haus (oder der Aszendent, AC) im Löwen. Man sagt daher: „1. Haus (oder AC) Löwe" oder „mein 1. Haus schneidet den Löwen an".
Je nachdem wie groß das 1. Haus ist, kann es noch im gleichen Zeichen (Abb. A), im nächsten (Abb. B) oder sogar im übernächsten Zeichen (Abb C) enden. Dennoch gibt immer das Zeichen dem Haus den Namen, mit denm es beginnt. Das ist auch dann der Fall, wenn das Haus wie im Beispiel D ganz zum Ende eines Zeichens beginnt und am Ende des übernächsten endet. Auch bei diesem Beispiel heißt es: „1. Haus im Steinbock". Allerdings werden die Zeichen, die an einem Haus beteiligt sind, in die Deutung des Hauses mit einbezogen.

Im folgenden Text werden die 12 Kombinationen aus 1. Haus und Tierkreiszeichen erörtert. Dabei kommen zum besseren Verständnis die Begriffe zur Anwendung, die auf den Seiten davor vorgestellt wurden.

Der Einfachkeit halber werden sie hier noch einmal aufgeführt:

- Widder / 1. Haus: *Startkraft.*
- Stier / 2. Haus: *Reichtum.*
- Zwillinge / 3. Haus *Information.*
- Krebs / 4. Haus: *Gefühl.*
- Löwe / 5. Haus *Selbstgewissheit.*
- Jungfrau / 6, Haus *Vernunft.*
- Waage / 7. Haus: *Ergänzung.*
- Skorpion / 8. Haus: *Hingabe.*
- Schütze / 9. Haus: *Einsicht.*
- Steinbock / 10. Haus: *Objektivität.*
- Wassermann / 11. Haus: *Umbruch.*
- Fische / 12. Haus: *Stille.*

AC oder 1. Haus im Widder
Ich fühle mich lebendig, spüre mehr Kraft, beginne zu rivalisieren und setze mich durch, wenn es um Wettkampf, Reibung, Energie oder männliche Stärke geht.
Archetypus der Seele: Der Eroberer, die Amazone.
Begriffspaar: *Startkraft* (für AC) und *Startkraft* (für Widder).

AC oder 1. Haus im Stier
Ich fühle mich lebendig, spüre mehr Kraft, beginne zu rivalisieren und setze mich durch, wenn es um Genuss, Sinnlichkeit, Verführung, weibliche Kraft oder Besitz geht.
Archetypus der Seele: Der Genießer, die sinnliche Frau.
Begriffspaar: *Startkraft* und *Reichtum.*

Abb A

Abb B

Abb C

Abb D

AC oder 1. Haus in den Zwillingen
Ich fühle mich lebendig, spüre mehr Kraft, beginne zu rivalisieren und setze mich durch, wenn es um Wissen, geistige Auffassung, Kontakt geht.
Archetypus der Seele: Bote/Botschafter.
Begriffspaar: *Startkraft* und *Information*.

AC oder 1. Haus im Krebs
Ich fühle mich lebendig, spüre Kraft, beginne zu rivalisieren und setze mich durch, wenn es um Gefühl, Geborgenheit und Nähe geht.
Archetypus der Seele: Der mütterliche Typ, die mütterliche Frau.
Begriffspaar: *Startkraft* und *Gefühl*.

AC oder 1. Haus im Löwen
Ich fühle mich lebendig, spüre mehr Kraft, beginne zu rivalisieren und setze mich durch, wenn es um Ausstrahlungskraft und Selbstgewissheit geht.
Archetypus der Seele: Der Vater, die väterliche Frau.
Begriffspaar: *Startkraft* und *Selbstgewissheit*.

AC oder 1. Haus in der Jungfrau
Ich fühle mich lebendig, spüre mehr Kraft, beginne zu rivalisieren und setze mich durch, wenn es um Selbständigkeit und Wachstum geht.
Archetypus der Seele: Engel.
Begriffspaar: *Startkraft* und *Vernunft*.

AC oder 1. Haus in der Waage
Ich fühle mich lebendig, spüre mehr Kraft, beginne zu rivalisieren und setze mich durch, wenn es um Harmonie, Kunst und Liebe geht.
Archetypus der Seele: Geliebte, Liebhaber.
Begriffspaar: *Startkraft* und *Ergänzung*.

AC oder 1. Haus im Skorpion
Ich fühle mich lebendig, spüre mehr Kraft, beginne zu rivalisieren und setze mich durch, wenn es um Tiefe und um Grenzen geht.
Archetypus der Seele: Der Magier, die Hexe.
Begriffspaar: *Startkraft* und *Hingabe*.

AC oder 1. Haus im Schützen
Ich fühle mich lebendig, spüre mehr Kraft, beginne zu rivalisieren und setze mich durch, wenn es um Bewusstheit und Einsicht geht.
Archetypus der Seele: Prophet.
Begriffspaar: *Startkraft* und *Einsicht*.

AC oder 1. Haus im Steinbock
Ich fühle mich lebendig, spüre mehr Kraft, beginne zu rivalisieren und setze mich durch, wenn es um Klarheit und den richtigen Standpunkt geht.
Archetypus der Seele: Der, die Bewahrende.
Begriffspaar: *Startkraft* und *Objektivität*.

AC oder 1. Haus im Wassermann
Ich fühle mich lebendig, spüre Kraft, beginne zu rivalisieren und setze mich durch, wenn es um geistige Erneuerung geht.
Archetypus der Seele: Rebell.
Begriffspaar: *Startkraft* und *Umbruch*.

AC oder 1. Haus in den Fischen
Ich fühle mich lebendig, spüre mehr Kraft, beginne zu rivalisieren und setze mich durch, wenn es um höhere Einsichten geht.
Archetypus der Seele: Der Mystiker, die Heilige.
Begriffspaar: *Startkraft* und *Stille*.

Frage und Antwort

Frage: Mein erstes Haus beginnt im Löwen und schließt die ganze Jungfrau mit ein. Hat das eine Bedeutung?
Antwort: Ja! Wenn ein Zeichen „eingeschlossen“ ist, färbt es das Haus, hier also das 1. Haus. Dann ist das 1. Haus nicht nur „löwehaft“ sondern auch „jungfrauhaft“.

Lektion 134:

Das 2. Haus

Im individuellen Horoskop erkennt man den ganz persönlichen Reichtum am 2. Haus. Wie eine Rose im Mai aus sich selbst heraus ihre einmalige Schönheit entwickelt, findet der Mensch in seinem 2. Haus den Stoff, durch den er sich selbst zum Blühen bringen kann, der ihn bereichert und der ihn mit den Anlagen seiner Seele versöhnt. Das 2. Haus hat Stier-Charakter und verweist auf den „Besitz“ einer Person. Es bedeutet Reichtum, Ausstrahlungskraft, Sinnlichkeit, Haben, Bestand, Besitz oder Lust.

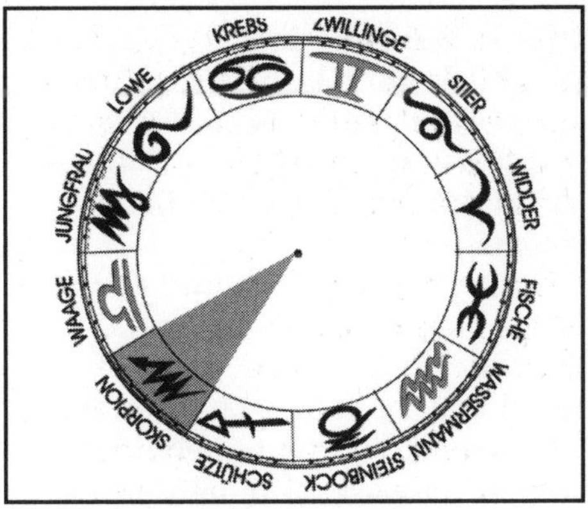

Das 2. Haus – Reichtum

2. Haus im Widder
Mein Reichtum liegt in der Fähigkeit, Impulse in Kraft zu verwandeln. Mein Reichtum ist meine Energie.
Begriffspaar: *Reichtum* und *Startkraft.*

2. Haus im Stier
Mein Reichtum liegt in meiner Sinnlichkeit und Ausstrahlungskraft. Mein Reichtum ist mein Körper und seine Sinnlichkeit.
Begriffspaar: *Reichtum* und *Reichtum.*

2. Haus in den Zwillingen
Mein Reichtum liegt in der Sammlung und Verarbeitung von Information. Mein Reichtum ist mein Verstand und meine Kontaktfähigkeit.
Begriffspaar: *Reichtum* und *Information.*

2. Haus im Krebs
Mein Reichtum liegt in der Stärke meiner Gefühle. Mein Reichtum ist mein intuitives Wissen.
Begriffspaar: *Reichtum* und *Gefühl.*

2. Haus im Löwen
Mein Reichtum liegt in meiner Überzeugung von mir selbst. Mein Reichtum ist meine Selbstgewissheit.
Begriffspaar: *Reichtum* und *Selbstgewissheit.*

2. Haus in der Jungfrau
Mein Reichtum liegt in meiner Fähigkeit, zu planen und in der Kraft meiner Vernunft. Mein Reichtum ist meine Fähigkeit, mich anzupassen und zu arbeiten.
Begriffspaar: *Reichtum* und *Vernunft.*

2. Haus in der Waage
Mein Reichtum liegt in meiner Liebesfähigkeit und meinem ausgleichenden Wirken. Mein Reichtum ist meine innere Harmonie.
Begriffspaar: *Reichtum* und *Ergänzung.*

2. Haus im Skorpion
Mein Reichtum liegt in verborgenen Tiefen meines Seins. Mein Reichtum liegt in der Kraft meiner Herkunft und meines Unterbewusstseins.
Begriffspaar: *Reichtum* und *Hingabe.*

2. Haus im Schützen
Mein Reichtum liegt in der Kraft meines Geistes. Mein Reichtum ist meine Weitsicht und meine Einsicht.
Begriffspaar: *Reichtum* und *Einsicht.*

2. Haus im Steinbock
Mein Reichtum liegt in meiner Ausdauer, Genauigkeit und in meiner Verbindung zur Gesetzmäßigkeit des Lebens. Mein Reichtum ist meine Übersicht und meine Standhaftigkeit.
Begriffspaar: *Reichtum* und *Maß.*

2. Haus im Wassermann
Mein Reichtum liegt in meiner Schöpferkraft. Mein Reichtum ist meine Wandlungsfähigkeit und mein Ideenreichtum.
Begriffspaar: *Reichtum* und *Umbruch.*

2. Haus in den Fischen
Mein Reichtum liegt in meiner Einfühlungskraft. Mein Reichtum ist meine Hilfsbereitschaft und meine Intuition.
Begriffspaar: *Reichtum* und *Stille.*

Frage und Antwort.

Frage: Mein zweites Haus beginnt mit Skorpion. Ich habe gelesen, dass man es mit zweitem Haus Skorpion im Leben zu nichts bringt, weil das Skorpionzeichen Verlust und Tod bedeutet. Jetzt habe ich Angst. Werde ich niemals etwas besitzen?

Antwort: Sie verwenden schon die negativste Interpretation. Es gibt auch noch ganz andere Deutungsmöglichkeiten mit zweitem Haus im Skorpion. Skorpion steht auch für das Vermächtnis, das man von seinen Ahnen übertragen bekommt. Das kann auch bedeuten (und ich kenne mehrere solche Fälle), dass man durch den Tod anderer wohl zu Reichtum kommt, also erbt. Auch ein Professor für Chemie kommt mir in den Sinn. Sein Vater konnte nicht studieren (Krieg). Er interessierte sich aber ungeheuer für Chemie und gab diesen Wunsch an seinen Sohn weiter, der heute infolge chemischer Patente Millionär ist.

Lektion 135:

Das 3. Haus

Im individuellen Horoskop entspricht das 3. Haus dem Tierkreiszeichen Zwillinge. Es verrät die typische Art zu denken. Es zeigt, wie man in den Raum tritt, anderen begegnet und sich mit ihnen austauscht. Das dritte Haus zeigt, den intellektuellen Austausch mit anderen und die Art der Selbstdarstellung.

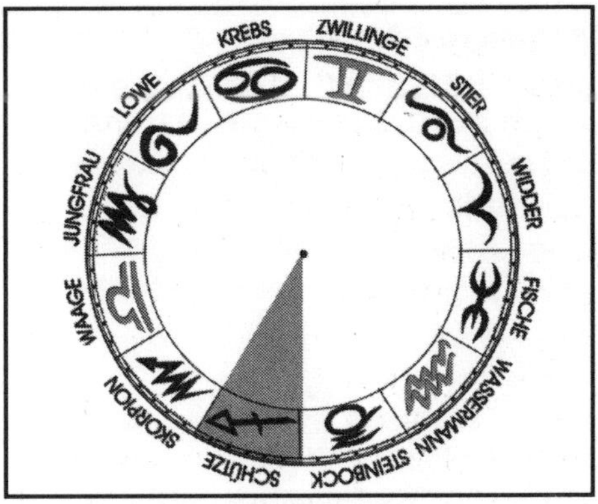

Das 3. Haus – Kommunikation

3. Haus im Widder
Ich lerne und tausche mich aus, wenn es um Risiko und Spannung geht. Ich brauche Anregungen und Konfrontation. Ich denke eher spontan, rasch und assoziierend. Ich gehe ganz schnell auf Menschen zu.
Begriffspaar: *Information* und *Startkraft.*

3. Haus im Stier
Ich lerne und tausche mich aus, wenn es um praktische Dinge geht. Ich spiele mit Sinnlichkeit und Schönheit. Ich denke eher sachlich und gründlich, benötige meine Zeit und fahre mich manchmal auch fest. Ich benötige Zeit und einen Grund, um anderen Menschen zu begegnen.
Begriffspaar: *Information* und *Reichtum.*

3. Haus in den Zwillingen
Ich lerne und tausche mich aus. Mein Denken ist rasch, streuend, nicht zielgerichtet, manchmal auch ungenau und oberflächlich. Ich finde leicht und überall Kontakt.
Begriffspaar: *Information* und *Information.*

3. Haus im Krebs
Ich lerne und tausche mich aus, wenn ich mich sicher fühle, wenn es um Gefühle geht. Mein Denken ist fließend, tief und verliert sich leicht. Ich brauche Vertrauen, um Kontakt zu schließen.
Begriffspaar: *Information* und *Gefühl.*

3. Haus im Löwe
Ich lerne und tausche mich aus, wenn ich keinen Druck spüre, ich selbst sein kann. Mein Denken ist selbstgewiss, manchmal auch verurteilend. Ich erwarte, dass man auf mich zuerst zukommt.
Begriffspaar: *Information* und *Selbstgewissheit.*

3. Haus in der Jungfrau
Ich lerne und tausche mich aus, wenn es um Systematik, Logik, Wissen und Erkennen geht. Mein Denken ist kritisch und verliert sich manchmal im Detail. Ich bin bei Kontaktaufnahmen sehr vorsichtig.
Begriffspaar: *Information* und *Vernunft.*

3. Haus in der Waage
Ich lerne und tausche mich aus, wenn es um Harmonie, Schönheit, Beziehung geht. Mein Denken ist verbindend, angleichend und manchmal beschönigend. Ich kann mich leicht in Andere versetzen. Begriffspaar: *Information* und *Ergänzung*.

3. Haus im Skorpion
Ich lerne und tausche mich aus, wenn es um Grenzen geht. Mein Denken ist bohrend, hintergründig. Begriffspaar: *Information* und *Hingabe*.

3. Haus im Schützen
Ich lerne und tausche mich aus, wenn ich Grenzen überschritten habe, mich frei fühle, eigene Einsichten entwickeln kann. Mein Denken ist großzügig, phantasievoll und manchmal verliere ich mich über den Wolken. Ich nehme rasch und unkompliziert Kontakt auf. Begriffspaar: *Information* und *Einsicht*.

3. Haus im Steinbock
Ich lerne und tausche mich aus, wenn es um Sachverstand und Wissen geht. Mein Denken ist sachlich, genau und manchmal auch verurteilend. Ich mache mir ein Urteil, bevor ich Kontakt aufnehme. Begriffspaar: *Information* und *Maß*.

3. Haus im Wassermann
Ich bin an Veränderung interessiert. Mein Denken ist sprunghaft, zündend, bizarr. Ich nehme leicht und spielerisch Kontakte auf. Begriffspaar: *Information* und *Umbruch*.

3. Haus in den Fischen
Ich bin interessiert und tausche mich aus, wenn es um Geheimnisse und Tiefgründiges geht. Mein Denken ist assoziierend und intuitiv. Begriffspaar: *Information* und *Stille*.

Frage und Antwort.

Frage: Mein 3. Haus beginnt ganz am Ende der Zwillinge (genau bei 29 Grad) und endet bei 28 Grad Krebs. Dann ist doch der Krebs viel wichtiger als die Zwillinge, weil viel mehr „drin steckt“, oder nicht?

Antwort: Nein, das ist nicht so! Am wichtigsten ist immer das Zeichen, das vom Hausbeginn angeschnitten wird, hier also Zwillinge. Allerdings prägt, wenn das nächste Zeichen so gewichtig ist, dieses das Haus ebenfalls, aber eben erst in zweiter Linie.

Lektion 136:

Das 4. Haus

Das vierte Haus beginnt mit dem Imum Coeli (IC). Das Tierkreiszeichen, das vom Imum Coeli angeschnitten wird, zeigt unseren Ursprung, die Art, wie wir in die Welt getreten sind, auch unsere früheste Kindheit. Es verweist auf die spezifische Art zu fühlen, zu empfangen und zu geben. Das 4. Haus hat Krebs-Charakter und sagt auch etwas über die Emotionalität des Horoskopbesitzers aus.

4. Haus im Widder
Als Kind war ich wild und lebendig. Ein richtiger Rabauke. Meine Rolle: das wilde Kind (Lausbube, Lausmädchen). Meine Gefühle sind impulsiv, spontan und direkt.
Begriffspaar: *Gefühl* und *Startkraft*.

4. Haus im Stier
Als Kind ging es mir vor allem um Lust und Befriedigung. Meine Rolle: das zufriedene Kind, ein Honigkuchenpferd (Wonneproppen). Meine Gefühle sind bedächtig.
Begriffspaar: *Gefühl* und *Reichtum*.

4. Haus in den Zwillingen
Als Kind war ich sehr kontaktfreudig, lebendig und wissbegierig. Meine Rolle: das wissbegierige Kind, manchmal altklug (Löcher-in-den-Bauch-fragen). Meine Gefühle sind zunächst unbestimmt, verstehend und vergleichend.
Begriffspaar: *Gefühl* und *Information*.

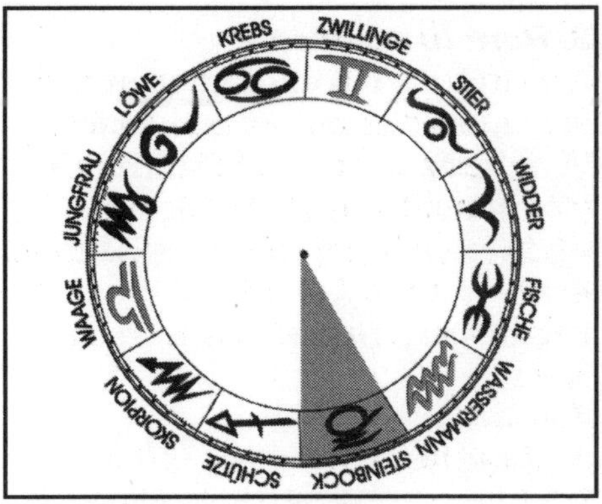

Das 4. Haus – Gefühl

4. Haus im Krebs
Als Kind war ich gefühlvoll, verträumt und zärtlich. Meine Rolle: das anhängliche Kind, das am Rockzipfel hängt (Schmuse-Kind). Ich reagiere empfindlich.
Begriffspaar: *Gefühl* und *Gefühl*

4. Haus im Löwen
Als Kind war ich besonders wichtig, ausdrucksstark, beliebt. Meine Rolle: das Wunschkind, der Mittelpunkt aller (Der kleine Prinz, Prinzessin). Meine Gefühle sind emphatisch und ichbetont.
Begriffspaar: *Gefühl* und *Selbstgewissheit*

4. Haus in der Jungfrau
Als Kind war ich vernünftig und früh einsichtig. Meine Rolle: das selbständige Kind, das sich mit sich alleine beschäftigen kann (pflegeleicht). Meine Gefühle sind kontrolliert und beziehen Überlegungen mit ein.
Begriffspaar: *Gefühl* und *Verstand*.

4. Haus in der Waage
Als Kind war ich ausgeglichen, fröhlich und zufrieden. Meine Rolle: der Vermittler, der ausgleichende Pol (Sonnenschein). Meine Gefühle sind verbindend. Ich bin anhänglich.
Begriffspaar: *Gefühl* und *Ergänzung.*

4. Haus im Skorpion
Als Kind war ich anders, rätselhaft und tiefgründig. Meine Rolle: Problemkind, teilweise Außenseiter, der/die Andere (Sorgenkind). Meine Gefühle sind tief, verletzlich und leidenschaftlich.
Begriffspaar: *Gefühl* und *Hingabe.*

4. Haus im Schützen
Als Kind war ich ein Träumer und Phantast. Meine Rolle: der kleine Forscher, der Bastler, der Tüftler (Gelehrte). Meine Gefühle sind allumfassend und voller Sehnsucht.
Begriffspaar: *Gefühl* und *Einsicht.*

4. Haus im Steinbock
Als Kind war ich früh selbständig und vernünftig. Meine Rolle: der kleine Erwachsene, der Kluge (der Tüchtige). Meine Gefühle sind sachlich und gedämpft.
Begriffspaar: *Gefühl* und *Maß.*

4. Haus im Wassermann
Als Kind war ich auffällig, besonders, einmalig. Meine Rolle: der Sonderling. Der, der aus der Rolle fällt (Kuckucksei). Meine Gefühle sind wechselhaft und widersprüchlich.
Begriffspaar: *Gefühl* und *Umbruch.*

4. Haus in den Fischen
Als Kind war ich still und zurückgezogen. Meine Rolle: das unverstandene Kind, der einsame Phantast (Träumer). Meine Gefühle sind unergründlich tief und schwer faßbar.
Begriffspaar: *Gefühl* und *Stille.*

Astro-Glossar

Im individuellen Horoskop entspricht der Krebs dem 4. Haus. Es heißt auch Imum Coeli oder IC und bedeutet übersetzt Himmelstiefe oder Mitternachtspunkt, weil es auf die Stelle zeigt, an dem die Sonne um Mitternacht steht. Das 4. Haus führt den Menschen zurück in seine früheste Kindheit und verrät seinen Ursprung und seine Herkunft. Im 4. Haus liegt die empfindsamste Stelle im ganzen Horoskop. Sie zeigt, was unter der Schale (Krebs) ist, was man im tiefsten Inneren versteckt. Unser 4. Haus wollen wir mit den Menschen teilen, die uns sehr vertraut sind. Das ist zuerst die Mutter, später ist es die Geliebte, der Freund, der Mann oder die Frau.

Lektion 137:

Das 5. Haus

Im individuellen Horoskop entspricht das 5. Haus dem Löwezeichen. Das 5. Haus ist wie ein Wegweiser, der zum eigenen „inneren König“ führt. Es verrät ihm, wo er sich wohlfühlt, was ihm Lust macht, ihn befriedigt und ihm damit das Gefühl von Selbstgewissheit vermittelt.

5. Haus im Widder
Ich fühle mich gut, wenn etwas los ist. Mein Selbstwertgefühl ist von meinen Erfolgen abhängig. In der Sexualität lebe ich eher die männliche, feurige Seite. Ich liebe, was ich tue.
Begriffspaar: *Selbstgewissheit* und *Startkraft.*

5. Haus im Stier
Mein Selbstwertgefühl hängt mit meiner Sinnlichkeit und Ausstrahlungskraft zusammen. Ich zeige mich gerne. In der Sexualität geht es mir um Bestätigung meiner Sinnlichkeit. Ich liebe, was ich habe.
Begriffspaar: *Selbstgewissheit* und *Reichtum.*

5. Haus in den Zwillingen
Mein Selbstwertgefühl hängt stark von meinem Wissen und meinen menschlichen Beziehungen ab. Sexualität ist eine Kommunikation zwischen zwei erotischen Körpern. Ich liebe, was ich weiß, und was mich neugierig macht.
Begriffspaar: *Selbstgewissheit* und *Information.*

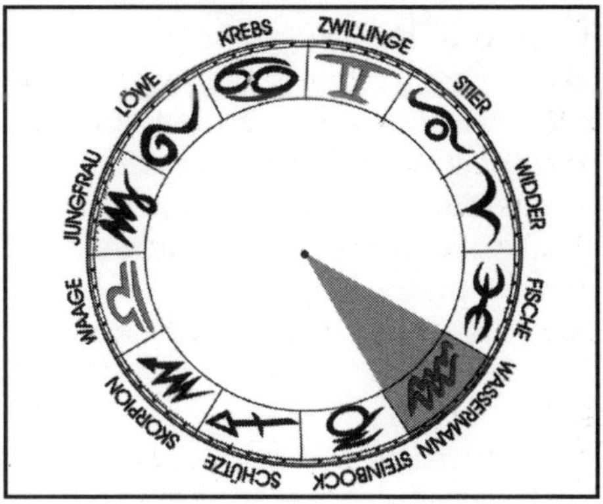

Das 5. Haus – Selbstgewissheit

5. Haus im Krebs
Mein Selbstwertgefühl hängt stark von meinem Befinden ab. Bei unklarer Stimmung verliere ich mich selbst. Zur Sexualität gehört für mich eine tiefe und vertrauensvolle Basis. Ich liebe, was ich spüre.
Begriffspaar: *Selbstgewissheit* und *Gefühl.*

5. Haus im Löwen
Mein Selbstwertgefühl wird durch meine Lust und ihre Erfüllung bestimmt. Am Liebsten tue ich das, was mir gefällt. In der Sexualität steht die Befriedigung meiner Bedürfnisse an erster Stelle. Ich liebe, wozu ich Lust habe.
Begriffspaar: *Selbstgewissheit* und *Selbstgewissheit.*

5. Haus in der Jungfrau
Mein Selbstwertgefühl ist stark mit Sicherheit verknüpft. In der Sexualität spielt Achtsamkeit die wichtigste Rolle, und ich denke primär an die Befriedigung meines Partners. Ich mag, wenn ich weiß, woran ich bin. Begriffspaar: *Selbstgewissheit* und *Vernunft*.

5. Haus in der Waage
Mein Selbstwertgefühl braucht zwischenmenschliche Harmonie. Sexualität ist ein beständiges Geben und Nehmen. Ich mag Schönheit. Begriffspaar: *Selbstgewissheit* und *Ergänzung*.

5. Haus im Skorpion
Mein Selbstwertgefühl wächst mit der Größe und der Schwierigkeit meiner Lebensaufgaben. Sexualität beinhaltet Leidenschaft und totale Hingabe. Ich liebe es, zu entdecken. Begriffspaar: *Selbstgewissheit* und *Hingabe*.

5. Haus im Schützen
Mein Selbstwertgefühl wächst mit einem Ziel und der Hoffnung es zu erreichen. Sexualität ist Vereinigung von Körper und Geist. Ich möchte dem Leben Sinn geben. Begriffspaar: *Selbstgewissheit* und *Einsicht*.

5. Haus im Steinbock
Mein Selbstwertgefühl wächst mit der Verantwortung, die ich habe. Sexualität ist ein Austausch heißer und kalter Energien. Begriffspaar: *Selbstgewissheit* und *Maß*.

5. Haus im Wassermann
Mein Selbstwertgefühl ist an meine Individualität geknüpft. Sexualität ist ein Austausch zwischen freien Individuen. Ich liebe, was andersartig ist. Begriffspaar: *Selbstgewissheit* und *Umbruch*.

5. Haus in den Fischen
Mein Selbstwertgefühl braucht die Empfindung von Stimmigkeit zwischen mir und dem Sein. Sexualität ist Verschmelzung. Ich liebe, was Grenzen verwischt. Begriffspaar: *Selbstgewissheit* und *Stille*.

Frage und Antwort.

Frage: In meinem Horoskop befindet sich kein einziger Planet im 5. Haus. Im Horoskop meiner Frau stehen jedoch gleich sieben Planeten im 5. Haus. Passen wir zusammen?

Antwort: Lieber Hans, es kommt häufig vor, daß sich zwei Menschen, die sich lieben, dermaßen ergänzen. Der eine hat, was dem anderen fehlt und umgekehrt. Keine Angst, Sie passen also prima zusammen. Allerdings ist auch klar, wer bei Ihnen beiden das Zepter in der Hand hält, nämlich Ihre Gattin Elfriede. Ich hoffe, Sie können mit dieser Dominanz gut umgehen und sind Ihrer Frau ein liebenswerter „Erster Zeremonienmeister“, dann steht Ihrem Beziehungsglück nichts im Wege.

Lektion 138:

Das 6. Haus

Dem 6. Haus kommt eine große Bedeutung zu. Dieser Abschnitt im Horoskop gibt Auskunft über die Arbeitsmotivation und das Geschick, mit den Anforderungen, die einem gestellt werden, umzugehen. Das 6. Haus hat Jungfrau-Charakter. Es gibt zudem Auskunft über das Thema Gesundheit.

6. Haus im Widder
Ich neige zu einem impulsiven und feurigen Umgang mit der beruflichen Wirklichkeit. Mein Problem ist, dass ich mich sehr schnell mit Vorgesetzten und Kollegen in die Haare bekomme. Ich muss lernen, mein Temperament zu zügeln. Meine Stärke ist, dass ich schnell Zusammenhänge begreife.
Begriffspaar: *Vernunft* und *Startkraft*.

6. Haus im Stier
Ich bin ein gründlicher Arbeiter. Mir gestellte Aufgaben nehme ich mir en detail vor und versuche Fehler zu vermeiden, was mir auch sehr gut gelingt. Ich bin sehr gut beim Überprüfen und Korrigieren. Ich habe auch gute handwerkliche Fähigkeiten. Mein Problem ist, dass ich manchmal langsam bin und dass es mir schwer fällt, mich auf neue Umstände einzustellen.
Begriffspaar: *Vernunft* und *Reichtum*.

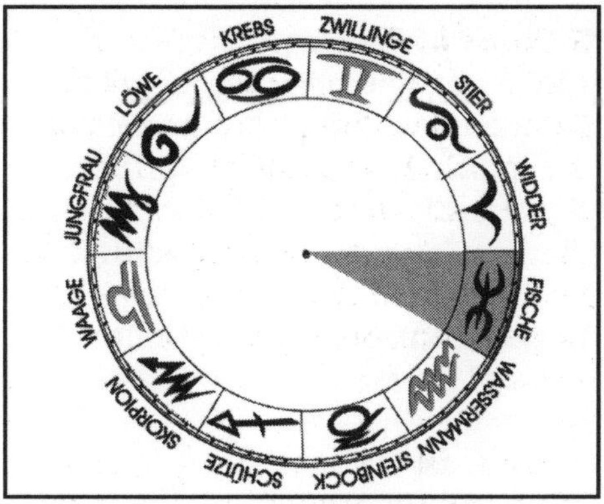

Das 6. Haus – Vernunft

6. Haus in den Zwillingen
Ich begreife und verstehe alles sehr leicht, kann mich schnell auf eine neue Situation einstellen und schließe schnell Kontakt mit meinen Chefs, Kollegen, Geschäftspartnern und Kunden. Meine Stärken liegen im Verkauf. Mein Nachteil ist, dass ich mich leicht ablenken lasse und schlecht bei einer Sache bleiben kann.
Begriffspaar: *Vernunft* und *Information*.

6. Haus im Krebs
Mein Arbeitsverhalten ist stark von meinen Gefühlen abhängig. Geht es mir gut, habe ich auch Erfolge. Geht es mir schlecht, gelingt mir mehr oder weniger nichts. Meine Stärke ist, zu einem guten Arbeitsklima beizutragen. Ich habe auch schöne, kreative Seiten, die mir schon manchen Vorteil eingebracht haben.
Begriffspaar: *Vernunft* und *Gefühl*.

6. Haus im Löwen
Ich arbeite selbstbewusst und bin mir meiner selbst sicher. Meine Stärke ist, dass ich glaubhaft auftrete und, wenn es sein muss, über riesige Energien verfüge. Mein Nachteil ist, dass ich mich schlecht an eine Situation anpasse, die mir nicht gefällt. Ich muss lernen, „am Ball zu bleiben".
Begriffspaar: *Vernunft* und *Selbstgewissheit.*

6. Haus in der Jungfrau
Ich bin sehr anpassungsfähig. Ich verstehe es gut, jeweils das Beste aus den Möglichkeiten herauszuschlagen. Mein Nachteil ist, dass ich zuwenig eigenständig bin. Ich muß lernen, mich besser zu verkaufen.
Begriffspaar: *Vernunft* und *Vernunft.*

6. Haus in der Waage
Ich kann mich in meine Arbeit verlieben. Sie muss mir aber auch gefallen. Für „Jobs" bin ich nicht zu haben. Ich bin gut im Verkauf, kann Kunden sehr leicht überzeugen. Mein Nachteil ist, dass ich anspruchsvoll bin.
Begriffspaar: *Vernunft* und *Ergänzung.*

6. Haus im Skorpion
Ich bin ein leidenschaftlicher Arbeiter. Ich opfere mich für meinen Beruf auf und erwarte dafür auch eine entsprechende Entlohnung. Ich bin gut, wenn es hart auf hart kommt. Meine Schwäche ist, dass ich ungern nachgebe.
Begriffspaar: *Vernunft* und *Hingabe.*

6. Haus im Schützen
Ich kann mich für meine Arbeit enorm begeistern. Dann leiste ich auch Großartiges. Es muss aber auch immer etwas los sein bei der Arbeit. Ein langweiliger Job lähmt mich. Mein Nachteil ist, dass ich manchmal ein wenig über den Wolken schwebe. Ich brauche immer wieder Bodenkontakt.
Begriffspaar: *Vernunft* und *Einsicht.*

6. Haus im Steinbock
Ich bin ein guter Arbeiter, und ich gebe alles, um zur Spitze zu gelangen. Ich erledige jeden Auftrag promt und besitze die natürliche Veranlagung für eine Chefposition. Mein Nachteil ist, dass ich zu streng und zu kritisch bin.
Begriffspaar: *Vernunft* und *Maß.*

6. Haus im Wassermann
Ich habe Probleme in jeder normalen Arbeitssituation, in der Hierarchien vorgegeben sind. Ich brauche niemanden, der mich antreibt. Ich bin daher der geborene Selbständige. Ich bin ausserdem ein leidenschaftlicher Tüftler und Erfinder.
Begriffspaar: *Vernunft* und *Umbruch.*

6. Haus in den Fischen
Mir hilft beim Arbeiten mein siebter Sinn. Ich ahne, wie und wo ich Erfolg habe. Ich bin sehr hilfsbereit und lasse meine Firma nie im Stich. Ich beanspruche aber auch einen bestimmten Grad an Selbständigkeit. Mein Nachteil ist meine Vergesslichkeit.
Begriffspaar: *Vernunft* und *Stille.*

Lektion 139:

Das 7. Haus

Das 7. Haus öffnet Räume der Liebe und Partnerschaft. Es verrät die Wünsche und Träume, Hindernisse und Enttäuschungen, welche zwei Menschen in Ihrem gemeinsamen Leben miteinander erleben. Im 7. Haus wächst das Ich und das Du zusammen. Man nennt dieses Haus auch das „Partnerhaus". Es gibt Auskunft über den Austausch mit der Öffentlichkeit, der Wahl eines Partners und dem Drang zu gefallen. Für das 7. Haus wird der Begriff *Ergänzung* gewählt. Aber auch Worte wie Entsprechung, Verbindung, Entspannung, Liebe, Beziehung oder Partnerschaft wären geeignete Übersetzungen des 7. Hauses. Das 7. Haus beinhaltet unbewusste Wunsch- und Idealbilder über den Partner. Es nennt die Eigenschaften, Wesenszüge und Verhaltensweisen, die uns an anderen Menschen anziehen und faszinieren, weil sie in uns selbst schlummern und erweckt werden wollen. Wir delegieren unser 7. Haus an einen Partner und teilen die Partnerschaft auf: Was wir selbst in die Beziehung einbringen wollen, und was unser Partner beisteuern soll. Dabei fungiert der Partner als Modell, damit wir die Anlage unseres 7. Hauses selbst verwirklichen können. Man nennt den Beginn des 7. Hauses auch Deszendent oder DC. Das ist der Punkt, an dem die Sonne im Westen untergeht.

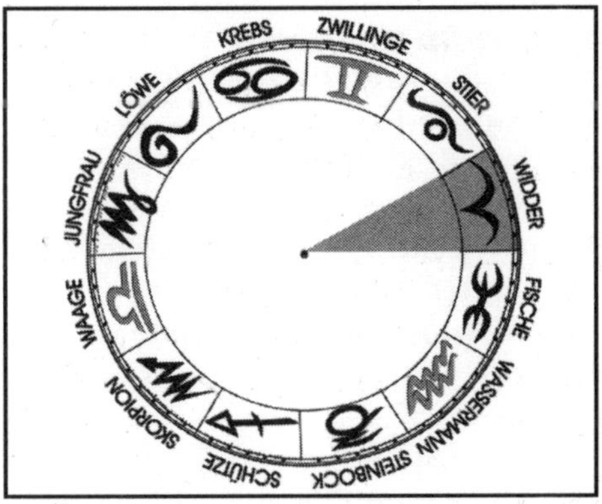

Das 7. Haus – Ergänzung

7. Haus im Widder

Ich suche einen Partner, der tatkräftig, Ich-betont, energievoll, feurig ist, damit ich diese Züge selbst entwickeln kann.
Wunschbild: Der erobernde Held, die feurige Amazone.
Begriffspaar: *Ergänzung* und *Startkraft.*

7. Haus im Stier

Ich suche einen Partner, der sinnlich, erdig und beständig ist, damit ich diese Züge selbst entwickeln kann.
Wunschbild: Der Satyr, die lustbetonte Frau.
Begriffspaar: *Ergänzung* und *Reichtum.*

7. Haus in den Zwillingen

Ich suche einen Partner, der leicht, kontaktfreudig und unterhaltend ist, damit ich diese Züge selbst entwickeln kann.
Wunschbild: Der Lebemann, die Frau von Welt.
Begriffspaar: *Ergänzung* und *Information.*

7. Haus im Krebs
Ich suche einen Partner, der gefühlvoll, mütterlich und empfänglich ist, damit ich diese Züge selbst entwickeln kann.
Wunschbild: Der väterliche Mann, die mütterliche Geliebte.
Begriffspaar: *Ergänzung* und *Gefühl.*

7. Haus im Löwen
Ich suche einen Partner, der selbstbewusst und natürlich ist, damit ich diese Züge selbst ausprobieren und entwickeln kann.
Wunschbild: Der Prinz, die Prinzessin.
Begriffspaar: *Ergänzung* und *Selbstgewissheit.*

7. Haus in der Jungfrau
Ich suche einen Partner, der zuverlässig und erdverbunden ist, damit ich selber so werden kann.
Wunschbild: Der zu erweckende Liebhaber, die keusche Geliebte.
Begriffspaar: *Ergänzung* und *Vernunft.*

7. Haus in der Waage
Ich suche einen Partner, der harmonisch, ausgleichend und rücksichtsvoll ist, damit ich diese Züge selbst entwickeln kann.
Wunschbild: Der vollendete Liebhaber, die vollendete Geliebte.
Begriffspaar: *Ergänzung* und *Ergänzung.*

7. Haus im Skorpion
Ich suche einen Partner, der tiefgründig, geheimnisvoll und leidenschaftlich ist, damit ich diese Züge selbst entwickeln kann.
Wunschbild: Der Besessene, die Verführerin.
Begriffspaar: *Ergänzung* und *Hingabe.*

7. Haus im Schützen
Ich suche einen Partner, der weltoffen ist, damit ich selber so werden kann.
Wunschbild: Der Abenteurer, die Weltenbummlerin.
Begriffspaar: *Ergänzung* und *Freiheit.*

7. Haus im Steinbock
Ich suche einen Partner, der realistisch und klar ist, damit ich selber so werden kann.
Wunschbild: Der abweisende Liebhaber, die beherrschte Geliebte.
Begriffspaar: *Ergänzung* und *Maß.*

7. Haus im Wassermann
Ich suche einen Partner, der ungebunden und voller Überraschungen ist, damit ich diese Züge selbst entwickeln kann.
Wunschbild: Der individuelle Liebhaber, die einmalige Geliebte.
Begriffspaar: *Ergänzung* und *Umbruch.*

7. Haus in den Fischen
Ich suchen einen Partner, der sensibel und gefühlvoll ist, damit ich diese Züge selbst entwickeln kann.
Wunschbild: Der unverstandene Liebhaber, die unergründbare Geliebte.
Begriffspaar: *Ergänzung* und *Stille.*

Lektion 140:

Das 8. Haus

Dem Zeichen Skorpion entspricht im individuellen Horoskop das 8. Haus. Das Tierkreiszeichen, welches vom 8. Haus angeschnitten wird, zeigt, was der Mensch in besonderer Weise hinterfragen und loslassen muss, um zu wachsen. Das 8. Haus nennt die Prüfungen im Leben und verweist auf Ebenen, die sowohl Angst als auch einen Sog ausüben. Dort begegnet man der Todesangst und sehnt sich zugleich nach Auflösung. Der Begriff *Hingabe* drückt die Qualität des 8. Hauses gut aus. Genauso geeignet wären Worte wie Aufgabe, Vergänglichkeit, Tod, „Stirb und Werde" oder Transformation. Im Begriff *Hingabe* ist aber der sinnhafte Bezug zur Sexualität am deutlichsten.

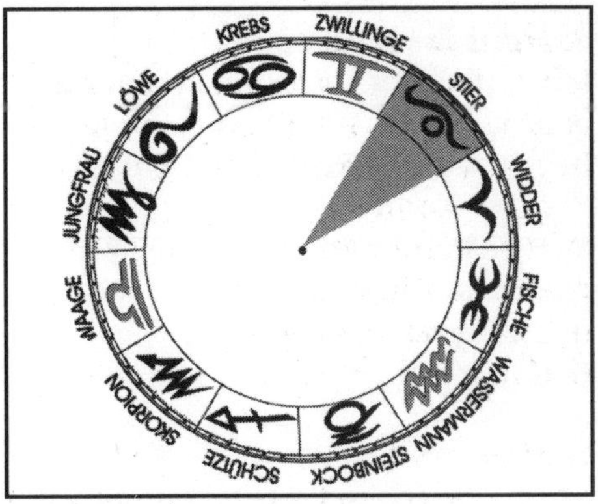

Das 8. Haus – Hingabe

8. Haus im Widder
Ich bin stark, indem ich meine Kraft nicht vergeude, sondern für wichtige Ziele einsetze.
Begriffspaar: *Hingabe* und *Startkraft*.

8. Haus im Stier
Ich bin reich, indem ich lerne zu teilen.
Begriffspaar: *Hingabe* und *Reichtum*.

8. Haus in den Zwillingen
Ich erlange wirkliches Wissen, indem ich erkenne, dass ich nichts weiß.
Begriffspaar: *Hingabe* und *Information*.

8. Haus im Krebs
Ich finde wahre Geborgenheit, indem ich meine Schutzlosigkeit und Verletzlichkeit annehme.
Begriffspaar: *Hingabe* und *Gefühl*.

8. Haus im Löwen
Ich finde Stärke, indem ich dem Leben vertraue.
Begriffspaar: *Hingabe* und *Selbstgewissheit*.

8. Haus in der Jungfrau
Ich finde Sicherheit, indem ich dem Schicksal vertraue.
Begriffspaar: *Hingabe* und *Vernunft*.

8. Haus in der Waage
Ich finde Liebe, indem ich der Liebe vertraue.
Begriffspaar: *Hingabe* und *Ergänzung*.

8. Haus im Skorpion
Ich finde Stärke, indem ich loslasse.
Begriffspaar: *Hingabe* und *Hingabe*

8. Haus im Schützen
Ich finde Erkenntnis, indem ich glaube.
Begriffspaar: *Hingabe* und *Einsicht.*

8. Haus im Steinbock
Ich finde einen Halt, indem ich mich führen lasse.
Begriffspaar: *Hingabe* und *Maß.*

8. Haus im Wassermann
Ich finde Freiheit, indem ich den richtigen Idealen folge.
Begriffspaar: *Hingabe* und *Umbruch.*

8. Haus in den Fischen
Ich finde Frieden, indem ich mich selbst zurücknehme.
Begriffspaar: *Hingabe* und *Stille.*

Astro-Wiederholung

- Der Aszendent ist identisch mit dem Beginn meines ersten Hauses.
- Das 2. Haus symbolisiert meinen Reichtum. Aber mit Reichtum ist nicht nur materieller Reichtum gemeint.
- Das 3. Haus steht für meine Kommunikations- und Informationsmöglichkeiten. Es zeigt, wie ich mich verständige und auftrete.
- Das 4. Haus verrät meine „Herkunft". Der Beginn des 4. Hauses heißt Imun coeli (IC). Das ist die empfindlichste Stelle in einem Horoskop.
- Das 5. Haus nennt den Bereich, in dem ich mir sicher bin.
- Das 6. Haus zeigt, wie ich mich in der Welt zurechtfinde.
- Das 7. Haus zeigt, welchen Partner ich bevorzuge, was und wer mich ergänzt
- Das 8. Haus zeigt, wo ich Halt und Stärke finde.

Lektion 141:

Das 9. Haus

Im individuellen Horoskop, das mit dem Aszendenten oder dem 1. Haus beginnt, entspricht dem Tierkreiszeichen Schütze das 9. Haus. Es zeigt jedem Menschen sein ganz persönliches Feld, auf dem er durch Beobachtung und Bewusstwerdung wachsen und geistige Reife erlangen kann. Das Tierkreiszeichen, das vom 9. Haus angeschnitten wird, zeigt den Weg der lebenslangen Suche und das Ziel. Das 9. Haus ist auch das Feld, in dem der Mensch persönliche Unabhängigkeit und Freiheit erlangen möchte. Der astrologische Begriff für dieses Haus heißt *Einsicht*. Aber Worte wie Bewusstsein, Bewusstheit, Aufmerksamkeit, Geist, Idee, Begeisterung oder Freiheit wären ebenfalls passend.

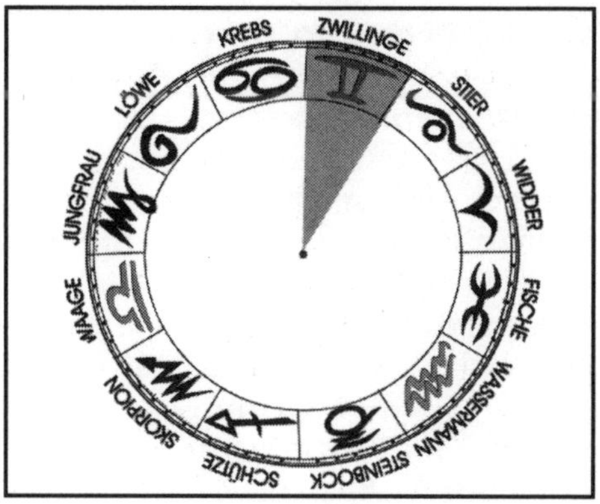

Das 9. Haus – Einsicht

9. Haus im Widder
Ich versuche die Kraft des Bewusstseins in meine Handlungen, Antriebe und Impulse hineinzutragen. Ich erkenne endlich, was ich wirklich will. Ich treibe meine Freiheit mit großer Kraft voran.
Begriffspaar: *Einsicht* und *Startkraft.*

9. Haus im Stier
Ich versuche die Kraft des Bewusstseins in meinen Reichtum und in meine Ausstrahlungskraft hineinzutragen. Ich erkenne endlich, was ich wirklich brauche.
Begriffspaar: *Umbruch* und *Reichtum.*

9. Haus in den Zwillingen
Ich versuche die Kraft des Bewusstseins mit meinen Informationen und Kontakten zu verbinden. Ich erkenne endlich, was wirklich wichtig ist.
Begriffspaar: *Einsicht* und *Information.*

9. Haus im Krebs
Ich versuche die Kraft des Bewusstseins in meine Gefühle und meine Herkunft hineinzutragen. Ich erkennen endlich, woher ich wirklich komme.
Begriffspaar: *Einsicht* und *Gefühl.*

9. Haus im Löwen
Ich versuchen die Kraft des Bewusstseins mit meinen Erfahrungen von mir selbst zu verbinden. Ich erkennen endlich, wer ich wirklich bin.
Begriffspaar: *Einsicht* und *Selbstgewissheit.*

9. Haus in der Jungfrau
Ich versuche die Kraft des Bewusstseins in meine Arbeit hineinzutragen. Ich erkenne endlich, was ich wirklich vollbringen kann.
Begriffspaar: *Einsicht* und *Vernunft*.

9. Haus in der Waage
Ich versuche die Kraft des Bewusstseins in meine Beziehungen hineinzutragen und ich erkenne endlich, was Liebe wirklich bewirkt.
Begriffspaar: *Einsicht* und *Ergänzung*.

9. Haus im Skorpion
Ich versuche mit der die Kraft des Bewusstseins meinen Ängsten zu begegnen. Ich finde endlich, was mich wirklich erlöst.
Begriffspaar: *Einsicht* und *Hingabe*.

9. Haus im Schützen
Ich suche die Kraft des Bewusstseins und erkenne in ihm endlich einen Lichtstrahl des Absoluten.
Begriffspaar: *Einsicht* und *Einsicht*.

9. Haus im Steinbock
Ich versuche die Kraft des Bewusstseins mit meiner Selbstverwirklichung zu verbinden. Ich erkenne endlich meine Bestimmung und mein wirkliches Ziel.
Begriffspaar: *Einsicht* und *Maß*.

9. Haus im Wassermann
Ich versuche die Kraft des Bewusstseins mit dem Drang nach Freiheit zu verbinden. Ich erkenne endlich die Freiheit in mir selbst.
Begriffspaar: *Einsicht* und *Umbruch*.

9. Haus in den Fischen
Ich versuche die Kraft des Bewusstseins mit Stille und Meditation zu verbinden und finde inneren Frieden.
Begriffspaar: *Einsicht* und *Stille*.

Frage und Antwort.

Frage: Mein 9. Haus beginnt in der Waage und endet im Schützen. Ich habe aufgeschnappt, dass „eingeschlossene Zeichen“, bei mir also Skorpion, schlecht sind. Ich kann damit überhaupt nichts anfangen. Würden Sie es mir erklären?

Antwort: Ein „großes“ 9. Haus hat auf keinen Fall zu bedeuten, dass dies schlecht ist. Im Gegenteil. Ihr 9. Haus ist sehr vielfältig. Sie können sich darüber freuen. Ihr 9. Haus hat nämlich gleich 3 Qualitäten aufzuweisen. In erster Linie ist dies Waage (primär), in zweiter Linie Skorpion (sekundär) und in dritter Linie Schütze (tertiär). D.h. Sie müssen bei der Betrachtung Ihres 9. Hauses alle 3 Qualitäten berücksichtigen, und zwar in der Reihenfolge. Im Ihrem Fall bedeutet das, dass Sie Ihr höchstes Ziel in erster Linie Liebe, in zweiter Gefühl und in dritter Freiheitsliebe ist.

Lektion 142:

Das 10. Haus

Auf der Ebene des 10. Zeichens betrachtet sich der Mensch nicht mehr von innen, sondern von außen. Alles was er fühlt, spürt, weiß, sieht oder denkt, ist im Spiegel der Energie des zehnten Hause nur flüchtig und vergänglich. Wie der Winter die Natur zensiert, legt das 10. Haus an die Vielfalt menschlicher Verwirklichung ein objektives Maß. Der große Psychologe und Arzt Sigmund Freud entwickelte ein Modell der menschlichen Psyche. Er sprach von Es, Ich und Über-Ich. Das Es umfaßt alle unbewussten Triebe und Instinkte. Das Ich steht für die bewussten Prozesse und das Über-Ich ist eine Kontroll-Instanz. Darin stecken individuell verinnerlichte Normen, Ansprüche und Werte, die meistens unbewusst sind, weil sie bereits in der frühen Kindheit verinnerlicht werden. Das Tierkreiszeichen, das vom 10. Haus angeschnitten wird, nennt Maß und Soll. In der Fachsprache der Psychoanalyse zeigt das 10. Haus die persönlichen Inhalte des Über-Ichs. Man nennt den Beginn des 10. Hauses auch MC oder Medium Coeli. Das ist der Mittagspunkt, an dem die Sonne zur Mittagszeit steht. Gemeinsam mit dem Aszendenten (AC), dem Imum Coeli (IC) und dem Deszendenten (DC) bildet der MC das astrologische Achsenkreuz. Für das 10. Haus wird der Begriff *Maß* gewählt. Aber genauso würden Worte wie Standpunkt,
Ehrgeiz, Konzentration, Bewahrung und ähnliche Begriffe das 10. Haus oder den MC astrologisch umschreiben. Das 10. Haus gibt Auskunft über Ruf und Berufung.

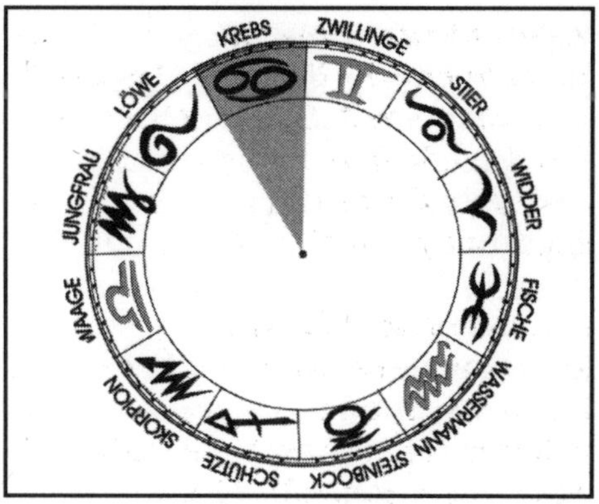

Das 10. Haus – Einsicht

10. Haus im Widder
Ich muss stark und unerschrocken sein, ich darf keine Angst zeigen.
Lebensziel: Beherrscher der Lebendigkeit.
Begriffspaar: *Maß* und *Startkraft.*

10. Haus im Stier
Ich muss sinnlich sein und Besitz aufweisen. Ich muss etwas aus mir hervorbringen und veräußerlichen, das fest, real, praktisch und von Erd-Energie getragen ist.
Lebensziel: Beherrscher der Schönheit.
Begriffspaar: *Maß* und *Reichtum.*

10. Haus in den Zwillingen
Ich muss aktiv und informiert sein und möglichst viele Menschen kennen.
Lebensziel: Beherrscher der Informationen.
Begriffspaar: *Maß* und *Information.*

10. Haus im Krebs
Ich muss gefühlvoll und mütterlich sein. Ich muss etwas hervorbringen, das anderen Menschen Schutz und Geborgenheit vermittelt.
Lebensziel: Beherrscher der Geborgenheit.
Begriffspaar: *Maß* und *Gefühl.*

10. Haus im Löwen
Ich muss stark und selbstgewiss sein. Ich muss etwas hervorbringen, das überzeugend ist.
Lebensziel: Beherrscher des Lichts.
Begriffspaar: *Maß* und *Selbstgewissheit.*

10. Haus in der Jungfrau
Ich muss vernünftig und flexibel sein. Ich muss etwas hervorbringen, das verlässlich ist, die Zukunft berücksichtigt und von Erd-Energie getragen ist.
Lebensziel: Beherrscher der Wirklichkeit.
Begriffspaar: *Maß* und *Vernunft.*

10. Haus in der Waage
Ich muss harmonisch und verbindend sein. Ich muss etwas hervorbringen, was ästhetisch ist, Menschen verbinden kann und von Luft-Energie getragen ist.
Lebensziel: Beherrscher der Liebe.
Begriffspaar: *Maß* und *Ergänzung.*

10. Haus im Skorpion
Ich muss tief, hinterfragend sein. Ich muss etwas hervorbringen, das Schatten bannen kann und von der Energie des Wassers getragen ist.
Lebensziel: Beherrscher der Magie.
Begriffspaar: *Maß* und *Hingabe.*

10. Haus im Schützen
Ich muss wissend sein. Ich muss etwas hervorbringen, das Körper und Geist verbindet.
Lebensziel: Beherrscher des Glaubens.
Begriffspaar: *Maß* und *Einsicht.*

10. Haus im Steinbock
Ich muss klar und ausdauernd sein. Ich muss etwas hervorbringen, was objektiv und verbindlich, von Erd-Energie getragen ist.
Lebensziel: Beherrscher der Konzentration.
Begriffspaar: *Maß* und *Maß.*

10. Haus im Wassermann
Ich muss individualistisch und ungebunden sein. Ich muss etwas hervorbringen, das extravagant und zukunftsorientiert und von Luft-Energie getragen ist.
Lebensziel: Beherrscher der Freiheit.
Begriffspaar: *Maß* und *Umbruch.*

10. Haus in den Fischen
Ich muss besonnen und einfühlsam sein. Ich muss etwas hervorbringen, das weit, offen, abstrakt oder vom Gedanken des Mitgefühls und von der Energie des Wassers getragen ist.
Lebensziel: Beherrscher der Stille.
Begriffspaar: *Maß* und *Stille.*

Das 10. Haus (das Medium Coeli) und mein Beruf

Während der Aszendent das im Osten aufgehende Zeichen benennt, verweist das Medium Coeli, kurz MC, nach Süden, bezeichnet also dasjenige Tierkreiszeichen, das in der Himmelsmitte steht.

Das Tierkreiszeichen, das es anschneidet, zeigt den Bereich, in dem man tätig werden muss, um seinen gesellschaftlichen, letztlich kosmischen Auftrag zu erfüllen. Wenn man im Leben etwas erschafft, zum Beispiel ein Buch veröffentlicht, eine eigene Firma gründet, ein Café oder eine Praxis betreibt, dann verwirklicht man einen spezifischen MC. Jeder Beruf kann auch als Realisierung eines Medium Coelis angesehen werden.

Seinen AC zu verwirklichen, ist eine höchst individuelle, in gewisser Weise auch egoistische Angelegenheit. Das MC hingegen ist stets etwas Allgemeinverbindliches.

Wer einen Beruf ausübt, bindet sich in das gesellschaftliche Netz. Als Bäcker beispielsweise verkauft er Brötchen und muss damit morgens verfügbar sein. Er kann seine Waren nicht nach Lust und Laune feilbieten, das wäre eine Arbeit im Sinne der Sonne oder des Aszendenten. Die MC-Erfüllung bringt Pflichten, Aufgaben und Verantwortung mit sich, die man auf sich nehmen muss, ob man mag oder nicht.

Noch deutlicher wird dies bei einem Arzt. Er ist durch das Gesetz zu Hilfe und Heilung verpflichtet. Er kann nicht, weil er gerade keine Lust hat, einen Kranken wieder nach Hause schicken. Seinen MC erfüllen heißt also verfügbar sein – jenseits eigener Interessen. Des weiteren bedeutet es, erkennbar zu sein. Viele Arbeitskleider und Uniformen sind unter anderem dafür gedacht, den spezifischen Beruf erkennbar zu machen. Des weiteren steht der Arzt im Branchenbuch der Post und besitzt ein Türschild, auf dem sein Name nebst beruflicher Spezifizierung und Praxiszeiten vermerkt sind. Das alles ist allgemein gültig und entspricht somit astrologisch betrachtet dem MC.

Das MC fordert vom Menschen Überpersönliches, also mehr als sein Können, seine Lust, seine Kreativität und seine persönlichen Absichten. Manchmal sind diese MC-Anforderungen sogar so groß, daß sich ein Individuum davon erdrückt glaubt. Später wird aufgezeigt werden, daß besonders Planeten im 10. Haus zu einem unerträglichen Druck führen können: Man spürt die Bestimmung, den Ruf, aber wähnt sich ihm nicht gewachsen.

Der Beruf aus der Perspektiv des MC nimmt einen also in die Pflicht. Dafür gibt er Halt, verleiht Sicherheit, allgemeine Anerkennung und gibt dem Leben Sinn. Auf vielen Grabsteinen findet sich neben Namen, Geburts- und Todestag auch noch der Beruf, so, als sollte damit ausgedrückt werden, dass das Leben eines Menschen durch seinen Beruf erst bedeutsam, wichtig und sinnhaft geworden ist. Das Medium Coeli verweist immer auch auf einen kosmischen oder menschheitsübergeifenden Beitrag des Einzelnen. Aus kosmischer Sicht ist die Schöpfung eine in sich geschlossene Einheit, in der alles mit allem verbunden ist. Das Medium Coeli zeigt an, worüber sich der Einzelne mit dem Ganzen verbindet, was er als Einzelner dem All-Einen schuldet. Mit MC Waage lautet diese kosmische Pflicht vielleicht Schönheit. Mit MC Stier Sinnlichkeit. Mit MC Fische Geduld und Demut.

Der Beruf krönt das menschliche Leben, so wie das MC, der Mittagspunkt, ein Horoskop krönt, weil er auf die höchste Stelle im Horoskop verweist.

Lektion 143:

Das 11. Haus

Im individuellen Horoskop entspricht dem Wassermann das 11. Haus. Das Tierkreiszeichen, das vom 11. Haus angeschnitten wird, nennt das Feld, auf dem Veränderungen möglich und nötig sind. Dort sucht der Mensch den Sprung aus der Routine, aus der Form. Dort erhält er einen geistigen Gedankenblitz und dort besteht auch die Gefahr, dass er sich in einer Art Wirklichkeitsflucht hinter Türen aus Rauch selbst verliert. In diesem Zusammenhang wurde der Begriff *Umbruch* gewählt. Aber Worte wie Umpolung, Erneuerung, Plötzlichkeit, Befreiung, Rebellion oder Umstrukturierung wären genauso geeignete Begriffe, um das 11. Haus astrologisch zu beschreiben.

11. Haus im Widder
Ich suche ein Leben in Friedlichkeit und ohne Konkurrenz.
Geisteskraft statt Muskelkraft!
Mögliches Fluchtmotiv: Das Leben ist mir zu aggressiv und wild.
Begriffspaar: *Umbruch* und *Reichtum.*

11. Haus im Stier
Ich suchen meine individuelle und ganz persönliche Note.
Sein statt Haben!
Mögliches Fluchtmotiv: Das Leben ist zu materialistisch.
Begriffspaar: *Umbruch* und *Reichtum.*

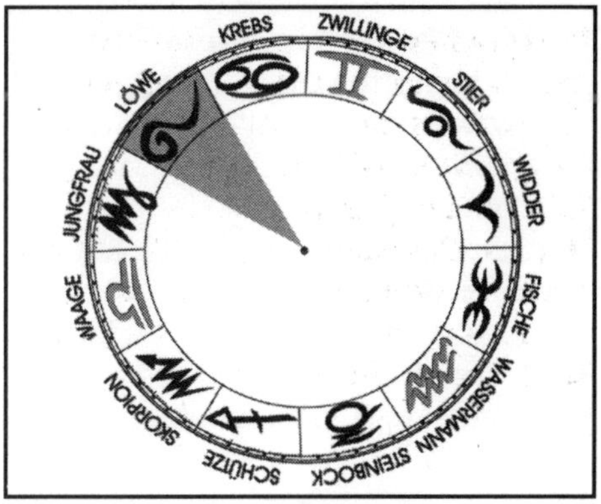

Das 11. Haus – Umbruch

11. Haus in den Zwillingen
Ich suche Befreiung aus Lern- und Wissenszwängen.
Ahnung und Intuition statt Wissen!
Mögliches Fluchtmotiv: Die Welt ist mir zu oberflächlich und hohl.
Begriffspaar: *Umbruch* und *Information.*

11. Haus im Krebs
Ich suche Befreiung aus den Zwängen der Familie.
Universalität statt Heimat!
Mögliches Fluchtmotiv: Ich finde die familiäre Geborgenheit erdrückend.
Begriffspaar: *Umbruch* und *Gefühl.*

11. Haus im Löwen
Ich suche die Überwindung von Ich-Bezogenheit und Egoismus.
Schöpferkraft statt Lust!
Mögliches Fluchtmotiv: Das Leben ist mir viel zu ich-bezogen.
Begriffspaar: *Umbruch* und *Selbstgewissheit.*

11. Haus in der Jungfrau
Ich suche Befreiung aus Anpassungszwängen.
Originalität statt Vernunft!
Mögliches Fluchtmotiv: Das Leben ist mir zu geradlinig und angepasst.
Begriffspaar: *Umbruch* und *Vernunft*.

11. Haus in der Waage
Ich suche Freiheit in der Partnerschaft.
Freiheit statt Bindung!
Mögliches Fluchtmotiv: Im Leben sind die Menschen zu abhängig voneinander.
Begriffspaar: *Maß* und *Ergänzung*.

11. Haus im Skorpion
Ich suche Befreiung von Leiden.
Freude statt Leidenschaft!
Mögliches Fluchtmotiv: Ich finde das Leben zu schwer.
Begriffspaar: *Umbruch* und *Hingabe*.

11. Haus im Schützen
Ich löse mich von bekannten Vorstellungen.
Vision statt Einsicht!
Mögliches Fluchtmotiv: Ich finde das Leben zu ideologisch.
Begriffspaar: *Umbruch* und *Einsicht*.

11. Haus im Steinbock
Ich möchte Bekanntes überwinden.
Veränderung statt Kontinuität!
Mögliches Fluchtmotiv: Ich finde die Wirklichkeit zu hart.
Begriffspaar: *Umbruch* und *Stille*.

11. Haus im Wassermann
Ich begreife das Leben als eine Folge von Veränderungen.
Wechsel statt Beständigkeit!
Mögliches Fluchtmotiv: Ich finde das Leben zu eintönig.
Begriffspaar: *Umbruch* und *Umbruch*.

11. Haus in den Fischen
Ich suche Einsicht im Unbekannten.
Flucht nach vorne!
Mögliches Fluchtmotiv: Das Leben hat keinen Sinn.
Begriffspaar: *Umbruch* und *Stille*.

Frage und Antwort.

Frage: Ich bin 36 Jahre alt und habe meinen Arbeitsplatz schon häufig gewechselt. Sogar meinen ursprünglich Beruf habe ich bereits über Bord geworfen. Ich bin darüber nicht wirklich glücklich. Können Sie mir aus astrologischer Sicht sagen, woran das liegen könnte?

Antwort: Sie haben das 11. Haus im Steinbock. Das bedeutet ganz einfach, dass Sie nach Veränderungen, Befreiungen „lechzen". Bei Ihnen drückt sich das offensichtlich in wechselnden Jobs und Arbeitsstellen aus. Aber das ist nicht schlecht, denn Ihnen wird Routine rasch zu eng. Müssten Sie ein- und denselben Job über viele Jahre ausüben, würden Sie an dieser Monotonie zerbrechen. Also, weiter so! Sie werden dadurch auch unheimlich flexibel und eventuell sehr erfolgreich!

Lektion 144:

Das 12. Haus

Der Fische-Energie im allgemeinen Tierkreis entspricht im individuellen Horoskop das 12. Haus. Das Tierkreiszeichen, das vom 12. Haus angeschnitten wird, nennt Themen, die durch Meditation und Besinnlichkeit zugänglich werden. Es zeigt aber auch Räume, in denen man sich leicht verlieren kann und man daher Anstrengung und Achtsamkeit benötigt, um den Bezug zur Wirklichkeit nicht zu verlieren. Außer dem Begriff *Stille* eignen sich auch Begriffe wie Erlösung, Gnade, Absichtslosigkeit und Auflösung.

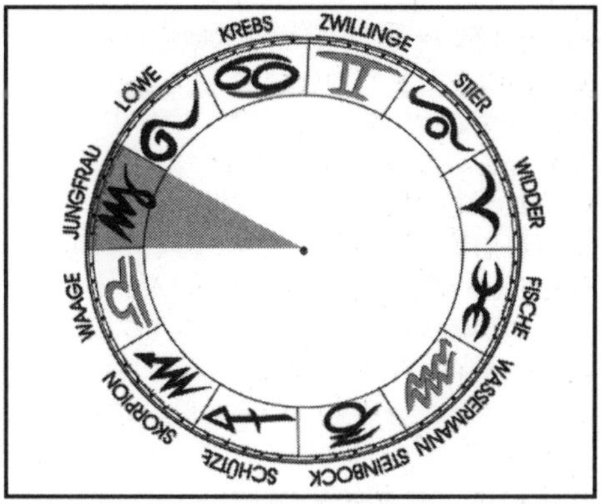

Das 12. Haus – Stille

12. Haus im Widder
Mich erfüllt ein Leben ohne Spannung und Kampf; aber ich muss auch lernen, meiner Kraft zu vertrauen.
Mein Weg: von der Unsicherheit zur Verfeinerung der Selbstbehauptung.
Begriffspaar: *Stille* und *Startkraft*.

12. Haus im Stier
Mich erfüllt ein Leben ohne Grenzen und ohne festen Besitz; aber ich muss auch lernen, im Hier und Jetzt zu sein.
Mein Weg: von der Unsicherheit zur Verfeinerung der Sinne.
Begriffspaar: *Selbstgewissheit* und *Reichtum*.

12. Haus in den Zwillingen
Mich erfüllt eine Verständigung ohne Worte, aber ich muss auch lernen, meinen Informationen und Erfahrungen zu vertrauen.
Mein Weg: von der Unsicherheit zur Verfeinerung des Denkens.
Begriffspaar: *Stille* und *Information*.

12. Haus im Krebs
Mich erfüllt Geborgenheit unabhängig von menschlicher Nähe; aber ich muss auch lernen, meinen Gefühlen zu vertrauen.
Mein Weg: von der Unsicherheit zur Verfeinerung der Gefühle.
Begriffspaar: *Stille* und *Gefühl*.

12. Haus im Löwen
Ich versuche mich nicht mit meinen eigenen Bedürfnissen zu identifizieren; aber ich muss auch lernen, meiner Lust zu vertrauen.
Mein Weg: von der Unsicherheit zur Verfeinerung des Ichs.
Begriffspaar: *Stille* und *Selbstgewissheit*.

12. Haus in der Jungfrau
Ich versuche in meiner Aufgabe aufzugehen; aber ich muss auch lernen, mir selbst etwas zu gönnen.
Mein Weg: von der Unsicherheit

zur Verfeinerung der Realitätsbewältigung.
Begriffspaar: *Stille* und *Vernunft.*

12. Haus in der Waage
Mich erfüllt allumfassende Liebe; aber ich muss auch lernen, in konkreten Beziehungen zu leben.
Mein Weg: von der Unsicherheit zur Verfeinerung der Bindungen und Beziehungen.
Begriffspaar: *Stille* und *Ergänzung.*

12. Haus im Skorpion
Mich erfüllen Räume der Magie; aber ich muss auch lernen das, was gerade ist, anzuerkennen.
Mein Weg: von der Unsicherheit zur Verfeinerung des inneren Kerns.
Begriffspaar: *Stille* und *Hingabe.*

12. Haus im Schützen
Ich bin erfüllt von tiefen Wahrheiten; aber ich muss auch lernen, einen konkretes Ziel zu verfolgen.
Mein Weg: von der Unsicherheit zur Verfeinerung der inneren Anschauung.
Begriffspaar: *Stille* und *Einsicht.*

12. Haus im Steinbock
Mich erfüllt ein absolutes, überpersönliches oder göttliches Maß; aber ich muss auch lernen, in der Welt wie sie ist, zu leben.
Mein Weg: von der Unsicherheit zur Verfeinerung der Lebensziele.
Begriffspaar: *Stille* und *Mass.*

12. Haus im Wassermann
Mich erfüllt ein Leben ohne Polarität; aber ich muss auch lernen, dass alles im Leben zwei Seiten hat.
Mein Weg: von der Unsicherheit zur Verfeinerung der Lebensgestaltung.
Begriffspaar: *Stille* und *Umbruch.*

12. Haus in den Fischen
Mich erfüllen Räume der Stille und Ehrfurcht und ich muss lernen, mich darin nicht zu verlieren.
Mein Weg: von der Unsicherheit zur Verfeinerung des Lebens.
Begriffspaar: *Stille* und *Umbruch.*

Astro-Wiederholung

- Das 9. Haus zeigt, woran ich glaube. Es offenbart meine Ideale, und es es sagt etwas über meine Reisegewohnheiten.
- Der Beginn des 0. Hauses heißt auch Medium Coeli oder MC. Er spielt in der Astrologie eine wichtige Rolle. Man sagt zu dem Zeichen, das der MC anschneidet auch: Es steht im Zenit, weil es ganz oben ist.
- Das 11. Haus steht für meine Freundschaften.
- Das 12. Haus ist besonders geheimnisvoll und hat auch mit Heimlichkeiten zu tun.

STEINBOCK
SCHÜTZE
SKORPION
WAAGE
JUNGFRAU
LÖWE
KREBS
ZWILLINGE
STIER
WIDDER
FISCHE
WASSERMANN

Teil IV Das vollständige Horoskop

Lektion 145:

Die Elemente

Man beurteilt und deutet ein Horoskop nicht nur entsprechend der Planeten in den Tierkreiszeichen und Häusern, sondern auch nach den Elementen. Die Qualität der vier Elemente wurden bereits in Lektion 2 erwähnt. Hier geht es um ihre Quantität, um den Elementen-Schlüssel. Dabei werden die Planeten entsprechend ihrer Position in den vier Elementen zusammengezählt. Man erhält auf diese Weise eine zusätzliche Information der Art, wie „feurig", „erdhaft", „luftig", „wasserhaft" jemand ist. Viele Astrologen beginnen bei der Deutung eines Horoskops grundsätzlich mit der Elementen-Analyse.

Grundsätzlich kann ein Horoskop eine Überbetonungen eines (oder auch zweier) Elemente aufweisen: „Elementen-Typ". Es können weiterhin ein (oder auch zwei, im Extremfall sogar drei) Elemente überhaupt nicht besetzt sein: „Mangel-Typ". Drittens kann ein Ausgleich zwischen allen Elementen bestehen: „Ausgeglichener Typ".

Element Feuer ist überbetont:
Feuer-Typ
Ich verfüge über eine gute Portion Energie und Zuversicht zur Bewältigung des Alltags. Auch neuen Aufgaben begegne ich sehr optimistisch. Ich bin leicht zu begeistern und rasch entflammbar. Allerdings mangelt es mir ein wenig an Einfühlungsvermögen und Geduld. Ich muss lernen, rücksichtsvoll zu leben.

Element Feuer ist unterbetont:
Feuer-Mangel
Ich bin ein ruhiger, nicht so temperamentvoller Mensch. Ich meide offene Auseinandersetzungen und äußere diese auch eher zurückhaltend. Ich erspare mir schmerzhafte Konfrontationen. Ich habe immer wieder das große Bedürfnis, mich zurückzuziehen, das entspricht wirklich meinem Naturell. Ich lasse mich von Impulsen leiten.

Element Erde ist überbetont:
Erd-Typ
Ich verfüge über große Standfestigkeit und habe Geduld, den richtigen Augenblick abzuwarten. Meine Beharrlichkeit ist groß. Ich bin bereit, das, was ich mir vorgenommen habe, auch durch harten Einsatz zu erarbeiten. Außerdem bin wirklich verlässlich und besonders treu. Hinzu kommt, dass ich ein naturliebender Mensch bin. So manche trübe Stimmung verfliegt während eines ausgedehnten Spaziergangs in der freien Natur. Ich muss den Wandel des Lebens akzeptieren.

Element Erde ist unterbetont:
Erd-Mangel
Ich bin ein Mensch, der gerne frei und ungebunden entscheidet. Oft handle ich so spontan und bin mir der Konsequenzen gar nicht bewusst. Materielle Dinge spielen bei mir eher eine untergeordnete Rolle. Wichtig: Ich darf das Detail nicht vergessen.

Element Luft ist überbetont:
Luft-Typ
Ich bin ein ausgesprochener Verstandesmensch. Information und Kommunikation sind für mich ein wichtiger Bestandteil des Lebens. Ich äußere meine Meinung gerne offen und direkt. Dabei bin ich tolerant und akzeptiere auch die Meinung anderer. Manchmal werde ich als wankelmütig und unzuverlässig eingeschätzt, was leicht zu beheben ist. Ich muss lernen, mein eigenes Wesen und meine eigene Meinung zu definieren.

Element Luft ist unterbetont:
Luft-Mangel
Ich bin ernsthaft und zuverlässig. Unbeschwertheit und Saloppheit sind mir nicht nur fremd, sondern zuweilen sogar suspekt. Nichts wird bei mir dem Zufall überlassen. Ich suche Tiefgang und Ernsthaftigkeit. Ich muss lernen, meine Leben mit etwas mehr Humor zu nehmen.

Element Wasser ist überbetont:
Wasser-Typ
Ich verfüge ein sehr reichhaltiges und intensives Gefühlsleben. Ich brauche mehr Zeit als andere, um das Gelebte zu verarbeiten. Meine Mitmenschen empfinden mich deshalb manchmal als launenhaft, tun mir dabei aber Unrecht. Meine große Stärke ist mein Einfühlungsvermögen. Ich muss lernen, mich zu distanzieren, sonst werde ich ausgenutzt.

Element Wasser ist unterbetont:
Wasser-Mangel
Ich bin ein rational, vernünftiger Mensch. Gefühle stehen nicht im Mittelpunkt meines Daseins. Ich suche praktische und nicht emotionale Lösungen. Ungern gebe ich die Kontrolle über mein Leben ab. Ich muss lernen, meinen Gefühlen mehr zu vertrauen!

Lektion 146

Die vier Quadranten

s-Außer nach Elementen unterteilt man ein Horoskop auch nach der Besetzung der vier Qaudranten. Auch diese Unterscheidung ergibt eine zusätzliche Einschätzung der Person.
Man unterteilt den Tierkreis bekanntlich in zwölf Tierkreiszeichen und ebenso viele Häuser. Davon fasst man wiederum jeweils drei Häuser zu einem Quadranten zusammen. Im individuellen Horoskop, das mit dem Aszendenten beginnt, ist ein Quadrant also ein Viertel des ganzen Kreises, besteht jeweils aus drei Häusern und beginnt mit dem Aszendenten bzw. dem 1. Haus
Der erste Quadrant umfasst die Häuser 1, 2 und 3, der zweite Quadrant bezieht sich auf die Häuser 4, 5 und 6. Der dritte Quadrant besteht aus den Häusern 7, 8 und 9. Und der vierte Quadrant umfasst die Häuser 10, 11 und 12. Da der Aszendent gewöhnlich nach links zeigt, ist das Ende des ersten Quadranten unten. Die einzelnen Häu-

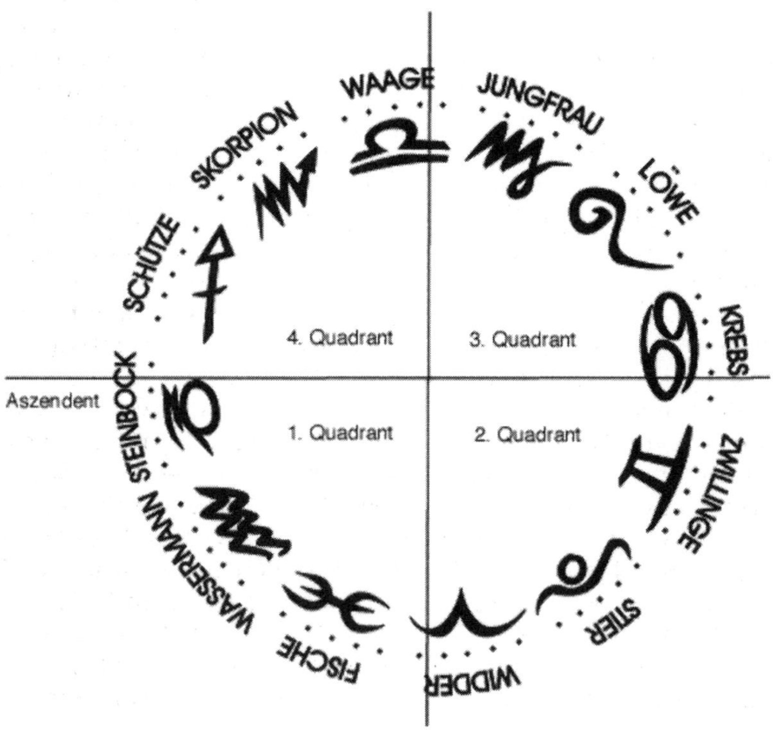

ser sind infolge der Schieflage der Erdachse nicht gleich groß. Daher können Quadranten auch größer oder kleiner sein als ein exaktes Kreisviertel.

Man nennt den 1. Quadranten auch „Ich-Quadranten". Er fasst die Qualitäten des lebendigen Ichs zusammen. Der Aszendent und das 1. Haus zeigen auf, was in einem Leben verwirklicht und durchgesetzt werden soll. Das 2. Haus zeigt, wie sich die Veräußerlichung des 1. Hauses manifestiert und dadurch sinnlich erfahrbar wird. Das 3. Haus gibt an, wie sich der Austausch mit der Umwelt gestaltet.

Vier oder mehr Planeten im 1. Quadranten:
Ich lebe mein Leben „ichbetont". Ich weiß, was ich will. Ich richte mich nach meinem Willen und frage nicht lange, was zu tun ist. Das verleiht mir eine gewisse Stärke, Mut und Unabhängigkeit. Es versetzt mich in die Lage, mich durchsetzen zu können. In der Gesellschaft finde ich mich leicht zurecht. Ich habe keine Probleme beim Wettstreit mit anderen und konkurriere problemlos und gerne. Außerdem komme ich gut mit mir selbst zurecht. Ich muss nicht ständig andere um mich haben, kann auch mal allein sein. Andere Menschen spüren meine Stärke und fühlen sich davon angezogen. Treffe ich auf jemanden mit stark besetztem 1. Quadranten, knallen zwei starke, kämpferische Egos aufeinander und können sich das Leben zur Hölle machen. Hingegen komme ich bestens mit solchen Menschen aus, die eher einen ausgeprägten 3. oder 4. Quadranten haben. Ein übermäßig stark besetzter 1. Quadrant verrät auch, dass ich ein Macher, aber auch ein Egozentriker bin. Ich habe großen Chancen, mich selbst zu verwirklichen. Ich besitze das Zeug zum Manager. Die Realisierung gesteckter Ziele ist bei mir von zentraler Bedeutung. Ich neige dazu, bei anstehenden Entscheidungen zuerst einmal das persönliches Wohl zu berücksichtigen und denke erst in zweiter Linie an meine Mitmenschen. Das kann auch zu Egoismus führen und mich privat recht unbeliebt machen. Ich muss mich daher vorsehen und immer wieder selbst bremsen. Vor allem meine Neigung, immer und überall zu konkurrieren und zu kämpfen, muss ich im Auge behalten, wenn ich mir nicht reihum Feinde machen will. Auf keinen Fall soll ich mich mit Menschen umgeben, die ihrerseits auch noch einen starken 1. Quadranten haben. Dann nimmt das Kämpfen, Streiten und Rechthaben-Wollen nämlich kein Ende mehr. Hingegen bin ich als Mensch für alle diejenigen wohltuend, die selbst nicht so stark im 1. Quadranten sind. Solchen Menschen mache ich Mut und gewähre Ihnen Schutz. Das ist eine meiner Hauptaufgaben.

Ein oder kein Planet im 1. Quadranten:
Ich bin ein Mensch, der erst in zweiter Linie an seine eigenen Belange denkt. Ich richte mich bei allem, was ich tue, nach anderen, bin aus mir heraus unsicher und brauche immer Freunde bzw. Aufgaben, damit ich weiß, was zu tun ist. Ich bin sehr sozial und orientiere mich an anderen.

Der zweite Quadrant mit den Häusern 4, 5 und 6 schließt sich an den 1. Quadranten an. Da der Aszendent gewöhnlich nach links zeigt, kommt der 2. Quadrant unten links zu liegen.
Der *2. Quadrant* heißt auch *„Seelischer Quadrant“*. Das beruht darauf, dass dieser Quadrant mit dem tiefsten Punkt im gesamten Horoskop beginnt (dem Anfang des 4. Hauses) und entsprechend auf tiefste seelische Ebenen verweist. Man sagt auch, der Beginn des 2. Quadranten sei das „Tor zur Seele“.

Vier oder mehr Planeten im 2. Quadranten:
Ich bin ein Mensch, der ein reges Innenleben aufweist. Ich besitze ein ausgeprägtes Traumleben, ziehe mich gerne in mich selbst zurück, brauche viel Zeit für mich selbst und reagiere empfindlich auf die Umwelt. Ich kann vor mir selbst sagen, dass ich mir alles sehr zu Herzen nehme. Sicherheit und Geborgenheit spielen in meinem Leben eine sehr große Rolle. Ich bin auch ein eher häuslicher Typ, das heißt, ich brauche ein gemütliches Zuhause. Der Wunsch nach Kindern und Familie ist bei mir stark ausgeprägt. Befinden sich alle oder fast alle Planeten im 2. Quadranten, dann ist meine Empfindlichkeit manchmal zu stark entwickelt. Ich kann schon unter normaler Umweltbelastung leiden. Ich brauche dann viel Schutz und Schonung. Wenn es in meinem Beruf um Fürsorge, soziales Engagement, Pflegen und Heilen geht, laufe ich zur Hochform auf. Auch Lehrberufe sind unter Umständen für mich sehr geeignet.

Ein oder kein Planet im 2. Quadranten:
Mich kann nichts sonderlich beeindrucken. Auch die schlimmsten Wirrnisse des Lebens nehme ich relativ gelassen. Negativ daran ist, dass meine eigene Besinnlichkeit schwach ist, was das Zusammenleben mit anderen Menschen erschweren kann.

Der 3. Quadrant umfasst die Häusern 7, 8 und 9. Er beginnt mit dem 7. Haus, also auf der rechten Seite, und endet mit dem 10. Haus. Man nennt den 3. Quadranten auch den *„Du- oder Bindungsquadranten“*.

Vier oder mehr Planeten im 3. Quadranten:
Ich bin sehr „Du-orientiert“. Ich bin ungern alleine, suche Anschluss bei anderen, fühle mich wohl in der Gemeinschaft und habe auch ein ausgesprochenes Gefühl für andere. Ich kann andere gut verstehen, mich gut einfühlen, ja manchmal kenne ich sogar die Nöte und Wün-

sche anderer Menschen besser als meine eigenen. Ich bin also ein ausgesprochener Begegnungsmensch, der auch in aller Regel von den anderen gerne gesehen und aufgesucht wird. Mein Nachteil ist, dass ich in mir selbst halt- und ruhelos bin. Mit mir selbst weiß ich nichts rechtes anzufangen. Allein fühle ich mich verloren. Ich „verliere" auch schnell meine Meinung, je nachdem, mit wem ich es zu tun habe. Das verwundert dann oft andere.
Je mehr Planeten in meinem 3. Quadranten stehen, umso mehr gehe ich im Du auf, hingegen verliere ich mein Ich regelrecht.
Ich kann wie ein Blatt im Wind sein und meine Meinung ständig ändern. In Partnerschaften kann das zu Schwierigkeiten führen. Mein Problem ist, dass ich völlig mit dem Du gehe und wenig von mir selbst dazugeben kann.
Ich verfüge über Verführungskünste, wie sie im Buche stehen. Ich habe es sozusagen im Blut, mich in andere hineinzufühlen und genau das zu bringen, was diese möchten.
Es gibt auch viele Stars mit so einem überproportionalen 3. Quadranten. Stars können gleich ganze Massen verführen.

Ein oder kein Planet im 3. Quadranten:
Ich bin eher ein kontaktarmer Mensch und laufe ohne soziale Antennen durch die Welt. Ich lasse nicht so schnell jemanden an mich heran, und ich gehe nicht spontan auf andere zu. Mein Vorteil ist, dass ich in mir ruhe. Ich kümmere mich nicht darum, was die anderen über mich denken. „Ich bin ich!" Ich kann es weit bringen, weil ich nur auf mich vertraue, auf meine eigene Power setze.

Der 4. und letzte Quadrant beginnt mit dem Medium Coeli (MC) oder dem 10. Haus und endet mit dem Aszendenten (AC), liegt also im Horoskop oben links. Man nennt den 4. Quadranten auch den überpersönlichen oder *„Über-Ich"-Quadranten.*

Vier oder mehr Planeten im 4. Quadranten:
Ich möchte über mich hinauswachsen und muss das auch. Ich will mit aller Kraft in meinem Leben etwas erreichen, was über mein persönliches Ich hinausweist. Zum Beispiel könnte ich ein Buch schreiben, das meinen Namen trägt oder ein Bauwerk schaffen, das nach mir benannt wird. In jedem Fall reicht es mir nicht, nur für mich zu leben. Glück ist nach meiner Auffassung nicht, einfach nur zufrieden zu sein, sondern etwas zu erschaffen, was auch andere Menschen bereichert oder zufrieden macht. Je mehr Planeten ich im 4. Quadranten aufweise, umso größer ist dieser Druck, etwas Bedeutsames zu schaffen. Dieser Druck kann immens werden und führen, dass ich nicht mehr ruhig schlafen kann. Da sind ständig die Stimmen in mir, die zu mir sagen: „Was hast Du bisher geschafft? Was kannst Du vorweisen?"

Ein oder kein Planet im 4. Quadranten:

Ich bin rasch mit dem zufrieden, was ich tue. Ich muss keine Pyramiden bauen oder den Ärmelkanal durchschwimmen. Es genügt mir, dass mein Leben organisiert ist, und dass ich dann und wann glücklich bin. Mir mangelt es zuweilen an Ehrgeiz, und andere sagen nicht selten zu mir: „Mensch, warum machst Du denn nicht mehr aus deinem Leben?“ Aber eigentlich bin ich mit meinem Leben zufrieden.

Zusammenfassung

Der 1. Quadrant ist auch der „Ich-Quadrant". Planeten in diesem Abschnitt verweisen auf einen Menschen, der ich-bewusst, impulsiv, praktisch und relativ unkompliziert denkt, erlebt und handelt. Er ist zufrieden mit sich, denkt nicht allzuviel über sich nach und nimmt die Dinge, wie sie kommen.

Der 2. Quadrant heißt auch „Seelischer Quadrant“. Er verweist auf Menschen, die das Leben reaktiv in sich aufnehmen. Sie sind introvertiert, empfangend, empfindend und nachgiebig. Sie brauchen ein Tun, das ihrer Seele Raum lässt. Sie sind angenehme, liebevolle Menschen, die aber dann und wann in ihrem Seelen-Quadranten „untertauchen“ und dann wie verloren wirken.

Der 3. Quadrant heißt auch „Du-Quadrant“. Planeten in diesem Abschnitt verweisen auf Menschen, die sozial und Du-orientiert sind. Diese Menschen brauchen soziales Feedback, um richtig lebendig zu werden.

Der 4. Quadrant heißt auch der „Über-Ich-Quadrant“. Er verweist auf Menschen, die über sich selbst hinauswachsen wollen.

Lektion 147

Zum Schluss: Die Philosophie hinter der Astrologie

Die Sprache der Astrologie legt eine gewisse Stofflichkeit und Funktionalität nahe. So heißt es – auch in diesem Buch –, die Sonne (oder der Mond, die Venus oder Mars) stehe im Krebs (oder in einem beliebigen anderen Sternzeichen) und bewirke dies oder jenes. Das ist so eigentlich falsch und irreführend.

Die Sonne oder irgendein anderer Himmelskörper „bewirken" nichts. Es ist lediglich so, dass der Astrologe aus einer bestimmten Stellung am Himmel auf eine besondere Befindlichkeit auf der Erde schlussfolgert. Das ist ein ähnlicher Vorgang wie der, von der Uhr die Zeit abzulesen. Steht der kleine Zeiger auf der Vier und der große auf der Zwölf, vollzieht jeder den Schluss, dass es jetzt vier Uhr sei. Aber niemand – mit Ausnahme von Kindern vielleicht – wird behaupten, die Uhr „mache" die Zeit. Entsprechend zieht der Astrologe von den Zeigern am Himmel (die Planetenbewegungen auf der Basis des Tierkreises) Rückschlüsse auf Vorgänge bei den Menschen. Aber es bedeutet keineswegs, dass es die Sterne sind, die dies bewirken. Die Zeiger der Uhr messen die Zeit. Die Zeiger des Himmels messen die Qualität des Universums und damit auch die Befindlichkeit der Geschehnisse auf der Erde und jedes einzelnen Menschen.

Wenn die Astrologie dennoch einen anderen Eindruck erweckt, liegt es daran, dass sie sich – tatsächlich wie ein Kind – einer einfachen, bildhaften Sprache bedient. Und zwar bewusst und mit Absicht. Es ist die Sprache der Menschheit in einem früheren Stadium ihrer Entwicklung (in der man beispielsweise noch davon ausging, dass die Erde im Zentrum des Kosmos sei). Es ist die Sprache der Seele selbst, mit ihren archetypischen Verdichtung der Wirklichkeit (wie wir ihr zum Beispiel in Träumen begegnen). Die Astrologie ist keine Naturwissenschaft auf der Basis kausal wirkender Prinzipien und Gesetze. Sie ist vielmehr eine Philosophie des Lebens, ein Versuch, das Unbegriffene fassbar zu machen, ihm Namen und Sinn zu verleihen.

Teil V Tabellen und Berechnungsgrundlagen

In diesem Teil finden Sie alle notwendigen Tabellen für sämtliche wichtigen Punkte Ihres Horoskops. Lediglich beim Mond und beim Aszendenten brauchen Sie auch Ihre genau Geburtszeit und müssen auch ein paar einfach Rechenschritte durchführen.

A Sonne

Die Sonnenposition ist identisch mit dem Tierkreiszeichen. Sie kennzeichnet den Teil, den man selbst gut kennt, den aber auch die Mitmenschen von einem wissen. Denn mit seiner Sonnenposition bringt man sich in der Welt ein, so zeigt man sich und so nehmen einen die anderen wahr.
Die Sonne ist der Herrscher der Tierkreisenergien Löwe.

Für die Bestimmung Ihrer persönlichen Sonnenposition suchen Sie bitte Ihren Geburtstag in der folgenden Tabelle und entnehmen Ihr Sonnenzeichen (das identisch ist mit Ihrem Tierkreiszeichen). Notieren Sie sich Ihre persönliche Sonnenposition.

Sonnen-Tabelle

Geburtstag	Tierkreis-energie
21. März – 20. April	Widder
21. April – 20. Mai	Stier
21. Mai – 21. Juni	Zwillinge
22. Juni – 22. Juli	Krebs
23. Juli – 23. August	Löwe
24. August – 23. September	Jungfrau
24. September – 23. Oktober	Waage
24. Oktober – 22. November	Skorpion
23. November – 21. Dezember	Schütze
22. Dezember – 20. Januar	Steinbock
21. Januar – 19. Februar	Wassermann
20. Februar – 20. März	Fische

B Mond
Der Mond bestimmt Fühlen und Erleben. Mit der Sonne tritt man hinaus ins die Welt. Der Mond zeigt an, wie die Welt bei einem ankommt, was sie im Inneren bewirkt, wie sie sich anfühlt, und was man dabei empfindet. Wie man andere nährt und versorgt, das ist ebenfalls von der Position des Mondes abhängig. Der Mond ist der Herrscher der Tierkreisenergien Krebs.

So berechnen Sie Ihre Mond-Position
Mit Hilfe der Mond-Tabelle können Sie Ihre persönliche Mond-Position herausfinden. Stellen Sie zuerst in Tabelle A Ihre Jahres-Monatszahl fest. Als Nächstes suchen Sie bitte mit Hilfe der Tabelle B Ihre Tageszahl. Im dritten Schritt geht es darum, mit Hilfe der Tabelle C Ihre Stundenzahl festzustellen. Tragen Sie alle Zahlen in das vorgefertigte Musterschema ein. Bilden Sie die Summe. Daraus ergibt sich dann Ihr Mondzeichen. Anhand unseres Muster-Beispiels (27.5.1946, 17 Uhr) können Sie ganz leicht Ihre Mond-Position bestimmen.

A. Hier finden Sie Ihre Jahres-Monatszahl:
Suchen Sie in der senkrechten Spalte Ihr Geburtsjahr. Suchen Sie dann in der waagerechten ersten Zeile Ihren Geburtsmonat. Der Schnittpunkt beider zeigt Ihnen Ihre Monatszahl, z. B. 27.5.1946, Monatszahl: 38. Lesen Sie weiter im Kasten B.

A Mondtabelle

	Jan.	Feb.	März	April	Mai	Juni	Juli	Aug.	Sep.	Okt.	Nov.	Dez.
1920:	38	91	115	167	202	248	281	326	14	50	104	153
1921:	194	241	249	294	325	10	44	94	148	186	237	271
1922:	317	1	10	55	91	153	182	234	284	318	3	35
1923:	80	128	138	188	227	280	316	1	46	78	123	159
1924:	210	263	288	339	13	59	91	137	185	222	270	314
1925:	4	51	59	103	129	179	214	265	319	357	48	81
1926:	126	172	180	226	262	315	354	46	95	128	172	204
1927:	250	299	306	359	38	90	126	172	216	248	294	330
1928:	22	76	100	150	184	229	261	307	356	34	87	125
1929:	175	221	229	273	304	350	25	76	130	168	218	252
1930:	296	341	350	37	74	127	166	218	265	298	342	14

	Jan.	Feb.	März	April	Mai	Juni	Juli	Aug.	Sep.	Okt.	Nov.	Dez.
1931:	59	109	117	170	208	261	295	341	26	58	105	142
1932:	194	248	272	321	355	38	71	117	167	205	258	296
1933:	345	31	38	82	114	160	196	248	302	340	29	63
1934:	107	152	161	208	245	299	337	29	76	108	152	184
1935:	230	280	288	341	20	72	106	151	196	229	277	314
1936:	7	60	84	132	165	209	241	287	237	15	69	106
1937:	155	200	208	252	285	331	8	60	114	151	200	233
1938:	277	322	331	19	56	110	148	199	246	278	321	353
1939:	40	90	99	153	191	242	276	322	6	39	88	126
1940:	180	232	255	302	335	19	51	97	148	188	240	277
1941:	325	10	18	61	95	142	180	232	286	323	10	43
1942:	87	133	141	190	227	281	319	9	55	88	131	163
1943:	211	262	272	325	3	53	87	132	176	210	260	298
1944:	351	43	65	112	145	188	221	268	318	357	50	87
1945:	135	180	188	232	266	314	352	45	97	134	181	214
1946:	258	303	311	1	38	91	130	179	225	257	301	334
1947:	22	73	84	136	175	224	258	302	347	22	71	116
1948:	163	215	236	282	314	358	30	77	129	168	221	257
1949:	305	350	358	45	76	126	164	216	269	305	351	24
1950:	67	114	121	171	209	263	300	350	35	67	111	144
1951:	193	245	256	309	347	35	68	112	157	192	243	281
1952:	335	25	46	92	124	167	200	248	300	339	31	68
1953:	115	159	168	213	247	297	336	30	81	116	161	193
1954:	237	283	291	341	29	73	111	160	205	237	281	315
1955:	5	58	69	121	158	205	238	282	328	357	54	92
1956:	145	196	214	262	293	337	11	60	112	151	203	239
1957:	285	330	339	24	58	109	148	201	252	287	331	3
1958:	47	93	101	142	190	244	281	330	15	47	92	126
1959:	177	230	241	293	330	16	48	92	126	173	225	263
1960:	316	6	26	71	103	147	181	231	284	323	14	50
1961:	95	140	149	194	229	280	319	13	32	97	141	172

	Jan.	Feb.	März	April	Mai	Juni	Juli	Aug.	Sep.	Okt.	Nov.	Dez.
1962:	216	264	272	323	2	55	92	140	184	217	263	298
1963:	349	43	53	105	140	186	218	262	308	343	36	74
1964:	126	176	196	241	273	317	353	43	96	135	186	221
1965:	266	310	319	5	40	92	130	184	233	267	311	342
1966:	27	74	83	135	174	227	263	310	355	28	74	110
1967:	161	215	225	276	311	356	28	72	118	157	208	245
1968:	297	346	6	51	83	129	164	215	268	307	357	31
1969:	76	121	129	175	210	263	302	354	43	76	120	152
1970:	197	245	255	307	347	38	74	121	165	198	245	281
1971:	334	27	36	87	121	156	197	241	288	324	17	56
1972:	107	156	176	221	254	300	335	27	81	119	168	202
1973:	246	290	298	345	21	74	114	165	213	246	290	322
1974:	7	57	66	120	158	210	245	291	325	8	55	92
1975:	145	199	207	257	290	335	7	52	98	137	188	227
1976:	278	326	347	32	63	110	147	200	253	291	339	12
1977:	56	100	118	155	191	245	283	335	23	56	100	132
1978:	178	227	238	292	331	22	56	101	145	178	226	263
1979:	317	9	18	67	100	145	176	221	269	307	1	38
1980:	89	136	157	201	243	282	319	11	65	102	150	182
1981:	226	270	278	325	2	55	94	145	193	226	270	303
1982:	349	40	51	104	142	192	226	271	315	348	34	74
1983:	127	181	188	237	270	314	346	31	80	118	171	210
1984:	260	306	327	12	45	93	130	184	236	273	320	353
1985:	36	80	88	136	173	226	266	316	353	36	80	113
1986:	161	212	223	276	315	4	37	81	125	159	207	239
1987:	296	351	359	46	80	124	156	203	253	291	344	23
1988:	71	117	138	182	216	264	301	355	42	84	130	161
1989:	205	250	258	306	344	38	77	127	173	206	250	284
1990:	333	24	34	88	126	174	206	251	295	328	18	56
1991:	109	161	168	217	250	294	327	14	64	103	156	194
1992:	242	287	307	352	26	75	112	166	219	254	300	331

	Jan.	Feb.	März	April	Mai	Juni	Juli	Aug.	Sep.	Okt.	Nov.	Dez.
1993:	15	60	69	118	156	210	248	297	343	16	61	95
1994:	144	197	207	260	297	344	17	61	105	139	189	226
1995:	280	331	340	27	60	104	138	185	236	275	329	6
1996:	53	97	118	162	195	245	283	337	29	64	109	141
1997:	185	230	240	290	328	22	60	108	154	186	231	266
1998:	316	9	18	71	107	154	186	230	275	309	359	37
1999	91	122	150	198	230	275	309	357	49	88	140	157
2000	223	268	287	331	5	55	93	147	200	233	278	310
2001	354	41	50	99	140	193	231	278	323	356	41	76
2002	127	180	189	241	277	323	356	39	85	120	170	210
2003	262	310	321	7	40	85	118	168	220	260	311	347
2004	34	77	97	141	175	226	264	318	9	43	88	120
2005	165	212	222	273	313	5	42	90	134	166	211	247
2006	298	351	1	52	87	133	166	210	255	291	342	21
2007	73	123	133	178	211	256	290	340	33	72	123	158
2008	204	247	267	311	346	37	76	130	181	214	259	291
2009	335	24	34	86	126	177	214	260	304	336	22	57
2010	109	163	171	223	258	303	336	20	66	103	154	193

Der Aszendent ist jenes Tierkreiszeichen, das zum Zeitpunkt einer Geburt am östlichen Horizont gerade aufgeht. Entsprechend symbolisiert er die individuelle Note, das Besondere und Eigene, das in einem aufgehen und sich verwirklichen möchte.

So finden Sie Ihr Aszendenten-Zeichen

I Suchen Sie in Tabelle 1 Ihren Geburtstag, und entnehmen Sie die zugehörige Zahl (zum Beispiel ergibt 25. Mai 227).
Anmerkung: In der Tabelle kommen gelegentlich gleiche Zahlen hintereinander vor. Das resultiert aus der Tatsache, dass die Aszendentenuhr nicht exakt pro Tag eine Zahl weiterwandert.

II Multiplizieren Sie Ihre Geburtsstunde mit der Zahl 15 (0.00 Uhr ergibt 0; 10.00 Uhr ergibt 150; und 23.00 Uhr ergibt 345). .

III Teilen Sie Ihre Geburtsminute durch die Zahl 4 (0 Minuten ergibt 0; 10 Minuten ergibt 2,5; 40 Minuten ergibt 10).

IV Suchen Sie in der Landkarte den Abschnitt, in dem Ihr Geburtsort liegt, und tragen Sie die Ortszahl in

B. Ihre Tageszahl finden Sie rechts neben Ihrem Geburtstag.

01.: 0	12.:145	23.:291
02.: 13	13.:159	24.:304
03.: 26	14.:172	25.: 317
04.: 40	15.:185	26.:331
05.: 53	16.:199	27.:344
06.: 66	17.:212	28.:357
07.: 79	18.:225	29.: 11
08.: 92	19.:238	30.: 24
09.:105	20.:252	31.: 37
10.: 119	21.:265	
11.:132	22.:278	

C. Sie kennen Ihre genaue Geburtsstunde? Die zugehörige Stundenzahl finden Sie rechts davon.

Geboren um	Zahl	Geboren um	Zahl
0–2 Uhr	-6	12–14 Uhr	-4
2–4 Uhr	-5	14–16 Uhr	+1
4–6 Uhr	-4	16–18 Uhr	+2
6–8 Uhr	-3	18–20 Uhr	+3
8–10 Uhr	-2	20–22 Uhr	+4
10–12 Uhr	-1	22–24 Uhr	+5

Wenn Sie Ihre Geburtsstunde nicht wissen, ist Ihre Stundenzahl 0.

Beispiel:

Sie sind am 27. Mai 1946 um 17 Uhr geboren.

- Ihre Jahres-Monatszahl ist 38.
- Ihre Tageszahl ist 344.
- Ihre Stundenzahl beträgt 2.

Addieren Sie nun diese drei Zahlen. Die Summe daraus ist 384.

Wenn die Summe größer als 360 ist, ziehen Sie die Zahl 360 ab.

In unserem Fall also: 384 minus 360.

Als Totalsumme ergibt sich jetzt die Zahl 24.

Suchen Sie in Tabelle D rechts nach der Zahl 24.

Ihr Mondzeichen ist Widder.

D Auswertung

Total	Mond im
5 – 24	Widder
25 – 34	Widder/Stier
35 – 54	Stier
55 – 64	Stier/Zwillinge
65 – 84	Zwillinge
85 – 94	Zwillinge/Krebs
95 – 114	Krebs
115 – 124	Krebs/Löwe
125 – 144	Löwe
145 – 154	Löwe/Jungfrau
155 – 174	Jungfrau
175 – 184	Jungfrau/Waage
185 – 204	Waage
205 – 214	Waage/Skorpion
215 – 234	Skorpion
235 – 244	Skorpion/Schütze
245 – 264	Schütze
265 – 274	Schütze/Steinbock
275 – 294	Steinbock
295 – 304	Steinbock/Wassermann
305 – 324	Wassermann
325 – 334	Wassermann/Fische
335 – 354	Fische
355 – 4	Fische/Widder

Tragen Sie hier Ihre persönlichen Daten ein:

Jahres-Monatszahl:

Tageszahl:

Stundenzahl:

Summe:

wenn über 360: –360

Summe total:

Feld 4 ein (München ergibt 12, Berlin ergibt 13).

V Bilden Sie die Zwischensumme aus Feld 1 bis 4.

VI War bei Ihrer Geburt Sommerzeit? Dann muss die Zahl 15 abgezogen werden. Die Sommerzeiten in Deutschland, Österreich und der Schweiz finden Sie in der folgenden Tabelle.

Auf Seite 224 finden Sie eine Vorlage, mit deren Hilfe Sie Ihren Aszendenten berechnen können.

Aszendenten-Tabelle:

21. März ..163	2. Mai 205	13. Juni ...246	25. Juli 287
22. März ..164	3. Mai 206	14. Juni ...247	26. Juli 288
23. März ..165	4. Mai 207	15. Juni ...248	27. Juli 289
24. März ..166	5. Mai 208	16. Juni ...249	28. Juli 290
25. März ..167	6. Mai 209	17. Juni ...250	29. Juli 291
26. März ..168	7. Mai 210	18. Juni ...251	30. Juli 292
27. März ..169	8. Mai ...211	19. Juni ...252	31. Juli 293
28. März ..170	9. Mai 212	20. Juni ...253	1. Aug. ...294
29. März ..171	10. Mai ...213	21. Juni ...254	2. Aug. ...295
30. März ..172	11. Mai ...214	22. Juni ...255	3. Aug. ...296
31. März ..173	12. Mai ...215	23. Juni ...256	4. Aug. ...297
1. April ...174	13. Mai ...216	24. Juni ...257	5. Aug. ...298
2. April ...175	14. Mai ...217	25. Juni ...258	6. Aug. ...299
3. April ...176	15. Mai ...218	26. Juni ...259	7. Aug. ...300
4. April ...177	16. Mai ...219	27. Juni ...260	8. Aug. ...301
5. April ...178	17. Mai ...220	28. Juni ...261	9. Aug. ...302
6. April ...179	18. Mai ...221	29. Juni ...262	10. Aug. ...303
7. April ...180	19. Mai ...222	30. Juni ...263	11. Aug. ..304
8. April ...181	20. Mai ...223	1. Juli 264	12. Aug. ...305
9. April ...182	21. Mai ...224	2. Juli 265	13. Aug. ...306
10. April ...183	22. Mai ...225	3. Juli 266	14. Aug. ...307
11. April ..184	23. Mai ...225	4. Juli 267	15. Aug. ...308
12. April ...185	24. Mai ...226	5. Juli 268	16. Aug. ...309
13. April ...186	25. Mai ...227	6. Juli 269	17. Aug. ...310
14. April ...187	26. Mai ...228	7. Juli 270	18. Aug. ...311
15. April ...188	27. Mai ...229	8. Juli 271	19. Aug. ...312
16. April ...189	28. Mai ...230	9. Juli 272	20. Aug. ...313
17. April ...190	29. Mai ...231	10. Juli 273	21. Aug. ...314
18. April ...191	30. Mai ...232	11. Juli 274	22. Aug. ..315
19. April ...192	31. Mai ...233	12. Juli 275	23. Aug. ...316
20. April ...193	1. Juni 234	13. Juli 276	24. Aug. ...317
21. April ...194	2. Juni 235	14. Juli 277	25. Aug. ...318
22. April ..195	3. Juni 236	15. Juli 278	26. Aug. ...319
23. April ...196	4. Juni 237	16. Juli 279	27. Aug. ...320
24. April ...197	5. Juni 238	17. Juli 280	28. Aug. ...321
25. April ...198	6. Juni 239	18. Juli 281	29. Aug. ...322
26. April ...199	7. Juni 240	19. Juli 282	30. Aug. ...323
27. April ...200	8. Juni 241	20. Juli 283	31. Aug. ...324
28. April ...201	9. Juni 242	21. Juli 284	1. Sept. ...325
29. April ...202	10. Juni ...243	22. Juli 285	2. Sept. ...326
30. April ...203	11. Juni ...244	23. Juli 286	3. Sept. ...327
1. Mai 204	12. Juni ...245	24. Juli 287	4. Sept. ...328

Aszendenten-Tabelle:

5. Sept. ...329	17. Okt. ... 10	28. Nov. ... 51	9. Jan. 93
6. Sept. ...330	18. Okt. ... 11	29. Nov. ... 52	10. Jan. 94
7. Sept. ...331	19. Okt. ... 12	30. Nov. ... 53	11. Jan. ... 95
8. Sept. ...332	20. Okt. ... 13	1. Dez. ... 54	12. Jan. 96
9. Sept. ...333	21. Okt. ... 14	2. Dez. ... 55	13. Jan. 97
10. Sept. ..334	22. Okt. ... 15	3. Dez. ... 56	14. Jan. 98
11. Sept. ..335	23. Okt. ... 16	4. Dez. ... 57	15. Jan. 99
12. Sept. ..336	24. Okt. ... 17	5. Dez. ... 58	16. Jan. 100
13. Sept. ..337	25. Okt. ... 18	6. Dez. ... 59	17. Jan. 101
14. Sept. ..338	26. Okt. ... 19	7. Dez. ... 60	18. Jan. 102
15. Sept. ..339	27. Okt. ... 20	8. Dez. .. 61	19. Jan. 103
16. Sept. ..340	28. Okt. ... 21	9. Dez. ... 62	20. Jan. 104
17. Sept. ..341	29. Okt. ... 22	10. Dez. ... 63	21. Jan. 105
18. Sept. ..342	30. Okt. ... 23	11. Dez. .. 64	22. Jan. 106
19. Sept. ..343	31. Okt. ... 24	12. Dez. ... 65	23. Jan. 107
20. Sept. ..344	1. Nov. 25	13. Dez. ... 66	24. Jan. 108
21. Sept. ..345	2. Nov. 26	14. Dez. ... 67	25. Jan. 109
22. Sept. ..346	3. Nov. 27	15. Dez. ... 68	26. Jan. 110
23. Sept. ..347	4. Nov. 28	16. Dez. ... 69	27. Jan. 111
24. Sept. ..348	5. Nov. 29	17. Dez. ... 70	28. Jan. 112
25. Sept. ..348	6. Nov. 30	18. Dez. ... 71	29. Jan. 113
26. Sept. ..349	7. Nov. 31	19. Dez. ... 72	30. Jan. 114
27. Sept. ..350	8. Nov. 32	20. Dez. ... 73	31. Jan. 115
28. Sept. ..351	9. Nov. 33	21. Dez. ... 74	1. Feb. ...116
29. Sept. ..352	10. Nov. ... 34	22. Dez. .. 75	2. Feb. ...117
30. Sept. ..353	11. Nov. .. 35	23. Dez. ... 76	3. Feb. ...118
1. Okt. 354	12. Nov. ... 36	24. Dez. ... 77	4. Feb. ...119
2. Okt. 355	13. Nov. ... 37	25. Dez. ... 78	5. Feb. ...120
3. Okt. 356	14. Nov. ... 38	26. Dez. ... 79	6. Feb. ...121
4. Okt. 357	15. Nov. ... 39	27. Dez. ... 80	7. Feb. ...122
5. Okt. 358	16. Nov. ... 40	28. Dez. ... 81	8. Feb. ...123
6. Okt. 359	17. Nov. ... 41	29. Dez. ... 82	9. Feb. ...124
7. Okt. 360	18. Nov. ... 42	30. Dez. ... 83	10. Feb. ...125
8. Okt. 1	19. Nov. ... 43	31. Dez. ... 84	11. Feb. ...126
9. Okt. 2	20. Nov. ... 44	1. Jan. 85	12. Feb. ...127
10. Okt. ... 3	21. Nov. ... 45	2. Jan. 86	13. Feb. ...128
11. Okt. ... 4	22. Nov. .. 46	3. Jan. 87	14. Feb. ...129
12. Okt. ... 5	23. Nov. ... 47	4. Jan. 88	15. Feb. ...130
13. Okt. ... 6	24. Nov. ... 48	5. Jan. 89	16. Feb. ...131
14. Okt. ... 7	25. Nov. ... 49	6. Jan. ... 90	17. Feb. ...132
15. Okt. ... 8	26. Nov. ... 49	7. Jan. 91	18. Feb. ...133
16. Okt. ... 9	27. Nov. ... 50	8. Jan. 92	19. Feb. ...134

Aszendenten-Tabelle:

20. Feb. ...135	28. Feb. ...143	7. März ...150	15. März ..158
21. Feb. ...136	29. Feb. ...144	8. März ..151	16. März ..159
22. Feb. ...137	1. März ...144	9. März ...152	17. März ..160
23. Feb. ...138	2. März ...145	10. März ..153	18. März ..161
24. Feb. ...139	3. März ...146	11. März ..154	19. März ..161
25. Feb. ...140	4. März ...147	12. März ..155	20. März ..162
26. Feb. ...141	5. März ...148	13. März ..156	
27. Feb. ...142	6. März ...149	14. März ..157	

Deutschlandkarte

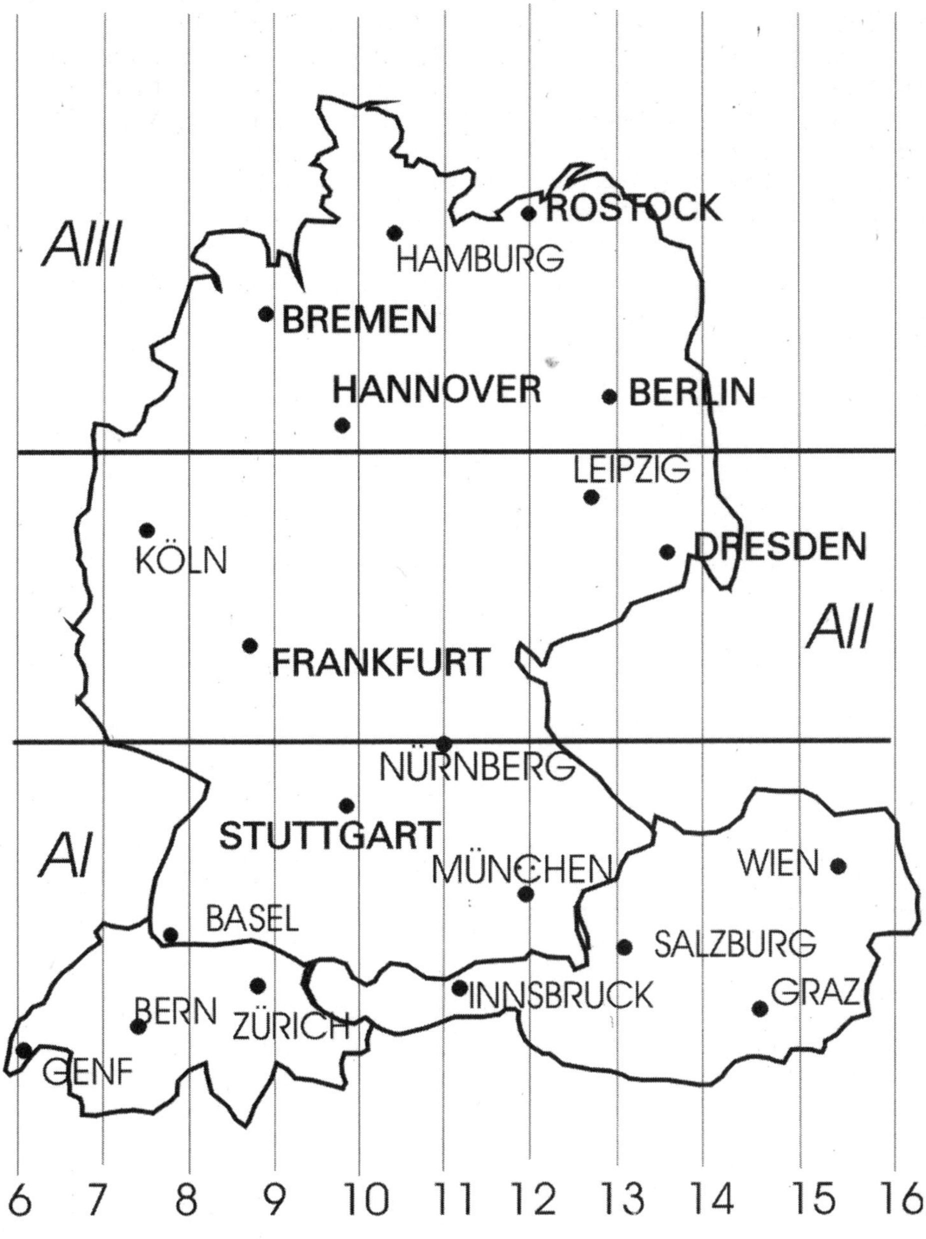

Sommerzeiten in Deutschland und Österreich

1940	1. April bis 31. Dezember
1941	1. Januar bis 31. Dezember
1942	1. Januar bis 1. November
1943	29. März bis 3. Oktober
1944	3. April bis 1. Oktober
1945	2. April bis 15. Oktober_
1946	14. April bis 7. Oktober
1947	6. April bis 5. Oktober_
1948	18. April bis 2. Oktober
1949	10. April bis 1. Oktober (D/sowj. bes. Zone bis 18. November)
1980	6. April bis 27. September
1981	29. März bis 26. September
1982	28. März bis 25. September
1983	27. März bis 24. September
1984	25. März bis 29. September
1985	31. März bis 28. September
1986	30. März bis 27. September
1987	29. März bis 26. September
1988	27. März bis 24. September
1989	26. März bis 23. September
1990	25. März bis 29. September
1991	31. März bis 28. September
1992	29. März bis 26. September
1993	28. März bis 25. September
1994	27. März bis 24. September
1995	26. März bis 23. September
1996	31. März bis 26. Oktober
1997	30. März bis 25. Oktober
1998	29. März bis 24. Oktober
1999	28. März bis 30. Oktober
2000	26. März bis 28. Oktober
2001	25. März bis 27. Oktober
2002	31. März bis 26. Oktober
2003	30. März bis 25. Oktober
2004	28. März bis 30. Oktober
2005	27. März bis 29. Oktober
2006	26. März bis 28. Oktober
2007	25. März bis 27. Oktober
2008	30. März bis 25. Oktober
2009	29. März bis 24. Oktober
2010	28. März bis 30. Oktober

Im sowjetisch besetzten Gebiet Deutschlands gab es vom 24. Mai bis 24. September doppelte Sommerzeit (mitteleuropäische Zeit minus 2 Stunden). Wenn Sie davon betroffen sind, sollten Sie sich ein professionell erstelltes Horoskop anfertigen lassen (siehe Info am Ende dieses Buches).
1947: doppelte Sommerzeit.
Siehe Anm. 1.

Sommerzeiten in der Schweiz

1941	5. Mai bis 6. Oktober
1942	4. Mai bis 5. Oktober

Ab 1981 wie Deutschland und Österreich

Bilden Sie Zwischensumme 2. Ergibt sich eine Zahl von über 360, dann muß die Zahl 360 abgezogen werden.

VIII Bilden Sie die Summe 3.
Bestimmen Sie in Tabelle 2 Ihren Aszendenten. Dabei müssen Sie noch unterscheiden, ob Ihr Geburtsort in Abschnitt AI, AII oder AIII der Landkarte liegt.

Tabelle 2:

AI	AII	AIII	Aszendent
270–280	270–279	270–278	Widder
281–284	280–283	279–282	Widder/Stier
285–297	284–295	283–291	Stier
298–303	296–301	292–299	Stier/Zwillinge
304–321	302–319	300–313	Zwillinge
322–330	320–328	314–325	Zwillinge/Krebs
331–355	329–353	326–348	Krebs
356–7	354–5	349–3	Krebs/Löwe
8–35	6–34	4–31	Löwe
36– 48	35–47	32–46	Löwe/Jungfrau
49–77	48–76	47–75	Jungfrau
78–89	77–89	76–89	Jungfrau/Waage
90–117	90–118	90–119	Waage
118–130	119–131	120–132	Waage/Skorpion
131–158	132–160	133–164	Skorpion
159–171	161–173	165–175	Skorpion/Schütze
172–197	174–200	176–204	Schütze
198–208	201–210	205–213	Schütze/Steinbock
209–228	211–230	214–235	Steinbock
229–235	231–237	236–239	Steinbock/Wassermann
236–249	238–251	240–254	Wassermann
250–254	252–255	255–256	Wassermann/Fische
255–265	256–266	257–266	Fische
266–269	267–269	267–269	Fische/Widder

Wenn Ihr Aszendent auf ein doppeltes Zeichen (zum Beispiel Widder/Stier) fällt, ist es ratsam, sich Ihren Aszendenten genau bestimmen zu lassen (siehe Info am Schluß des Buches).

Beispiel
Helga Mustermann, geboren am 27. 5. 1982 um 16.30 Uhr in Augsburg

I Feld 1 Geburtsdatum ergibt Tageszahl 229 (Tabelle 1)
II Feld 2 Geburtsstunde ergibt Stundenzahl 240 (16mal 15)
II Feld 3 Geburtsminute ergibt die Minutenzahl 7,5 (30 durch 4)

IV Feld 4 Geburtsort ergibt die Ortszahl 11

V Zwischensumme 1 487,5
VI Sommerzeit(?)
(–15) ja –15

VII Zwischensumme 472,5
Über 360? (–360) ja –360

VIII Summe 3 112,5

Im Beispiel ist der Aszendent (112,5 in AI) Waage.

Hier können Sie Ihren Aszendenten berechnen

I Feld 1 Ihr Geburtsdatum ergibt Tageszahl ....
II Feld 2 Ihre Geburtsstunde ergibt Stundenzahl ....
III Feld 3 Ihre Geburtsminute ergibt die Minutenzahl ....
IV Feld 4 Ihr Geburtsort ergibt die Ortszahl ....

V Zwischensumme 1
....
VI Sommerzeit(?)
..................................(–15)
....

VII Zwischensumme 2
....
Über 360(?)
(–360) ....

VIII Summe 3
....

Mein Aszendent lautet:

....

Notieren Sie sich Ihre persönliche Aszendentenposition.

D Merkur

Merkur fungiert in der Astrologie als eine Art Empfangs- und Sendestation. Wo er sich im Horoskop befindet, ist das Göttliche besonders nah und übermittelt seine Botschaften und Nachrichten. Umgekehrt kann man sich dort „den Göttern" am ehesten nähern.
Des weitern spiegelt die Positionen Merkurs im Horoskop die Art zu denken und mit anderen Menschen zu kommunizieren.
Merkur ist der Herrscher der Tierkreisenergien Zwillinge und Jungfrau.

Für die Bestimmung Ihrer persönlichen Merkurposition suchen Sie bitte Ihren Geburtstag in der folgenden Tabelle und entnehmen Ihr Merkurzeichen.
Notieren Sie sich Ihre persönliche Merkurposition

Merkur-Tabelle

1920 1.1.–7.1. Schütze, 8.1.–26.1. Steinbock, 27.1.–13.2. Wassermann, 14.2.–2.3. Fische, 3.3.–19.3. Widder, 20.3.–17.4. Fische, 18.4.–5.5. Widder, 6.5.–23.5. Stier, 24.5.–6.6. Zwillinge, 7.6.–25.6. Krebs, 26.6.–2.8. Löwe, 3.8.–9.8. Krebs, 10.8.–31.8. Löwe, 1.9.–15.9. Jungfrau, 16.9.–4.10. Waage, 5.10.–29.10. Skorpion, 30.10.–10.11. Schütze, 11.11.–10.12. Skorpion, 11.12.–31.12. Schütze, **1921** 1.1.–18.1. Steinbock, 19.1.–4.2. Wassermann, 5.2.–13.4. Fische, 14.4.–30.4. Widder, 1.5.–14.5. Stier, 15.5.–30.5. Zwillinge, 31.5.–7.8. Krebs, 8.8.–22.8. Löwe, 23.8.–8.9.

Jungfrau, 9.9.–28.9. Waage, 29.9.–4.12. Skorpion, 5.12.–23.12. Schütze, 24.12.–31.12. Steinbock, **1922** 1.1–10.1. Steinbock, 11.1.–1.2. Wassermann, 2.2.–9.2. Fische, 10.2.–17.3. Wassermann, 18.3.–6.4. Fische, 7.4.–22.4. Widder, 23.4.–6.5. Stier, 7.5.–1.6. Zwillinge, 2.6.–10.6. Krebs, 11.6.–13.7. Zwillinge, 14.7.–30.7. Krebs, 1.8.–14.8. Löwe, 15.8.–1.9. Jungfrau, 2.9.–1.10. Waage, 2.10.–5.10. Skorpion, 6.10.– 8.11. Waage, 9.11.–27.11. Skorpion, 28.11.–16.12. Schütze, 17.12.–31.12. Steinbock, **1923** 1.1.–4.1. Steinbock, 5.1.–6.2. Wassermann, 7.2.–13.2. Steinbock, 14.2.–12.3. Wassermann, 13.3.–29.3. Fische, 30.3.–13.4. Widder, 14.4.–30.4. Stier, 1.5.–7.7. Zwillinge, 8.7.–22.7. Krebs, 23.7.–6.8. Löwe, 7.8.–27.8. Jungfrau, 28.8.–4.10. Waage, 5.10.–11.10. Jungfrau, 12.10.–1.11. Waage, 2.11.–19.11. Skorpion, 20.11.–9.12. Schütze, 10.12.–31.12. Steinbock, **1924** 1.1.–13.2. Steinbock, 14.2.–4.3. Wassermann, 5.3.–20.3. Fische, 21.3.–4.4. Widder, 5.4.–12.6. Stier, 13.6.–28.6. Zwillinge, 29.6.–12.7. Krebs, 13.7.–29.7. Löwe, 30.7.–8.10. Jungfrau, 9.10.–23.10. Waage, 24.10.–11.11. Skorpion, 12.11.–2.12. Schütze, 3.12.–31.12. Steinbock, **1925** 1.1.–13.1. Schütze, 14.1.–6.2. Steinbock, 7.2.–24.2. Wassermann, 25.2.–12.3. Fische, 13.3.–1.4. Widder, 2.4.–15.4. Stier, 16.4.–16.5. Widder, 17.5.–6.6. Stier, 7.6.–20.6. Zwillinge, 21.6.–4.7. Krebs, 5.7.–25.7. Löwe, 26.7.–27.8. Jungfrau, 28.8.–10.9. Löwe, 11.9.–28.9. Jungfrau, 29.9.–16.10. Waage, 17.10.–5.11. Skorpion, 6.11.–31.12. Schütze, **1926** 1.1.–10.1. Schütze, 11.1.–30.1. Steinbock, 31.1.–17.2. Wassermann, 18.2.–5.3. Fische, 6.3.–12.5. Widder, 13.5.–28.5. Stier, 29.5.–11.6. Zwillinge, 12.6.–28.6. Krebs, 29.6.–5.9. Löwe, 6.9.–21.9. Jungfrau, 22.9.–9.10. Waage, 10.10.–28.11. Schütze, 29.11.–13.12. Skorpion, 14.12.–31.12. Schütze, **1927** 1.1.–4.1. Schütze, 5.1.–23.1. Steinbock, 24.1.–9.2. Wassermann, 10.2.–16.4. Fische, 17.4.–5.5. Widder, 6.5.–20.5. Stier, 21.5.–3.6. Zwillinge, 4.6.–28.6. Krebs, 29.6.–14.7. Löwe, 15.7.–11.8. Krebs, 12.8.–28.8. Löwe, 29.8.–13.9. Jungfrau, 14.9.–2.10. Waage, 3.10.–8.12. Skorpion, 9.12.–28.12. Schütze, 29.12.–31.12. Steinbock, **1928** 1.1.–15.1. Steinbock, 16.1.–2.2. Wassermann, 3.2.–29.2. Fische, 1.3.–17.3. Wassermann, 18.3.–10.4. Fische, 11.4.–26.4. Widder, 27.4.–10.5. Stier, 11.5.–28.5. Zwillinge, 29.5.–4.8. Krebs, 5.8.–18.8. Löwe, 19.8.–4.9. Jungfrau, 5.9.–27.9. Waage, 28.9.–24.10. Skorpion, 25.10.– 10.11. Waage, 11.11.–30.11. Skorpion, 1.12.–20.12. Schütze, 21.12.–31.12. Steinbock, **1929** 1.1.–7.1. Steinbock, 8.1.–15.3. Wassermann, 16.3.–3.4. Fische, 4.4.–18.4. Widder, 19.4.–3.5. Stier, 4.5.–11.7. Zwillinge, 12.7.–26.7. Krebs, 27.7.–10.8. Löwe, 11.8.–29.8. Jungfrau, 30.8.–5.11. Waage, 6.11.–23.11. Skorpion, 24.11.–12.12. Schütze, 13.12.–31.12. Steinbock, **1930** 1.1. Steinbock, 2.1.–23.1. Wassermann,

24.1.–14.2. Steinbock, 15.2.–9.3. Wassermann, 10.3.–26.3. Fische, 27.3.–9.4. Widder, 10.4.–30.4. Stier, 1.5.–17.5. Zwillinge, 18.5.–14.6. Stier, 15.6.–4.7. Zwillinge, 5.7.–18.7. Krebs, 19.7.– 3.8. Löwe, 4.8.–26.8. Jungfrau, 27.8.–20.9. Waage, 21.9.–10.10. Jungfrau, 11.10.–28.10. Waage, 29.10.–16.11. Skorpion, 17.11.–6.12. Schütze, 7.12.–31.12. Steinbock, **1931** 1.1.–10.2. Steinbock, 11.2.–1.3. Wassermann, 2.3.–17.3. Fische, 18.3.–2.4. Widder, 3.4.–10.6. Stier, 11.6.–25.6. Zwillinge, 26.6.–9.7. Krebs, 10.7.–28.7. Löwe, 29.7.–3.10. Jungfrau, 4.10.–21.10. Waage, 22.10.–9.11. Skorpion, 10.11.–1.12. Schütze, 2.12.–19.12. Steinbock, 20.12.–31.12. Schütze, **1932** 1.1.–13.1. Schütze, 14.1.–4.2. Steinbock, 5.2.–22.2. Wassermann, 23.2.–9.3. Fische, 10.3.–15.5. Widder, 16.5.–2.6. Stier, 3.6.–16.6. Zwillinge, 17.6.–1.7. Krebs, 2.7.–27.7. Löwe, 28.7.–10.8. Jungfrau, 11.8.–8.9. Löwe, 9.9.–25.9. Jungfrau, 26.9.–12.10. Waage, 13.10.–2.11. Skorpion, 3.11.–31.12. Schütze, **1933** 1.1.–7.1. Schütze, 8.1.–27.1. Steinbock, 28.1.–13.2. Wassermann, 14.2.–2.3. Fische, 3.3.–25.3. Widder, 26.3.–16.4. Fische, 17.4.–9.5. Widder, 10.5.–24.5. Stier, 25.5.–7.6. Zwillinge, 8.6.–25.6. Krebs, 26.6.–1.9. Löwe, 2.9.–17.9. Jungfrau, 18.9.–5.10. Waage, 6.10.–29.10. Skorpion, 30.10.–16.11. Schütze, 17.11.–11.12. Skorpion, 12.12.–31.12. Schütze, **1934** 1.1.–19.1. Steinbock, 20.1.–5.2. Wassermann, 6.2.–14.4. Fische, 15.4.–1.5. Widder, 2.5.–16.5. Stier, 17.5.–31.5. Zwillinge, 1.6.–8.8. Krebs, 9.8.–24.8. Löwe, 25.8.–9.9. Jungfrau, 10.9.–29.9. Waage, 30.9.–5.12. Skorpion, 6.12.–25.12. Schütze, 26.12.–31.12. Steinbock, **1935** 1.1.–12.1. Steinbock, 13.1.–1.2. Wassermann, 2.2.–15.2. Fische, 16.2.–18.3. Wassermann, 19.3.–8.4. Fische, 9.4.–23.4. Widder, 24.4.–8.5. Stier, 9.5.–29.5. Zwillinge, 30.5.–20.6. Krebs, 21.6.–13.7. Zwillinge, 14.7.–1.8. Krebs, 2.8.–16.8. Löwe, 17.8.–2.9. Jungfrau, 3.9.–28.9. Waage, 29.9.–12.10. Skorpion, 13.10.–9.11. Waage, 10.11.–28.11. Skorpion, 29.11.-17.12. Schütze, 18.12.–31.12. Steinbock, **1936** 1.1.–5.1. Steinbock, 6.1.–12.3. Wassermann, 13.3.–30.3. Fische, 31.3.–14.4. Widder, 15.4.–30.4. Stier, 1.5.–8.7. Zwillinge, 9.7.–22.7. Krebs, 23.7.–7.8. Löwe, 8.8.–27.8. Jungfrau, 28.8.–1.11. Waage, 2.11.–20.11. Skorpion, 21.11.–9.12. Schütze, 10.12.–31.12 Steinbock, **1937** 1.1. Steinbock, 2.1.–9.1. Wassermann, 10.1.–13.2. Steinbock, 14.2.–5.3. Wassermann, 6.3.–22.3. Fische, 23.3.–6.4. Widder, 7.4.–13.6. Stier, 14.6.–30.6. Zwillinge, 1.7.–14.7. Krebs, 15.7.–31.7. Löwe, 1.8.–7.10. Jungfrau, 8.10.–25.10. Waage, 26.10.–13.11. Skorpion, 14.11.–3.12. Schütze, 4.12.–31.12. Steinbock, **1938** 1.1.–6.1. Steinbock, 7.1.–12.1. Schütze, 13.1.–7.2. Steinbock, 8.2.–26.2. Wassermann, 27.2.–14.3. Fische, 15.3.–1.4. Widder, 2.4.–23.4. Stier, 24.4.–16.5. Widder, 17.5.–7.6. Stier, 8.6.–21.6. Zwillinge, 22.6.–6.7. Krebs, 7.7.–26.7. Löwe, 27.7.–3.9.

Jungfrau, 4.9.–10.9. Löwe, 11.9.–30.9. Jungfrau, 1.10.–17.10. Waage, 18.10.–6.11. Skorpion, 7.11.–31.12. Schütze, **1939** 1.1.–11.1. Schütze, 12.1.–1.2. Steinbock, 2.2.–18.2. Wassermann, 19.2.–6.3. Fische, 7.3.–14.5. Widder, 15.5.–30.5. Stier, 31.5.–13.6. Zwillinge, 14.6.–29.6. Krebs, 30.6.–6.9. Löwe, 7.9.–22.9. Jungfrau, 23.9.–10.10. Waage, 11.10.–31.10. Skorpion, 1.11.–31.12. Schütze, **1940** 1.1.–5.1. Schütze, 6.1.–24.1. Steinbock, 25.1.–10.2. Wassermann, 11.2.–4.3. Fische, 5.3.–8.3. Widder, 9.3.–16.4. Fische, 17.4.–6.5. Widder, 7.5.–20.5. Stier, 21.5.–4.6. Zwillinge, 5.6.–25.6. Krebs, 26.6.–21.7. Löwe, 22.7.–11.8. Krebs, 12.8.–28.8. Löwe, 29.8.–13.9. Jungfrau, 14.9.–2.10. Waage, 3.10.–8.12. Skorpion, 9.12.–28.12. Schütze, 29.12.–31.12. Steinbock, **1941** 1.1.–16.1. Steinbock, 17.1.–2.2. Wassermann, 3.2.–7.3. Fische, 8.3.–16.3. Wassermann, 17.3.–11.4. Fische, 12.4.–28.4. Widder, 29.4.–12.5. Stier, 13.5.–29.5. Zwillinge, 30.5.–1.7. Krebs, 2.7.–26.7. Löwe, 27.7.–6.9. Jungfrau, 7.9.–27.9. Waage, 28.9.–29.10. Skorpion, 30.10.–11.11. Waage, 12.11.– 2.12. Skorpion, 3.12.–21.12. Schütze, 22.12.–31.12. Steinbock, **1942** 1.1.–8.1. Steinbock, 9.1.–16.3. Wassermann, 17.3.–4.4. Fische, 5.4.–19.4. Widder, 20.4.–4.5. Stier, 5.5.–12.7. Zwillinge, 13.7.–28.7. Krebs, 29.7.–12.8. Löwe, 13.8.–30.8. Jungfrau, 31.8.–6.11. Waage, 7.11.–25.11. Skorpion, 26.11.–14.12. Schütze, 15.12.–31.12. Steinbock, **1943** 1.1.–2.1. Steinbock, 3.1.–27.1. Wassermann, 28.1.–15.2. Steinbock, 16.2.–10.3. Wassermann, 11.3.–27.3. Fische, 28.3.–11.4. Widder, 12.4.–30.4. Stier, 31.4.–26.5. Zwillinge, 27.5.–13.6. Stier, 14.6.–5.7. Zwillinge, 6.7.–19.7. Krebs, 20.7.–4.8. Löwe, 5.8.–26.8. Jungfrau, 27.8.–25.9. Waage, 26.9.–11.10. Jungfrau, 12.10.–30.10. Waage, 31.10.–17.11. Skorpion, 18.11.–7.12. Schütze, 8.12.–31.12. Steinbock, **1944** 1.1.–12.2. Steinbock, 13.2.–2.3. Wassermann, 3.3.–18.3. Fische, 19.3.–3.4. Widder, 4.4.–10.6. Stier, 11.6.–26.6. Zwillinge, 27.6.–10.7. Krebs, 11.7.–28.7. Löwe, 29.7.–4.10. Jungfrau, 5.10.–21.10. Waage, 22.10.–9.11. Skorpion, 10.11.–30.11. Schütze, 31.11.–23.12. Steinbock, 24.12.–31.12. Schütze, **1945** 1.1.–13.1. Schütze, 14.1.–4.2. Steinbock, 5.2.–22.2. Wassermann, 23.2.–10.3. Fische, 11.3.–16.5. Widder, 17.5.–3.6. Stier, 4.6.–17.6. Zwillinge, 18.6.–3.7. Krebs, 4.7.–26.7. Löwe, 27.7.–17.8. Jungfrau, 18.8.–9.9. Löwe, 10.9.–26.9. Jungfrau, 27.9.–14.10. Waage, 15.10.–3.11. Skorpion, 4.11.–31.12. Schütze, **1946** 1.1.–9.1. Schütze, 10.1.–28.1. Steinbock, 29.1.–15.2. Wassermann, 16.2.–3.3. Fische, 4.3.–1.4. Widder, 2.4.–16.4. Fische, 17.4.–10.5. Widder, 11.5.–26.5. Stier, 27.5.–9.6. Zwillinge, 10.6.–27.6. Krebs, 28.6.–3.9. Löwe, 4.9.–19.9. Jungfrau, 20.9.–7.10. Waage, 8.10.–29.10. Skorpion, 30.10.–20.11. Schütze, 21.11.–12.12. Skorpion,

13.12.–31.12. Schütze, **1947** 1.1.–2.1. Schütze, 3.1.–21.1. Steinbock, 22.1.–7.2. Wassermann, 8.2.–15.4. Fische, 16.4.–3.5. Widder, 4.5.–17.5. Stier, 18.5.–1.6. Zwillinge, 2.6.–10.8. Krebs, 11.8.–26.8. Löwe, 27.8.–11.9. Jungfrau, 12.9.–1.10. Waage, 2.10.–6.12. Skorpion, 7.12.–26.12. Schütze, 27.12.–31.12. Steinbock, **1948** 1.1.–13.1. Steinbock, 14.1.–1.2. Wassermann, 2.2.–20.2. Fische, 21.2.–17.3. Wassermann, 18.3.–8.4. Fische, 9.4.–24.4. Widder, 25.4.–8.5. Stier, 9.5.–27.5. Zwillinge, 28.5.–28.6. Krebs, 29.6.–11.7. Zwillinge, 12.7.–1.8. Krebs, 2.8.–16.8. Löwe, 17.8.–3.9. Jungfrau, 4.9.–26.9. Waage, 27.9.–17.10. Skorpion, 18.10.–9.11. Waage, 10.11.–29.11. Skorpion, 30.11.–18.12. Schütze, 19.12.–31.12. Steinbock, **1949** 1.1.–5.1. Steinbock, 6.1.–13.3. Wassermann, 14.3.–1.4. Fische, 2.4.–16.4. Widder, 17.4.–1.5. Stier, 2.5.–9.7. Zwillinge, 10.7.–24.7. Krebs, 25.7.–8.8. Löwe, 9.8.–28.8. Jungfrau, 29.8.–3.11. Waage, 4.11.–21.11. Skorpion, 22.11.–10.12. Schütze, 11.12.–31.12. Steinbock, **1950** 1.1.–15.1. Wassermann, 16.1.–14.2. Steinbock, 15.2.–7.3. Wassermann, 8.3.–23.3. Fische, 24.3.–7.4. Widder, 8.4.–13.6. Stier, 14.6.–1.7. Zwillinge, 2.7.–16.7. Krebs, 17.7.–1.8. Löwe, 2.8.–27.8. Jungfrau, 28.8.–10.9. Waage, 11.9.–8.10. Jungfrau, 9.10.–26.10. Waage, 27.10.–14.11. Skorpion, 15.11.–4.12. Schütze, 5.12.–31.12. Steinbock, **1951** 1.1.–9.2. Steinbock, 10.2.–27.2. Wassermann, 28.2.–15.3. Fische, 16.3.–1.4. Widder, 2.4.–1.5. Stier, 2.5.–14.5. Widder, 15.5.–8.6. Stier, 9.6.–23.6. Zwillinge, 24.6.–7.7. Krebs, 8.7.–26.7. Löwe, 27.7.–1.10. Jungfrau, 2.10.–19.10. Waage, 20.10.–7.11. Skorpion, 8.11.–1.12. Schütze, 2.12.–12.12. Steinbock, 13.12.–31.12. Schütze, **1952** 1.1.–12.1. Schütze, 13.1.–2.2. Steinbock, 3.2.–20.2. Wassermann, 21.2.–7.3. Fische, 8.3.–13.5. Widder, 14.5.–30.5. Stier, 31.5.–13.6. Zwillinge, 14.6.–29.6. Krebs, 30.6.–6.9. Löwe, 7.9.–23.9. Jungfrau, 24.9.–10.10. Waage, 11.10.–31.10. Skorpion, 1.11.–31.12. Schütze, **1953** 1.1.–6.1. Schütze, 7.1.–25.1. Steinbock, 26.1.–11.2. Wassermann, 12.2.–2.3. Fische, 3.3.–15.3. Widder, 16.3.–16.4. Fische, 17.4.–7.5. Widder, 8.5.–22.5. Stier, 23.5.–5.6. Zwillinge, 6.6.–25.6. Krebs, 26.6.–28.7. Löwe, 29.7.–11.8. Krebs, 12.8.–30.8. Löwe, 31.8.–15.9. Jungfrau, 16.9.–4.10. Waage, 5.10.–30.10. Skorpion, 31.10.–6.11. Schütze, 7.11.–9.12. Skorpion, 10.12.–29.12. Schütze, 30.12.–31.12. Steinbock, **1954** 1.1.–17.1. Steinbock, 18.1.–4.2. Wassermann, 5.2.–12.4. Fische, 13.4.–29.4. Widder, 30.4.–13.5. Stier, 14.5.–29.5. Zwillinge, 30.5.–6.8. Krebs, 7.8.–22.8. Löwe, 23.8.–7.9. Jungfrau, 8.9.–28.9. Waage, 29.9.–4.11. Skorpion, 5.11.–10.11. Waage, 11.11.–3.12. Skorpion, 4.12.–22.12. Schütze, 23.12.–31.12. Steinbock, **1955** 1.1.–10.1. Steinbock, 11.1.–17.3. Wassermann, 18.3.–6.4. Fische, 7.4.–21.4. Widder, 22.4.–5.5. Stier, 6.5.–12.7. Zwillinge, 13.7.–30.7. Krebs, 31.7.–13.8. Löwe,

14.8.–31.8. Jungfrau, 1.9.–7.11. Waage, 8.11.–26.11. Skorpion, 27.11.–15.12. Schütze, 16.12.–31.12. Steinbock, **1956** 1.1.–3.1. Steinbock, 4.1.–10.3. Wassermann, 11.3.–28.3. Fische, 29.3.–12.4. Widder, 13.4.–29.4. Stier, 30.4.–6.7. Zwillinge, 7.7.–20.7. Krebs, 21.7.–5.8. Löwe, 6.8.–25.8. Jungfrau, 26.8.–29.9. Waage, 30.9.–10.10. Jungfrau, 11.10.–30.10. Waage, 31.10.–18.11. Skorpion, 19.11.–7.12. Schütze, 8.12.–31.12. Steinbock, **1957** 1.1.–11.2. Steinbock, 12.2.–3.3. Wassermann, 4.3.–20.3. Fische, 21.3.–4.4. Widder, 5.4.–11.6. Stier, 12.6.–28.6. Zwillinge, 29.6.–12.7. Krebs, 13.7.–29.7. Löwe, 30.7.–5.10. Jungfrau, 6.10.–23.10. Waage, 24.10.–11.11. Skorpion, 12.11.–1.12. Schütze, 2.12.–28.12. Steinbock, 29.12.–31.12. Schütze, **1958** 1.1.–13.1. Schütze, 14.1.–5.2. Steinbock, 6.2.–24.2. Wassermann, 25.2.–12.3. Fische, 13.3.–2.4. Widder, 3.4.–10.4. Stier, 11.4.–16.5. Widder, 17.5.–5.6. Stier, 6.6.–19.6. Zwillinge, 20.6.–4.7. Krebs, 5.7.–25.7. Löwe, 26.7.–23. 8. Jungfrau, 24.8.–10.9. Löwe, 11.9.–28.9. Jungfrau, 29.9.–15.10. Waage, 16.10.–4.11. Skorpion, 5.11.–31.12. Schütze, **1959** 1.1.–9.1. Schütze, 10.1.–30.1. Steinbock, 31.1.–16.2. Wassermann, 17.2.–5.3. Fische, 6.3.–12.5. Widder, 13.5.–27.5. Stier, 28.5.–10.6. Zwillinge, 11.6.–27.6. Krebs, 28.6.–4.9. Löwe, 5.9.–20.9. Jungfrau, 21.9.–8.10. Waage, 9.10.–30.10. Skorpion, 31.10.–25.11. Schütze, 26.11.–12.12. Skorpion, 13.12.–31.12. Schütze, **1960** 1.1.–3.1. Schütze, 4.1.–22.1. Steinbock, 23.1.–8.2. Wassermann, 9.2.–15.4. Fische, 16.4.–3.5. Widder, 4.5.–18.5. Stier, 19.5.–2.6. Zwillinge, 3.6.–29.6. Krebs, 30.6.–6.7. Löwe, 7.7.–9.8. Krebs, 10.8.–26.8. Löwe, 27.8.–11.9. Jungfrau, 12.9.–1.10. Waage, 2.10.–6.12. Skorpion, 7.12.–26.12. Schütze, 27.12.–31.12. Steinbock, **1961** 1.1.–14.1. Steinbock, 15.1.–1.2. Wassermann, 2.2.–24.2. Fische, 25.2.–17.3. Wassermann, 18.3.–9.4. Fische, 10.4.–25.4. Widder, 26.4.–10.5. Stier, 11.5.–28.5. Zwillinge, 29.5.–3.8. Krebs, 4.8.–18.8. Löwe, 19.8.–4.9. Jungfrau, 5.9.–26.9. Waage, 27.9.–22.10. Skorpion, 23.10.–10.11. Waage, 11.11.–30.11. Skorpion, 31.11.–19.12. Schütze, 20.12.–31.12. Steinbock, **1962** 1.1.–6.1. Steinbock, 7.1.–14.3. Wassermann, 15.3.–2.4. Fische, 3.4.–17.4. Widder, 18.4.–2.5. Stier, 3.5.–10.7. Zwillinge, 11.7.–26.7. Krebs, 27.7.–10.8. Löwe, 11.8.–28.8. Jungfrau, 29.8.–4.11. Waage, 5.11.–23.11. Skorpion, 24.11.–12.12. Schütze, 13.12.–31.12. Steinbock, **1963** 1.1. Steinbock, 2.1.–20.1. Wassermann, 21.1.–14.2. Steinbock, 15.2.–8.3. Wassermann, 9.3.–25.3. Fische, 26.3.–9.4. Widder, 10.4.–3.5. Stier, 4.5.–10.5. Zwillinge, 11.5.–14.6. Stier, 15.6.–3.7. Zwillinge, 4.7.–17.7. Krebs, 18.7.–2.8. Löwe, 3.8.–26.8. Jungfrau, 27.8.–16.9. Waage, 17.9.–9.10. Jungfrau, 10.10.–28.10. Waage, 29.10.–15.11. Skorpion, 16.11.–5.12. Schütze, 6.12.–31.12. Steinbock, **1964** 1.1.–10.2. Steinbock, 11.2.–29.2. Wassermann, 1.3.–1.4. Widder, 2.4.–8.6. Stier, 9.6.–23.6. Zwillinge, 24.6.–8.7. Krebs, 9.7.–26.7. Löwe, 27.7.–2.10. Jungfrau, 3.10.–19.10. Waage, 20.10.–7.11. Skorpion, 8.11.–30.11. Schütze, 1.12.–16.12. Steinbock, 17.12.–31.12. Schütze, **1965** 1.1.–12.1. Schütze, 13.1.–2.2. Steinbock, 3.2.–20.2. Wassermann, 21.2.–8.3. Fische, 9.3.–14.5. Widder, 15.5.–1.6. Stier, 2.6.–15.6. Zwillinge, 16.6.–30.6. Krebs, 31.6.–31.7. Löwe, 1.8.–3.8. Jungfrau, 4.8.–7.9. Löwe, 8.9.–24.9. Jungfrau, 25.9.–12.10. Waage, 13.10.–1.11. Skorpion, 2.11.–31.12. Schütze, **1966** 1.1.–7.1. Schütze, 8.1.–26.1. Steinbock, 27.1.–12.2. Wassermann, 13.2.–2.3. Fische, 3.3.–22.3. Widder, 23.3.–17.4. Fische, 18.4.–9.5. Widder, 10.5.–24.5. Stier, 25.5.–7.6. Zwillinge, 8.6.–26.6. Krebs, 27.6.–31.8. Löwe, 1.9.–16.9. Jungfrau, 17.9.–5.10. Waage, 6.10.–29.10. Skorpion, 30.10.–13.11. Schütze, 14.11.–10.12. Skorpion, 11.12.–31.12. Schütze, **1967** 1.1.–19.1. Steinbock, 20.1.–5.2. Wassermann, 6.2.–14.4. Fische, 15.4.–1.5. Widder, 2.5.–16.5. Stier, 17.5.–31.5. Zwillinge, 1.6.–8.8. Krebs, 9.8.–23.8. Löwe, 24.8.–9.9. Jungfrau, 10.9.–29.9. Waage, 30.9.–5.12. Skorpion, 6.12.–24.12. Schütze, 25.12.–31.12. Steinbock, **1968** 1.1.–11.1. Steinbock, 12.1.–31.1. Wassermann, 1.2.–11.2. Fische, 12.2.–16.3. Wassermann, 17.3.–6.4. Fische, 7.4.–22.4. Widder, 23.4.–6.5. Stier, 7.5.–29.5. Zwillinge, 30.5.–13.6. Krebs, 14.6.–12.7. Zwillinge, 13.7.–30.7. Krebs, 31.7.–14.8. Löwe, 15.8.–31.8. Jungfrau, 1.9.–28.9. Waage, 29.9.–7.10. Skorpion, 8.10.–7.11. Waage, 8.11.–26.11. Skorpion, 27.11.–16.12. Schütze, 17.12.–31.12. Steinbock, **1969** 1.1.–3.1. Steinbock, 4.1.–12.3. Wassermann, 13.3.– 29.3. Fische, 30.3.–13.4. Widder, 14.4.–29.4. Stier, 30.4.–7.7. Zwillinge, 8.7.–22.7. Krebs, 23.7.–6.8. Löwe, 7.8.–26.8. Jungfrau, 27.8.–7.10. Waage, 8.10.–9.10. Jungfrau, 10.10.–1.11. Waage, 2.11.–19.11. Skorpion, 20.11.–8.12. Schütze, 9.12.–31.12. Steinbock, **1970** 1.1.–12.2. Steinbock, 13.2.–5.3. Wassermann, 6.3.–21.3. Fische, 22.3.–5.4. Widder, 6.4.–12.6. Stier, 13.6.–29.6. Zwillinge, 30.6.–13.7. Krebs, 14.7.–30.7. Löwe, 31.7.–7.10. Jungfrau, 8.10.–24.10. Waage, 25.10.–12.11. Skorpion, 13.11.–2.12. Schütze, 3.12.–31.12. Steinbock, **1971** 1.1.–2.1. Steinbock, 3.1.–13.1. Schütze, 14.1.–7.2. Steinbock, 8.2.–25.2. Wassermann, 26.2.–13.3. Fische, 14.3.–31.3. Widder, 1.4.–18.4. Stier, 19.4.–16.5. Widder, 17.5.–6.6. Stier, 7.6.–21.6. Zwillinge, 22.6.–5.7. Krebs, 6.7.–26.7. Löwe, 27.7.–29.8. Jungfrau, 30.8.–10.9. Löwe, 11.9.–29.9. Jungfrau, 30.9.–17.10. Waage, 18.10.–5.11. Skorpion, 6.11.–31.12. Schütze, **1972** 1.1.–11.1. Schütze, 12.1.–31.1. Steinbock, 1.2.–17.2. Wassermann, 18.2.–5.3. Fische, 6.3.–12.5. Widder, 13.5.–28.5. Stier, 29.5.–11.6. Zwillinge, 12.6.–28.6. Krebs, 29.6.–4.9. Löwe, 5.9.–20.9. Jungfrau, 21.9.–8.10. Waage, 9.10.–30.10.

Skorpion, 31.10.–29.11. Schütze, 30.11.–12.12. Skorpion, 13.12.–31.12. Schütze, **1973** 1.1.–3.1. Schütze, 4.1.–23.1. Steinbock, 24.1.–9.2. Wassermann, 10.2.–16.4. Fische, 17.4.–5.5. Widder, 6.5.–20.5. Stier, 21.5.–3.6. Zwillinge, 4.6.–26.6. Krebs, 27.6.–16.7. Löwe, 17.7.–10.8. Krebs, 11.8.–27.8. Löwe, 28.8.–13.9. Jungfrau, 14.9.–2.10. Waage, 3.10.–8.12. Skorpion, 9.12.–27.12. Schütze, 28.12.–31.12. Steinbock, **1974** 1.1.–15.1. Steinbock, 16.1.–2.2. Wassermann, 3.2.–2.3. Fische, 3.3.–17.3. Wassermann, 18.3.–10.4. Fische, 11.4.–27.4. Widder, 28.4.–11.5. Stier, 12.5.–28.5. Zwillinge, 29.5.–4.8. Krebs, 5.8.–19.8. Löwe, 20.8.–5.9. Jungfrau, 6.9.–26.9. Waage, 27.9.–26.10. Skorpion, 27.10.–10.11. Waage, 11.11.–1.12. Skorpion, 2.12.–20.12. Schütze, 21.12.–31.12. Steinbock, **1975** 1.1.–8.1. Steinbock, 9.1.–15.3. Wassermann, 16.3.–3.4. Fische, 4.4.–19.4. Widder, 20.4.–3.5. Stier, 4.5.–11.7. Zwillinge, 12.7.–27.7. Krebs, 28.7.–11.8. Löwe, 12.8.–30.8. Jungfrau, 31.8.–5.11. Waage, 6.11.–24.11. Skorpion, 25.11.–13.12. Schütze, 14.12.–31.12. Steinbock, **1976** 1.1.–2.1. Steinbock, 3.1.–25.1. Wassermann, 26.1.–15.2. Steinbock, 16.2.–8.3. Wassermann, 9.3.–25.3. Fische, 26.3.–9.4. Widder, 10.4.–29.4. Stier, 30.4.–19.5. Zwillinge, 20.5.–13.6. Stier, 14.6.–3.7. Zwillinge, 4.7.–18.7. Krebs, 19.7.–3.8. Löwe, 4.8.–25.8. Jungfrau, 26.8.–21.9. Waage, 22.9.–9.10. Jungfrau, 10.10.–28.10. Waage, 29.10.–16.11. Skorpion, 17.11.–5.12. Schütze, 6.12.–31.12. Steinbock, **1977** 1.1.–10.2. Steinbock, 11.2.–1.3. Wassermann, 2.3.–17.3. Fische, 18.3.–2.4. Widder, 3.4.–10.6. Stier, 11.6.–25.6. Zwillinge, 26.6.–9.7. Krebs, 10.7.–27.7. Löwe, 28.7.–3.10. Jungfrau, 4.10.–21.10. Waage, 22.10.–9.11. Skorpion, 10.11.–30.11. Schütze, 1.12.–21.12. Steinbock, 22.12.–31.12. Schütze, **1978** 1.1.–13.1. Schütze, 14.1.–4.2. Steinbock, 5.2.–22.2. Wassermann, 23.2.–9.3. Fische, 10.3.–15.5. Widder, 16.5.–3.6. Stier, 4.6.–17.6. Zwillinge, 18.6.–2.7. Krebs, 3.7.–26.7. Löwe, 27.7.–13.8. Jungfrau, 14.8.–9.9. Löwe, 10.9.–26.9. Jungfrau, 27.9.–13.10. Waage, 14.10.–2.11. Skorpion, 3.11.–31.12. Schütze, **1979** 1.1.–8.1. Schütze, 9.1.–27.1. Steinbock, 28.1.–14.2. Wassermann, 15.2.–3.3. Fische, 4.3.–28.3. Widder, 29.3.–16.4. Fische, 17.4.–10.5. Widder, 11.5.–25.5. Stier, 26.5.–8.6. Zwillinge, 9.6.–26.6. Krebs, 27.6.–2.9. Löwe, 3.9.–18.9. Jungfrau, 19.9.–6.10. Waage, 7.10.–29.10. Skorpion, 30.10.–18.11. Schütze, 19.11.–11.12. Skorpion, 12.12.–31.12. Schütze, **1980** 1.1. Schütze, 2.1.–20.1. Steinbock, 21.1.–6.2. Wassermann, 7.2.–14.4. Fische, 15.4.–1.5. Widder, 2.5.–16.5. Stier, 17.5.–31.5. Zwillinge, 1.6.–8.8. Krebs, 9.8.–24.8. Löwe, 25.8.–9.9. Jungfrau, 10.9.–29.9. Waage, 30.9.–5.12. Skorpion, 6.12.–24.12. Schütze, 25.12.–31.12. Steinbock, **1981** 1.1.–12.1. Steinbock, 13.1.–31.1. Wassermann, 1.2.–16.2.

Fische, 17.2.–17.3. Wassermann, 18.3.–7.4. Fische, 8.4.–23.4. Widder, 24.4.–7.5. Stier, 8.5.–28.5. Zwillinge, 29.5.–22.6. Krebs, 23.6.–12.7. Zwillinge, 13.7.–1.8. Krebs, 2.8.–15.8. Löwe, 16.8.–2.9. Jungfrau, 3.9.–26.9. Waage, 27.9.–14.10. Skorpion, 15.10.–8.11. Waage, 9.11.–28.11. Skorpion, 29.11.–17.12. Schütze, 18.12.–31.12. Steinbock, **1982** 1.1.–5.1. Steinbock, 6.1.–13.3. Wassermann, 14.3.–31.3. Fische, 1.4.–15.4. Widder, 16.4.–1.5. Stier, 2.5.–8.7. Zwillinge, 9.7.–23.7. Krebs, 24.7.–8.8. Löwe, 9.8.–27.8. Jungfrau, 28.8.–2.11. Waage, 3.11.–21.11. Skorpion, 22.11.–10.12. Schütze, 11.12.–31.12. Steinbock, **1983** 1.1. Steinbock, 2.1.–12.1. Wassermann, 13.1.–13.2. Steinbock, 14.2.–6.3. Wassermann, 7.3.–23.3. Fische, 24.3.–7.4. Widder, 8.4.–13.6. Stier, 14.6.–1.7. Zwillinge, 2.7.–15.7. Krebs, 16.7.–31.7. Löwe, 1.8.–29.8. Jungfrau, 30.8.–6.9. Waage, 7.9.–8.10. Jungfrau, 9.10.–26.10. Waage, 27.10.–13.11. Skorpion, 14.11.–3.12. Schütze, 4.12.–31.12. Steinbock, **1984** 1.1.–8.2. Steinbock, 9.2.–27.2. Wassermann, 28.2.–14.3. Fische, 15.3.–31.3. Widder, 1.4.–25.4. Stier, 26.4.–14.5. Widder, 15.5.–7.6. Stier, 8.6.–21.6. Zwillinge, 22.6.–6.7. Krebs, 7.7.–25.7. Löwe, 26.7.–30.9. Jungfrau, 31.9.–17.10. Waage, 18.10.–5.11. Skorpion, 6.11.–1.12. Schütze, 2.12.–7.12. Steinbock, 8.12.–31.12. Schütze, **1985** 1.1.–11.1. Schütze, 12.1.–31.1. Steinbock, 1.2.–18.2. Wassermann, 19.2.–6.3. Fische, 7.3.–13.5. Widder, 14.5.–30.5. Stier, 31.5.–13.6. Zwillinge, 14.6.–29.6. Krebs, 30.6.–6.9. Löwe, 7.9.–22.9. Jungfrau, 23.9.–10.10. Waage, 11.10.–31.10. Skorpion, 1.11.–4.12. Schütze, 5.12.–10.12. Skorpion, 11.12.–31.12. Schütze, **1986** 1.1.–5.1. Schütze, 6.1.–24.1. Steinbock, 25.1.–10.2. Wassermann, 11.2.–2.3. Fische, 3.3.–11.3. Widder, 12.3.–16.4. Fische, 17.4.–6.5. Widder, 7.5.–21.5. Stier, 22.5.–5.6. Zwillinge, 6.6.–26.6. Krebs, 27.6.–23.7. Löwe, 24.7.–11.8. Krebs, 12.8.–29.8. Löwe, 30.8.–14.9. Jungfrau, 15.9.–3.10. Waage, 4.10.–9.12. Skorpion, 10.12.–29.12. Schütze, 30.12.–31.12. Steinbock, **1987** 1.1.–16.1. Steinbock, 17.1.–3.2. Wassermann, 4.2.–11.3. Fische, 12.3. Wassermann, 13.3.–12.4. Fische, 13.4.–29.4. Widder, 30.4.–13.5. Stier, 14.5.–29.5. Zwillinge, 30.5.–6.8. Krebs, 7.8.–21.8. Löwe, 22.8.–6.9. Jungfrau, 7.9.–28.9. Waage, 29.9.–1.11. Skorpion, 2.11.–11.11. Waage, 12.11.–2.12. Skorpion, 3.12.–22.12. Schütze, 23.12.–31.12. Steinbock, **1988** 1.1.–9.1. Steinbock, 10.1.–15.3. Wassermann, 16.3.–4.4. Fische, 5.4.–19.4. Widder, 20.4.–4.5. Stier, 5.5.–11.7. Zwillinge, 12.7.–28.7. Krebs, 29.7.–12.8. Löwe, 13.8.–30.8. Jungfrau, 31.8.–6.11. Waage, 7.11.–24.11. Skorpion, 25.11.–13.12. Schütze, 14.12.–31.12. Steinbock, **1989** 1.1.–2.1. Steinbock, 3.1.–29.1. Wassermann, 30.1.–14.2. Steinbock, 15.2.–10.3. Wassermann, 11.3.–27.3. Fische, 28.3.–11.4. Widder, 12.4.–29.4. Stier, 30.4.–28.5. Zwillinge, 29.5.–11.6. Stier, 12.6.–5.7. Zwillinge, 6.7.–19.7. Krebs, 20.7.–4.8. Löwe, 5.8.–25.8. Jungfrau, 26.8.–26.9. Waage, 27.9.–10.10. Jungfrau, 11.10.–30.10. Waage, 31.10.–17.11. Skorpion, 18.11.–7.12. Schütze, 8.12.–31.12. Steinbock, **1990** 1.1.–11.2. Steinbock, 12.2.–3.3. Wassermann, 4.3.–19.3. Fische, 20.3.–3.4. Widder, 4.4.–11.6. Stier, 12.6.–27.6. Zwillinge, 28.6.–11.7. Krebs, 12.7.–28.7. Löwe, 29.7.–5.10. Jungfrau, 6.10.–22.10. Waage, 23.10.–10.11. Skorpion, 11.11.–1.12. Schütze, 2.12.–25.12. Steinbock, 26.12.–31.12. Schütze, **1991** 1.1.–14.1. Schütze, 15.1.–5.2. Steinbock, 6.2.–24.2. Wassermann, 25.2.–11.3. Fische, 12.3.–15.5. Widder, 16.5.–4.6. Stier, 5.6.–18.6. Zwillinge, 19.6.–3.7. Krebs, 4.7.–25.7. Löwe, 26.7.–18.8. Jungfrau, 19.8.–10.9. Löwe, 11.9.–27.9. Jungfrau, 28.9.–14.10. Waage, 15.10.–3.11. Skorpion, 4.11.–31.12. Schütze, **1992** 1.1.–9.1. Schütze, 10.1.–28.1. Steinbock, 29.1.–15.2. Wassermann, 16.02.–2.3. Fische, 3.3.–3.4. Widder, 4.4.–13.4. Fische, 14.4.–10.5. Widder, 11.5.–25.5. Stier, 26.5.–8.6. Zwillinge, 9.6.–26.6. Krebs, 27.6.–2.9. Löwe, 3.9.–18.9. Jungfrau, 19.9.–6.10. Waage, 7.10.–28.10. Skorpion, 29.10.–20.11. Schütze, 21.11.–11.12. Skorpion, 12.12.–31.12. Schütze, **1993** 1.1. Schütze, 2.1.–20.1. Steinbock, 21.1.–6.2. Wassermann, 7.2.–14.4. Fische, 15.4.–2.5. Widder, 3.5.–17.5. Stier, 18.5.–1.6. Zwillinge, 2.6.–9.8. Krebs, 10.8.–25.8. Löwe, 26.8.–10.9. Jungfrau, 11.9.–31.9. Waage, 1.10.–6.12. Skorpion, 7.12.–25.12. Schütze, 26.12.–31.12. Steinbock, **1994** 1.1.–13.1. Steinbock, 14.1.–31.1. Wassermann, 1.2.–20.2. Fische, 21.2.–17.3. Wassermann, 18.3.–8.4. Fische, 9.4.–24.4. Widder, 25.4.–8.5. Stier, 9.5.–27.5. Zwillinge, 28.5.–2.7. Krebs, 3.7.–9.7. Zwillinge, 10.7.–2.8. Krebs, 3.8.–17.8. Löwe, 18.8.–3.9. Jungfrau, 4.9.–26.9. Waage, 27.9.–18.10. Skorpion, 19.10.–9.11. Waage, 10.11.–29.11. Skorpion, 30.11.–18.12. Schütze, 19.12.–31.12. Steinbock, **1995** 1.1.–5.1. Steinbock, 6.1.–13.3. Wassermann, 14.3.–1.4. Fische, 2.4.–16.4. Widder, 17.4.–1.5. Stier, 2.5.–9.7. Zwillinge, 10.7.–24.7. Krebs, 25.7.–9.8. Löwe, 10.8.–28.8. Jungfrau, 29.8.–3.11. Waage, 4.11.–21.11. Skorpion, 22.11.–11.12. Schütze, 12.12.–31.12. Steinbock, **1996** 1.1.–16.1. Wassermann, 17.1.–14.2. Steinbock, 15.2.–6.3. Wassermann, 7.3.–23.3. Fische, 24.3.–7.4. Widder, 8.4.–12.6. Stier, 13.6.–1.7. Zwillinge, 2.7.–15.7. Krebs, 16.7.–31.7. Löwe, 1.8.– 25.8. Jungfrau, 26.8.–11.9. Waage, 12.9.–8.10. Jungfrau, 9.10.–26.10. Waage, 27.10.–13.11. Skorpion, 14.11.–3.12. Schütze, 4.12.–31.12. Steinbock, **1997** 1.1.–8.2. Steinbock, 9.2.–27.2. Wassermann, 28.2.–15.3. Fische, 16.3.–31.3. Widder, 1.4.–4.5. Stier, 5.5.–11.5. Widder, 12.5.–8.6. Stier, 9.6.–22.6. Zwillinge, 23.6.–7.7. Krebs, 8.7.–26.7. Löwe, 27.7.–1.10. Jungfrau, 2.10.–18.10. Waage, 19.10.–6.11. Skorpion, 7.11.–29.11.

Schütze, 30.11.–12.12. Steinbock, 13.12.–31.12. Schütze, **1998** 1.1.–11.1. Schütze, 12.1.–1.2. Steinbock, 2.2.–19.2. Wassermann, 20.2.–7.3. Fische, 8.3.–14.5. Widder, 15.5.–31.5. Stier, 1.6.–14.6. Zwillinge, 15.6.–30.6. Krebs, 1.7.–7.9. Löwe, 8.9.–23.9. Jungfrau, 24.9.–11.10. Waage, 12.10.–31.10. Skorpion, 1.11.–31.12. Schütze, **1999** 1.1.–6.1. Schütze, 7.1.–25.1. Steinbock, 26.1.–11.2. Wassermann, 12.2.–1.3. Fische, 2.3.–17.3. Widder, 18.3.–16.4. Fische, 17.4.–7.5. Widder, 8.5.–22.5. Stier, 23.5.–6.6. Zwillinge, 7.6.–25.6. Krebs, 26.6.–31.7. Löwe, 1.8.–11.8. Krebs, 12.8.–30.8. Löwe, 31.8.–15.9. Jungfrau, 16.9.–4.10. Waage, 5.10.–29.10. Skorpion, 30.10.–8.11. Schütze, 9.11.– 10.12. Skorpion, 11.12.–30.12. Schütze, 31.12. Steinbock, **2000** 1.1.–17.1. Steinbock, 18.1.–4.2. Wassermann, 5.2.–12.4. Fische, 13.4.–28.4. Widder, 29.4.–13.5. Stier, 14.5.–28.5. Zwillinge, 29.5.–6.8. Krebs, 7.8.–21.8. Löwe, 22.8.–6.9. Jungfrau, 7.9.–27.9. Waage, 28.9.–6.11. Skorpion, 7.11. Waage, 8.11.–2.12. Skorpion, 3.12.–22.12. Schütze, 23.12.–31.12. Steinbock, **2001** 1.1.–9.1. Steinbock, 10.1.–31.1. Wassermann, 1.2.–6.2. Fische, 7.2.–16.3. Wassermann, 17.3.–16.4. Fische, 17.4.–20.4. Widder, 21.4.–4.5. Stier, 5.5.–11.7. Zwillinge, 12.7.–29.7. Krebs, 30.7.–13.8. Löwe, 14.8.–30.8. Jungfrau, 31.8.–6.11. Waage, 7.11.–25.11. Skorpion, 26.11.–14.12. Schütze, 15.12.–31.12. Steinbock, **2002** 1.1.–2.1. Steinbock, 3.1.–3.2. Wassermann, 4.2.–13.2. Steinbock, 14.2.–10.3. Wassermann, 11.3.–28.3. Fische, 29.3.–12.4. Widder, 13.4.–29.4. Stier, 30.4.–6.7. Zwillinge, 7.7.–20.7. Krebs, 21.7.–5.8. Löwe, 6.8.–25.8. Jungfrau, 26.8.–1.10. Waage, 2.10.–11.10. Jungfrau, 12.10.–31.10. Waage, 1.11.–18.11. Skorpion, 19.11.–7.12. Schütze, 8.12.–31.12. Steinbock, **2003** 1.1.–12.2. Steinbock, 13.2.–3.3. Wassermann, 4.3.–20.3. Fische, 21.3.–4.4. Widder, 5.4.–11.6. Stier, 12.6.–28.6. Zwillinge, 29.6.–12.7. Krebs, 13.7.–29.7. Löwe, 30.7.–5.10. Jungfrau, 6.10.–23.10. Waage, 24.10.–11.11. Skorpion, 12.11.–2.12. Schütze, 3.12.–30.12. Steinbock, 31.12. Schütze, **2004** 1.1.–14.1. Schütze, 15.1.–7.2. Steinbock, 8.2.–25.2. Wassermann, 26.2.–12.3. Fische, 13.2.–1.4. Widder, 2.4.–13.4. Stier, 14.4.–16.5. Widder, 17.5.–5.6. Stier, 6.6.–19.6. Zwillinge, 20.6.–4.7. Krebs, 5.7.–25.7. Löwe, 26.7.–25.8. Jungfrau, 26.8.–10.9. Löwe, 11.9.–28.9. Jungfrau, 29.9.–15.10. Waage, 16.10.–4.11. Skorpion, 5.11.–31.12. Schütze, **2005** 1.1.–10.1. Schütze, 11.1.–30.1. Steinbock, 31.1.–16.2. Wassermann, 17.2.–5.3. Fische, 6.3.–12.5. Widder, 13.5.–28.5. Stier, 29.5.–11.6. Zwillinge, 12.6.–28.6. Krebs, 29.6.–4.9. Löwe, 5.9.–20.9. Jungfrau, 21.9.–8.10. Waage, 9.10.–30.10. Skorpion, 31.10.–26.11. Schütze, 27.11.–12.12. Skorpion, 13.12.–31.12. Schütze, **2006** 1.1.–3.1. Schütze, 4.1.–22.1. Steinbock, 23.1.–9.2. Wassermann,

10.2.–16.4. Fische, 17.4.–5.5. Widder, 6.5.–19.5. Stier, 20.5.–3.6. Zwillinge, 4.6.–28.6. Krebs, 29.6.–10.7. Löwe, 11.7.–11.8. Krebs, 12.8.–27.8. Löwe, 28.8.–12.9. Jungfrau, 13.9.–2.10. Waage, 3.10.–8.12. Skorpion, 9.12.–27.12. Schütze, 28.12.–31.12. Steinbock, **2007** 1.1.–15.1. Steinbock, 16.1.–2.2. Wassermann, 3.2.–27.2. Fische, 28.2.–18.3. Wassermann, 19.3.–10.4. Fische, 11.4.–27.4. Widder, 28.4.–11.5. Stier, 12.5.–29.5. Zwillinge, 30.5.–4.8. Krebs, 5.8.–19.8. Löwe, 20.8.–5.9. Jungfrau, 6.9.–27.9. Waage, 28.9.–24.10. Skorpion, 25.10.–11.11. Waage, 12.11.–1.12. Skorpion, 2.12.–20.12. Schütze, 21.12.–31.12. Steinbock, **2008** 1.1.–8.1. Steinbock, 9.1.–14.3. Wassermann, 15.3.–2.4. Fische, 3.4.–17.4. Widder, 18.4.–2.5. Stier, 3.5.–10.7. Zwillinge, 11.7.–26.7. Krebs, 27.7.–10.8. Löwe, 11.8.–29.8. Jungfrau, 30.8.–4.11. Waage, 5.11.–23.11. Skorpion, 24.11.–12.12. Schütze, 13.12.–31.12. Steinbock.

E Venus

Venus ist in der Symbolsprache ein anderes Wort für Liebe, Lust, Zärtlichkeit, Leidenschaft, Zweisamkeit, Anziehung, Nähe, Knistern, Flirten, Sehnsucht, Verschmelzung, Sinnlichkeit und dergleichen mehr. Und jede Venusposition im Tierkreiszeichen gibt all diesen Facetten der Liebe eine andere Färbung, ein bestimmtes Gewicht, einen individuellen Glanz.
Venus ist die Herrscherin der Tierkreisenergien Stier und Waage.

Für die Bestimmung Ihrer persönlichen Venusposition suchen Sie bitte Ihren Geburtstag in der folgenden Tabelle und entnehmen Ihr Venuszeichen.

Notieren Sie sich Ihre persönliche Venusposition.

Venus-Tabelle

1920 1.1.- 3.1. Skorpion, 4.1.- 28.1. Schütze, 29.1.- 22.2. Steinbock, 23.2.- 18.3. Wassermann, 19.3.- 11.4. Fisch, 12.4-5.5. Widder, 6.5.- 30.5. Stier, 31.5.- 23.6. Zwilling, 24.6.- 18.7. Krebs, 19.7.- 11.8. Löwe, 12.8.- 4.9. Jungfrau, 5.9.- 29.9. Waage, 30.9.-23.10. Skorpion, 24.10.- 17.11. Schütze, 18.11.- 11.12. Steinbock, 12.12.-31.12. Wassermann, **1921** 1.1.- 6.1. Wassermann, 7.1.- 2.2. Fisch, 3.2.- 6.3. Widder, 7.3.- 25.4. Stier, 26.4.-1.6. Widder, 2.6.- 7.7. Stier, 8.7.- 5.8. Zwilling, 6.8.- 31.8. Krebs, 1.9.- 25.9. Löwe, 26.9.- 20.10. Jungfrau, 21.10.- 13.11. Waage, 14.11.- 7.12. Skorpion, 8.12.- 31.12. Schütze, **1922** 1.1.- 24.1. Steinbock, 25.1.- 16.2. Wassermann, 17.2.- 12.3. Fisch, 13.3.- 6.4. Widder, 7.4.- 30.4. Stier, 1.5.- 25.5. Zwilling, 26.5.- 19.6. Krebs, 20.6.- 14.7. Löwe, 15.7.- 9.8. Jungfrau, 10.8.- 6.9. Waage, 7.9.- 10.10. Skorpion, 11.10.- 28.11. Schütze, 29.11.- 31.12. Skorpion, **1923** 1.1. Skorpion, 2.1.- 5.2. Schütze, 6.2.- 5.3. Steinbock, 6.3.- 31.3. Wassermann, 1.4.- 26.4. Fisch, 27.4.- 21.5. Widder, 22.5.- 14.6. Stier, 15.6.- 9.7. Zwilling, 10.7.- 3.8. Krebs, 4.8.- 27.8. Löwe, 28.8.- 20.9. Jungfrau, 21.9.- 14.10. Waage, 15.10.- 7.11.

Skorpion, 8.11.-1.12. Schütze, 2.12.-25.12. Steinbock, 26.12.-31.12. Wassermann, **1924** 1.1.- 19.1. Wassermann, 20.1.- 12.2. Fisch, 13.2.-8.3. Widder, 9.3.- 4.4. Stier, 5.4.- 6.5. Zwilling, 7.5.- 8.9. Krebs, 9.9.- 7.10. Löwe, 8.10.- 2.11. Jungfrau, 3.11.-26.11. Waage, 27.11.- 21.12. Skorpion, 22.12.-31.12. Schütze, **1925** 1.1.- 14.1. Schütze, 15.1.- 7.2. Steinbock, 8.2.- 3.3. Wassermann, 4.3.-27.3. Fisch, 28.3.- 20.4. Widder, 21.4.- 15.5. Stier, 16.5.- 8.6. Zwilling, 9.6.- 3.7. Krebs, 4.7.- 27.7. Löwe, 28.7.- 21.8. Jungfrau, 22.8.-15.9. Waage, 16.9.- 11.10. Skorpion, 12.10.- 6.11. Schütze, 7.11.- 5.12. Steinbock, 6.12.-31.12. Wassermann, **1926** 1.1.- 5.4. Wassermann, 6.4.- 6.5. Fisch, 7.5.- 2.6. Widder, 3.6.- 28.6. Stier, 29.6.- 23.7. Zwilling, 24.7.- 17.8. Krebs, 18.8.- 11.9. Löwe, 12.9.- 5.10. Jungfrau, 6.10.-29.10. Waage, 30.10.- 22.11. Skorpion, 23.11.- 16.12. Schütze, 17.12.-31.12. Steinbock, **1927** 1.1.- 8.1. Steinbock, 9.1.- 1.2. Wassermann, 2.2.- 26.2. Fisch, 27.2.- 22.3. Widder, 23.3.- 16.4. Stier, 17.4.- 11.5. Zwilling, 12.5.- 7.6. Krebs, 8.6.- 7.7. Löwe, 8.7.- 9.11. Jungfrau, 10.11.-8.12. Waage, 9.12.- 31.12. Skorpion, **1928** 1.1.- 3.1. Skorpion, 4.1.-28.1. Schütze, 29.1.- 22.2. Steinbock, 23.2.- 17.3. Wassermann, 18.3.-11.4. Fisch, 12.4.- 5.5. Widder, 6.5.-29.5. Stier, 30.5.- 23.6. Zwilling, 24.6.- 17.7. Krebs, 18.7.- 11.8. Löwe, 12.8.- 4.9. Jungfrau, 5.9.- 28.9. Waage, 29.9.- 23.10. Skorpion, 24.10.-16.11. Schütze, 17.11.- 11.12. Steinbock, 12.12.-31.12. Wassermann, **1929** 1.1.-5.1. Wassermann, 6.1.-2.2. Fisch, 3.2.- 7.3. Widder, 8.3.-19.4. Stier, 20.4.- 2.6. Widder, 3.6.-7.7. Stier, 8.7.- 4.8. Zwilling, 5.8.-31.8. Krebs, 1.9.- 25.9. Löwe, 26.9.-19.10. Jungfrau, 20.10.- 12.11. Waage, 13.11.- 6.12. Skorpion, 7.12.-31.12. Schütze, 1930 1.1.-23.1. Steinbock, 24.1-16.2. Wassermann, 17.2.-12.3. Fische, 13.3.-5.4. Widder, 6.4.-30.4 Stier, 1.5.-24.5. Zwilling, 25.5.-18.6. Krebs, 19.6.-14.7. Löwe, 15.7-9.8. Jungfrau, 10.8.-6.9. Waage, 7.9.-11.10.Skorpion, 12.10.-22.11. Schütze, 23.11.-31.12. Skorpion, **1931** 1.1.-3.1. Skorpion, 4.1.-5.2. Schütze, 6.2.-5.3. Steinbock, 6.3.-31.3. Wassermann, 1.4.-25.4. Fische, 26.4.-20.5. Widder, 21.5.-14.6. Stier, 15.6.-9.7. Zwilling, 10.7.-2.8. Krebs, 3.8.-26.8. Löwe, 27.8.-20.9. Jungfrau, 21.9.-14.10. Waage, 15.10.-7.11. Skorpion, 8.11.-1.12. Schütze, 2.12.-25.12 Steinbock, 26.12.-31.12. Wassermann, **1932** 1.1.-18.1. Wassermann, 19.1.-12.2. Fische, 13.2.-8.3. Widder, 9.3.-4.4. Stier, 5.4.-5.5. Zwilling, 6.5.-12.7. Krebs, 13.7.-28.7 Zwilling, 29.7.-8.9. Krebs, 9.9.-6.10. Löwe, 7.10.-1.11. Jungfrau, 2.11.-26.11. Waage, 27.11.-20.12. Skorpion, 21.12.-31.12. Schütze, **1933** 1.1.-13.1. Schütze, 14.1.-6.2. Steinbock, 7.2.-3.3. Wassermann, 4.3.-27.3. Fische, 28.3.-20.4. Widder, 21.4.-14.5. Stier, 15.5.-8.6. Zwilling, 9.6.-2.7. Krebs, 3.7.-27.7. Löwe, 28.7.-21.8. Jungfrau, 22.8.-15.9. Waage, 16.9.-10.10. Skorpion, 11.10.-6.11. Schütze, 7.11.-5.12. Steinbock, 6.12.-31.12. Wassermann, **1934** 1.1.-5.4. Wassermann, 6.4.-5.5. Fische, 6.5.-2.6. Widder, 3.6.-27.6. Stier, 28.6.-23.7.

Zwilling, 24.7.-17.8. Krebs, 18.8.-10.9. Löwe, 11.9.-4.10. Jungfrau, 5.10.-28.10. Waage, 29.10.-21.11. Skorpion, 22.11.-15.12. Schütze, 16.12.-31.12. Steinbock, **1935** 1.1.-8.1. Steinbock, 9.1.-1.2. Wassermann, 2.2.-25.2. Fische, 26.2.-21.3. Widder, 22.3.-15.4. Stier, 16.4.-11.5. Zwilling, 12.5.-7.6. Krebs, 8.6.-7.7. Löwe, 8.7.-9.11. Jungfrau, 10.11.-8.12. Waage, 9.12.-31.12. Skorpion, **1936** 1.1.-3.1. Skorpion, 4.1.-28.1. Schütze, 29.1.-21.2. Steinbock, 22.2.-17.3. Wassermann, 18.3.-10.4. Fische, 11.4.-5.5. Widder, 6.5.-29.5. Stier, 30.5.-22.6. Zwilling, 23.6.-17.7. Krebs, 18.7.-10.8.Löwe, 11.8.-4.9. Jungfrau, 5.9.-28.9. Waage, 29.9.-22.10. Skorpion, 23.10.-16.11. Schütze, 17.11.-11.12. Steinbock, 12.12.-31.12. Wassermann, **1937** 1.1.-5.1. Wassermann, 6.1.-2.2. Fische, 3.2.-9.3. Widder, 10.3.-13.4. Stier, 14.4.-3.6. Widder, 4.6.- 7.7. Stier, 8.7.-4.8. Zwillinge, 5.8.-30.8. Krebs, 31.8.-24.9. Löwe, 25.9.-19.10. Jungfrau, 20.10.-12.11. Waage, 13.11.-6.12. Skorpion, 7.12.-30.12. Schütze, 31.12. Steinbock, **1938** 1.1.-23.1. Steinbock, 24.1.-15.2. Wassermann, 16.2.-11.3. Fische, 12.3.-5.4. Widder, 6.4.-29.4. Stier, 30.4.-24.5. Zwillinge, 25.5.-18.6. Krebs, 19.6.-13.7. Löwe, 14.7.-9.8. Jungfrau, 10.8.-7.9. Waage, 8.9.-13.10. Skorpion, 14.10.-15.11 Schütze, 16.11.-31.12. Skorpion, **1939** 1.1.-4.1. Skorpion, 5.1.-6.2. Schütze, 7.2.-5.3. Steinbock, 6.3.-30.3. Wassermann, 31.3.-25.4. Fische, 26.4.-20.5. Widder, 21.5.-14.6. Stier, 15.6.-8.7. Zwillinge, 9.7.-2.8. Krebs, 3.8.-26.8. Löwe, 27.8.-19.9. Jungfrau, 20.9.-13.10. Waage, 14.10.-6.11. Skorpion, 7.11.-30.11. Schütze, 1.12.-24.12. Steinbock, 25.12-31.12. Wassermann, **1940** 1.1.-18.1. Wassermann, 19.1.-11.2. Fische, 12.2.-8.3. Widder, 9.3.-4.4. Stier, 5.4.-6.5. Zwillinge, 7.5.-5.7. Krebs, 6.7.-1.8. Zwillinge, 2.8.- 8.9. Krebs, 9.9.-6.10. Löwe, 7.10-1.11. Jungfrau, 2.11.-26.11. Waage, 27.11-20.12. Skorpion, 21.12.-31.12. Schütze, **1941** 1.1.-13.1. Schütze, 14.1.-6.2. Steinbock, 7.2.-2.3. Wassermann, 3.3.-27.3. Fische, 28.3.-19.4. Widder, 20.4.-14.5. Stier, 15.5.-7.6. Zwillinge, 8.6.-2.7. Krebs, 3.7.-26.7. Löwe, 27.7.-20.8. Jungfrau, 21.8.- 14.9. Waage, 15.9.-10.10. Skorpion, 11.10.-6.11. Schütze, 7.11.-5.12. Steinbock, 6.12.-31.12. Wassermann, **1942** 1.1.-5.4. Wassermann, 6.4.-5.5. Fische, 6.5.-1.6. Widder, 2.6.-27.6. Stier, 28.6.-22.7. Zwillinge, 23.7.-16.8. Krebs, 17.8.-10.9. Löwe, 11.9.-4.10. Jungfrau, 5.10-28.10. Waage, 29.10-21.11. Skorpion, 22.11.-15.12. Schütze, 16.12. –31.12 Steinbock, **1943** 1.1.8.1. Steinbock, 9.1.-31.1. Wassermann, 1.2.-25.2. Fische, 26.2.-21.3. Widder, 22.3.-15.4. Stier, 16.4.-11.5. Zwillinge, 12.5.-7.6. Krebs, 8.6.-7.7. Löwe, 8.7.-9.11. Jungfrau, 10.11.-8.12. Waage, 9.12.-31.12. Skorpion, **1944** 1.1.-3.1. Skorpion, 4.1.-27.1. Schütze, 28.1.-21.2. Steinbock, 22.2.-16.3. Wassermann, 17.3.-10.4. Fische, 11.4.- 4.5. Widder, 5.5.- 28.5. Stier, 29.5.-22.6. Zwillinge, 23.6.-16.7. Krebs, 17.7.-10.8. Löwe, 11.8.-3.9. Jungfrau, 4.9.-27.9. Waage, 28.9.-22.10. Skorpion, 23.10.-15.11. Schütze, 16.11.-

10.12. Steinbock, 11.12.-31.12. Wassermann, **1945** 1.1.-5.1. Was: 6.1.-1.2. Fische, 2.2.-10.3. Widder, 11.3.-7.4. Stier, 8.4.-4.6. Widder, 5.6.-7.7. Stier, 8.7.-3.8. Zwillinge, 4.8.-30.8. Krebs, 31.8.-24.9. Löwe, 25.9.-18.10. Jungfrau, 19.10.-11.11. Waage, 12.11.-5.12. Skorpion, 6.12.-29.12. Schütze, 30.12.-31.12. Steinbock, **1946** 1.1.-22.1. Steinbock, 23.1.-15.2. Wassermann, 16.2.-11.3. Fische, 12.3.-4.4. Widder, 5.4.-28.4. Stier, 29.4.-23.5. Zwillinge, 24.5.-17.6. Krebs, 18.6.-13.7. Löwe, 14.7.-8.8. Jungfrau, 9.8.-6.9. Waage, 7.9.-15.10. Skorpion, 16.10.-7.11. Schütze, 8.11.-31.12. Skorpion, **1947** 1.1.-5.1. Skorpion, 6.1.-5.2. Schütze, 6.2.-4.3. Steinbock, 5.3.- 30.3. Was: 31.3.-24.4. Fische, 25.4.-19.5. Widder, 20.5.-13.6. Stier, 14.6.-8.7. Zwillinge, 9.7.-1.8. Krebs, 2.8.-25.8. Löwe, 26.8.-19.9. Jung, 20.9.-13.10. Waage, 14.10.-6.11. Skorpion, 7.11.-30.11. Schütze, 1.12.-24.12. Steinbock, 25.12.-31.12. Wassermann, **1948** 1.1.- 17.1. Wassermann, 18.1.-11.2. Fische, 12.2.-7.3. Widder, 8.3.-4.4. Stier, 5.4.-6.5. Zwillinge, 7.5.-28.6. Krebs, 29.6.-2.8. Zwillinge, 3.8.-8.9. Krebs, 9.9.-6.10. Löwe, 7.10.-31.10. Jungfrau, 1.11.-25.11. Waage, 26.11.-19.12. Skorpion, 20.12.-31.12. Schütze, **1949** 1.1.-12.1. Schütze, 13.1.-5.2. Steinbock, 6.2.-1.3. Wassermann, 2.3.-26.3. Fische, 27.3.-19.4. Widder, 20.4.-13.5. Stier, 14.5.-6.6. Zwillinge, 7.6.-1.7. Krebs, 2.7.-26.7. Löwe, 27.7.-20.8. Jungfrau, 21.8.-14.9. Waage, 15.9.-9.10. Skorpion, 10.10.-5.11. Schütze, 6.11.-5.12. Steinbock, 6.12.-31.12. Wassermann, **1950** 1.1.-6.4. Wassermann, 7.4.-5.5. Fische, 6.5.-1.6. Widder, 2.6.-26.6. Stier, 27.6.-22.7. Zwillinge, 23.7.-16.8. Krebs, 17.8.-9.9. Löwe, 10.9.-3.10. Jungfrau, 4.10.-27.10. Waage, 28.10.-20.11. Skorpion. 21.11.-14.12. Schütze, 15.12.-31.12. Steinbock, **1951** 1.1.- 7.1. Steinbock. 8.1.-31.1. Wassermann, 1.2.-24.2. Fische, 25.2.-20.3. Widder, 21.3.-14.4. Stier, 15.4.-10.5. Zwillinge, 11.5.-6.6. Krebs, 7.6.-7.7. Löwe, 8.7.-9.11. Jungfrau, 10.11.-7.12. Waage, 8.12.-31.12. Skorpion, **1952** 1.1.-2.1. Skorpion, 3.1.-27.1. Schütze, 28.1.-20.2. Steinbock, 21.2.-16.3. Wassermann, 17.3.-9.4. Fische, 10.4.-3.5. Widder, 4.5.-28.5. Stier, 29.5.-21.6. Zwillinge, 22.6.-16.7. Krebs, 17.7.-9.8. Löwe, 10.8.-2.9. Jungfrau, 3.9.-27.9. Waage, 28.9.-21.10. Skorpion, 22.10.-15.11. Schütze, 16.11.-10.12. Steinbock, 11.12.-31.12. Wassermann, **1953** 1.1.-4.1. Wassermann, 5.1.-1.2. Fische, 2.2.-14.3. Widder, 15.3.-30.3. Stier, 31.3.-4.6. Widder, 5.6.-6.7. Stier, 7.7.-3.8. Zwillinge, 4.8.-30.8. Krebs, 31.8.-23.9. Löwe, 24.9.-18.10. Jungfrau, 19.10.-11.11. Waage, 12.11.-5.12. Skorpion, 6.12.-29.12. Schütze, 30.12.-31.12. Steinbock, **1954** 1.1.-21.1. Steinbock, 22.1.-14.2. Wassermann, 15.2.-10.3. Fische, 11.3.-4.4. Widder, 5.4.-28.4. Stier, 29.4.-23.5. Zwillinge, 24.5.-17.6. Krebs, 18.6.-12.7. Löwe, 13.7.-8.8. Jungfrau, 9.8.-6.9. Waage, 7.9.-23.10. Skorpion, 24.10.-26.10. Schütze, 27.10.-31.12. Skorpion, **1955**1.1.-5.1. Skorpion, 6.1.-5.2. Schütze, 6.2.-4.3. Steinbock, 5.3.-29.3. Wassermann, 30.3.-24.4. Fische, 25.4.-19.5. Widder, 20.5.-12.6. Stier, 13.6.-7.7. Zwillinge, 8.7.-31.7. Krebs, 1.8.-25.8. Löwe, 26.8.-18.9. Jungfrau, 19.9.-12.10. Waage, 13.10.-5.11. Skorpion, 6.11.-29.11. Schütze, 30.11.-23.12. Steinbock, 24.12.-31.12. Wassermann, **1956** 1.1.-17.1. Wassermann, 18.1.-10.2. Fische, 11.2.-7.3. Widder, 8.3.-3.4. Stier, 4.4.-7.5. Zwillinge, 8.5.-23.6. Krebs, 24.6.-3.8. Zwillinge, 4.8.-7.9. Krebs, 8.9.-5.10. Löwe, 6.10.-31.10. Jungfrau, 1.11.-25.11. Waage, 26.11.-19.12. Skorpion, 20.12.-31.12. Schützen, **1957** 1.1.-12.1. Schütze, 13.1.-5.2. Steinbock, 6.2.-1.3. Wassermann, 2.3.- 25.3. Fische, 26.3.-18.4. Widder, 19.4.-12.5. Stier, 13.5.-6.6. Zwillinge, 7.6.-30.6. Krebs, 1.7.-25.7. Löwe, 26.7.-19.8. Jungfrau, 20.8.-13.9. Waage, 14.9.-9.10. Skorpion, 10.10.-5.11. Schütze, 6.11.-6.12. Steinbock, 7.12.-31.12. Wassermann, **1958** 1.1.-6.4. Wassermann, 7.4.-5.5. Fische, 6.5.-31.5. Widder, 1.6.-26.6. Stier, 27.6.-21.7. Zwillinge, 22.7.-15.8. Krebs, 16.8.-9.9. Löwe, 10.9.-3.10. Jungfrau, 4.10.-27.10. Waage, 28.10.-20.11. Skorpion, 21.11.-13.12. Schütze, 14.12.-31.12. Steinbock, **1959** 1.1.-6.1. Steinbock, 7.1.-30.1. Wassermann, 31.1.-23.2. Fische, 24.2.-20.3. Widder, 21.3.-14.4. Stier, 15.4.-10.5. Zwillinge, 11.5.-6.6. Krebs, 7.6.-8.7. Löwe, 9.7.-19.9. Jungfrau, 20.9.-24.9. Löwe, 25.9.-9.11. Jungfrau, 10.11.-7.12. Waage, 8.12.- 31.12. Skorpion, **1960** 1.1. Skorpion, 2.1.-26.1. Schütze, 27.1.-20.2. Steinbock, 21.2.-15.3. Wassermann, 16.3.-8.4. Fische, 9.4.-3.5. Widder, 4.5.-27.5. Stier, 28.5.-21.6. Zwillinge, 22.6.- 15.7. Krebs, 16.7.-8.8. Löwe, 9.8.-2.9. Jungfrau, 3.9.-26.9. Waage, 27.9.-21.10. Skorpion, 22.10.-14.11. Schütze, 15.11.-9.12. Steinbock, 10.12.- 31.12. Wassermann, **1961** 1.1.-4.1. Wassermann, 5.1.-1.2. Fische, 2.2.-5.6. Widder, 6.6.-6.7. Stier, 7.7.-3.8. Zwillinge, 4.8.-29.8. Krebs, 30.8.-23.9. Löwe, 24.9.-17.10. Jungfrau, 18.10.-10.11. Waage, 11.11.-4.12. Skorpion, 5.12.-28.12. Schütze, 29.12.-31.12. Steinbock, **1962** 1.1.-21.1. Steinbock, 22.1.-14.2. Wassermann, 15.2.-10.3. Fische, 11.3.-2.4. Widder, 3.4.-27.4. Stier, 28.4.-22.5. Zwillinge, 23.5.-16.6. Krebs, 17.6.-12.7. Löwe, 13.7.-8.8. Jungfrau, 9.8.-6.9. Waage, 7.9.-31.12. Skorpion, **1963** 1.1.-6.1. Skorpion, 7.1.-5.2. Schütze, 6.2.-3.3. Steinbock, 4.3.-29.3. Wassermann, 30.3.-23.4. Fische, 24.4.-18.5. Widder, 19.5.-12.6. Stier, 13.6.-6.7. Zwillinge, 7.7.-31.7. Krebs, 1.8.-24.8. Löwe, 25.8.-17.9. Jungfrau, 18.9.-11.10. Waage, 12.10.-5.11. Skorpion, 6.11.-29.11. Schütze, 30.11.-23.12. Steinbock, 24.12.-31.12. Wassermann, **1964** 1.1.-16.1. Wassermann, 17.1.-10.2. Fische, 11.2.-7.3. Widder, 8.3.-3.4. Stier, 4.4.-8.5. Zwillinge, 9.5.-17.6. Krebs, 18.6.-4.8. Zwillinge, 5.8.-7.9. Krebs, 8.9.-5.10. Löwe, 6.10.-30.10. Jungfrau, 31.10.-24.11. Waage, 25.11.-18.12. Skorpion, 19.12.-31.12. Schütze, **1965** 1.1.-11.1. Schütze, 12.1.-4.2. Steinbock, 5.2.-28.2. Wassermann, 1.3.-24.3. Fische, 25.3.-18.4. Widder, 19.4.-12.5. Stier, 13.5.-5.6. Zwillinge, 6.6.-30.6. Krebs, 1.7.-25.7. Löwe, 26.7.-19.8. Jungfrau, 20.8.-13.9. Waage, 14.9.-9.10. Skorpion,

10.10.-5.11. Schütze, 6.11.-6.12. Steinbock, 7.12.-31.12. Wassermann, **1966** 1.1.-6.2. Wassermann, 7.2.-24.2. Steinbock, 25.2.-6.4. Wassermann, 7.4.-4.5. Fische, 5.5.-31.5. Widder, 1.6.-25.6. Stier, 26.6.-21.7. Zwillinge, 22.7.-15.8. Krebs, 16.8.-8.9. Löwe, 9.9.- 2.10. Jungfrau, 3.10.-26.10. Waage, 27.10.-19.11. Skorpion, 20.11.-13.12. Schütze, 14.12.-31.12. Steinbock, **1967** 1.1.-6.1. Steinbock, 7.1.-30.1. Wassermann, 31.1.-23.2. Fische, 24.2.-19.3. Widder, 20.3.-13.4. Stier, 14.4.-9.5. Zwillinge, 10.5.-6.6. Krebs, 7.6.-8.7. Löwe, 9.7.-8.9. Jungfrau, 9.9.-1.10. Löwe, 2.10.-9.11. Jungfrau, 10.11.-6.12. Waage, 7.12.-31.12. Skorpion, **1968** am 1.1. Skorpion, 2.1.-26.1. Schütze, 27.1.-19.2. Steinbock, 20.2.-15.3. Wassermann, 16.3.-8.4. Fische, 9.4.-2.5. Widder, 3.5.-27.5. Stier, 28.5.-20.6. Zwillinge, 21.6.-15.7. Krebs, 16.7.-8.8. Löwe, 9.8.-1.9. Jungfrau, 2.9.-26.9. Waage, 27.9.-20.10. Skorpion, 21.10.-14.11. Schütze, 15.11.-9.12. Steinbock, 10.12.- 31.12. Wassermann, **1969** 1.1.-4.1. Wassermann, 5.1.-1.2. Fische, 2.2.-5.6. Widder, 6.6.-6.7. Stier, 7.7.-2.8. Zwillinge, 3.8.-28.8. Krebs, 29.8.-22.9. Löwe, 23.9.-16.10. Jungfrau, 17.10.-10.11. Waage, 11.11.-4.12. Skorpion, 5.12.-27.12. Schütze, 28.12.-31.12. Steinbock, **1970** 1.1.-20.1. Steinbock, 21.1.-13.2. Wassermann,14.2.-9.3. Fische,10.3.-2.4. Widder, 3.4.-26.4. Stier, 27.4.-22.5. Zwillinge, 23.5.-16.6. Krebs, 17.6.-12.7. Löwe, 13.7.-7.8. Jungfrau, 8.8.-6.9. Waage, 7.9.-31.12. Skorpion, **1971** 1.1.-6.1. Skorpion, 7.1.-5.2. Schütze, 6.2.-3.3. Steinbock, 4.3.-29.3. Wassermann, 30.3.-23.4. Fische, 24.4.-18.5. Widder, 19.5.-11.6. Stier, 12.6.-5.7. Zwillinge, 6.7.-30.7. Krebs, 31.7.-24.8. Löwe, 25.8.-16.9. Jungfrau, 17.9.-11.10. Waage, 12.10.-4.11. Skorpion, 5.11.-28.11. Schütze, 29.11.-22.12. Steinbock, 23.12.-31.12. Wassermann, **1972** 1.1.-16.1. Wassermann, 17.1.-9.2. Fische, 10.2.-6.3. Widder, 7.3.-3.4. Stier, 4.4.-10.5. Zwillinge, 11.5.-11.6. Krebs, 12.6.-5.8. Zwillinge, 6.8.-7.9. Krebs, 8.9.-4.10. Löwe, 5.10.-30.10. Jungfrau, 31.10.-24.11. Waage, 25.11.-18.12. Skorpion, 19.12.-31.12. Schütze, **1973** 1.1.-11.1. Schütze, 12.1.-4.2. Steinbock, 5.2.-28.2. Wassermann, 1.3.-24.3. Fische, 25.3.- 17.4. Widder, 18.4.-11.5. Stier, 12.5.-5.6. Zwillinge, 6.6.-29.6. Krebs, 30.6.-24.7. Löwe, 25.7.-18.8. Jungfrau, 19.8.-12.9. Waage, 13.9.-8.10. Skorpion, 9.10.-5.11. Schütze, 6.11.-7.12. Steinbock, 8.12.-31.12. Wassermann, **1974** 1.1.-29.1. Wassermann, 30.1.-28.2. Steinbock, 1.3.-6.4. Wassermann, 7.4.-4.5. Fische, 5.5.-30.5. Widder, 31.5.-25.6. Stier, 26.6.-21.7. Zwillinge, 22.7.-14.8. Krebs, 15.8.-7.9. Löwe, 8.9.-2.10. Jungfrau, 3.10.-26.10. Waage, 27.10.-19.11. Skorpion, 20.11.-12.12. Schütze, 13.12.-31.12. Steinbock, **1975** 1.1.- 5.1. Steinbock, 6.1.-29.1. Wassermann, 30.1.-22.2. Fische, 23.2.-19.3. Widder, 20.3.-13.4. Stier, 14.4.-9.5. Zwillinge, 10.5.-5.6. Krebs, 6.6.-8.7. Löwe, 9.7.-2.9. Jungfrau, 3.9.-3.10. Löwe, 4.10.-8.11. Jungfrau, 9.11.-6.12. Waage, 7.12-31.12. Skorpion, **1976** 1.1.-25.1. Schütze, 26.1.-19.2.

Steinbock, 20.2.-14.3. Wassermann, 15.3.-7.4. Fische, 8.4.-2.5. Widder, 3.5.-26.5. Stier, 27.5.-20.6. Zwillinge, 21.6.-14.7. Krebs, 15.7.-7.8. Löwe, 8.8.-1.9. Jungfrau, 2.9.-25.9. Waage, 26.9.-20.10. Skorpion, 21.10.-13.11. Schütze, 14.11.-9.12. Steinbock, 10.12.-31.12. Wassermann, **1977** 1.1.-4.1. Wassermann, 5.1.-1.2. Fische, 2.2.-5.6. Widder, 6.6.-6.7. Stier, 7.7.-2.8. Zwillinge, 3.8.-28.8. Krebs, 29.8.-22.9. Löwe, 23.9.-16.10. Jungfrau, 17.19.-9.11. Waage, 10.11.-3.12. Skorpion, 4.12.-27.12. Schütze, 28.12.-31.12. Steinbock, **1978** 1.1.-20.1. Steinbock, 21.1.-13.2. Wassermann, 14.2.-9.3. Fische, 10.3.-2.4. Widder, 3.4.-26.4. Stier, 27.4.-21.5. Zwilling, 22.5.-15.6. Krebs, 16.6.-11.7. Löwe, 12.7.-7.8. Jungfrau, 8.8.-6.9. Waage, 7.9.-31.12. Skorpion, **1979** 1.1.-6.1. Skorpion, 7.1.-4.2. Schütze, 5.2.-3.3. Steinbock, 4.3.-28.3. Wassermann, 29.3.-22.4. Fische, 23.4.-17.5. Widder, 18.5.- 11.6. Stier, 12.6.-5.7. Zwilling, 6.7.-30.7. Krebs, 31.7.-23.8. Löwe, 24.8.-16.9. Jungfrau, 17.9.-10.10. Waage, 11.10.-4.11. Skorpion, 5.11.-28.11. Schütze, 29.11.-22.12. Steinbock, 23.12.-31.12. Wassermann, **1980** 1.1.-15.1. Wassermann, 16.1.-9.2. Fisch, 10.2.-6.3. Widder, 7.3.-3.4. Stier, 4.4.-12.5. Zwilling, 13.5.-4.6. Krebs, 5.6.-6.8. Zwilling, 7.8.-7.9. Krebs, 8.9.-4.10. Löwe, 5.10.-30.10. Jungfrau, 31.10.-23.11. Waage, 24.11.-17.12. Skorpion, 18.12.-31.12. Schütze, **1981** 1.1.-10.1. Schütze, 11.1.-3.2. Steinbock, 4.2.-27.2. Wassermann, 28.2.-23.3. Fische, 24.3.-17.4. Widder, 18.4.-11.5. Stier, 12.5.-4.6. Zwilling, 5.6.-29.6. Krebs, 30.6.-24.7. Löwe, 25.7.-18.8. Jungfrau, 19.8.-12.9. Waage, 13.9.-8.10. Skorpion, 9.10.-5.11. Schütze, 6.11.-8.12. Steinbock, 9.12.-31.12. Wassermann, **1982** 1.1.-23.1. Wassermann, 24.1.-2.3. Steinbock, 3.3.-6.4. Wassermann, 7.4.-4.5. Fisch, 5.5.-30.5. Widder, 31.5.-25.6. Stier, 26.6.-20.7. Zwilling, 21.7-14.8. Krebs, 15.8.-7.9. Löwe, 8.9.-1.10. Jungfrau, 2.10.-25.10. Waage, 26.10.-18.11. Skorpion, 19.11-12.12. Schütze, 13.12.-31.12. Steinbock, **1983** 1.1.-5.1. Steinbock, 6.1.-29.1. Wassermann, 30.1.-22.2. Fische, 23.2.-18.3. Widder, 19.3.-13.4. Stier, 14.4.-9.5. Zwilling, 10.5.-5.6. Krebs, 6.6.-9.7. Löwe, 10.7.-27.8. Jungfrau, 28.8.-5.10. Löwe, 6.10.-10.11. Jungfrau, 11.11.-6.12. Waage, 7.12.-31.12. Skorpion, **1984** 1.1.-25.1. Schütze. 26.1.-18.2. Steinbock, 19.2.-14.3. Wassermann, 15.3.-7.4. Fisch, 8.4.-1.5. Widder, 2.5.-26.5. Stier, 27.5.-19.6. Zwilling, 20.6.-14.7. Krebs, 15.7.-7.8. Löwe, 8.8.-31.8. Jungfrau, 1.9.-25.9. Waage, 26.9.-19.10. Skorpion, 20.10.-13.11. Schütze, 14.11.-8.12. Steinbock, 9.12.-31.12. Wassermann, **1985** 1.1.-3.1. Wassermann, 4.1.-1.2. Fisch, 2.2.-5.6. Widder, 6.6.-5.7. Stier, 6.7.-1.8. Zwilling, 2.8.-27.8. Krebs, 28.8.-21.9. Löwe, 22.9.-16.10. Jungfrau, 17.10.-9.11 Waage, 10.11.-3.12. Skorpion, 4.12.-26.12. Schütze, 27.12.-31.12. Steinbock, **1986** 1.1.-19.1. Steinbock, 20.1.-12.2. Wassermann, 13.2-8.3. Fisch, 9.3.-1.4. Widder, 2.4.-26.4. Stier, 27.4.-21.5. Zwilling, 22.5.-15.6. Krebs, 16.6.-11.7. Löwe, 12.7.-7.8.

Jungfrau, 8.8.-6.9. Waage, 7.9.-31.12. Skorpion, **1987** 1.1.-6.1. Skorpion, 7.1.-5.2. Schütze, 6.2.-2.3. Steinbock, 3.3.-28.3. Wassermann, 29.3.-22.4. Fische, 23.4.-16.5. Widder, 17.5.-10.6. Stier, 11.6.-5.7. Zwilling, 6.7.-29.7. Krebs, 30.7.-23.8. Löwe, 24.8.-16.9. Jungfrau, 17.9.-10.10. Waage, 11.10.-3.11. Skorpion, 4.11.-27.11. Schütze, 28.11.-21.12. Steinbock, 22.12.-31.12. Wassermann, **1988** 1.1.-15.1. Wassermann, 16.1.-9.2. Fische, 10 .2.-5.3. Widder, 6.3.-3.4.Stier, 4.4.-17.5. Zwilling, 18.5.-27.5. Krebs, 28.5.-6.8. Zwilling, 7.8.-6.9. Krebs, 7.9.-3.10. Löwe, 4.10.-29.10. Jungfrau, 30.10.-22.11. Waage, 23.11.-17.12. Skorpion, 18.12.-31.12. Schütze, **1989** 1.1.-10.1. Schütze, 11.1.-3.2. Steinbock, 4.2.-27.2. Wassermann, 28.2.-23.3. Fische, 24.3.-16.4. Widder, 17.4.10.5. Stier, 11.5.-4.6. Zwilling, 5.6.-28.6. Krebs, 29.6.-23.7. Löwe, 24.7.-17.8. Jungfrau, 18.8.-11.9. Waage, 12.9.-8.10, Skorpion, 9.10.-4.11. Schütze, 5.11.-9.12. Steinbock, 10.12.-31.12. Wassermann, **1990** 1.1.-16.1. Wassermann, 17.1.-3.3. Steinbock, 4.3.-6.4. Wassermann, 7.4.-3.5. Fisch, 4.5.-29.5. Widder, 30.5.-24.6. Stier, 25.6.-19.7. Zwilling, 20.7-13.8. Krebs, 14.8.-6.9. Löwe, 7 9.-30.9. Jungfrau, 1.10.-24.10. Waage, 25.10.-17.11. Skorpion, 18.11.-11.12. Schütze, 12.12.-31.12. Steinbock, **1991** 1.1.-4.1. Steinbock, 5.1.-28.1. Wassermann, 29.1.-21.2. Fische, 22.2.-18.3. Widder, 19.3.-12.4. Stier, 13.4.-8.5. Zwilling, 9.5.-5.6. Krebs, 6.6.-10.7. Löwe, 11. 7.-21.8. Jungfrau, 22.8.-6.10. Löwe, 7.10.-8.11. Jungfrau, 9.11.-5.12. Waage, 6.12.-31.12. Skorpion, **1992** 1.1.-24.1. Schütze, 25.1.-18.2. Steinbock, 19.2.-13.3. Wassermann, 14.3.-6.4. Fische, 7.4.-1.5. Widder, 2.5.-25.5. Stier, 26.5.-18.6. Zwilling, 19.6.-13.7. Krebs, 14.7.-6.8. Löwe, 7.8.-31.8. Jungfrau, 1.9.-24.9. Waage, 25.9.-19.10. Skorpion, 20.10.-13.11. Schütze, 14.11.-8.12. Steinbock, 9.12.-31.12. Wassermann, **1993** 1.1.-3.1. Wassermann, 4.1.-2.2. Fische, 3.2.-5.6. Widder, 6.6.-5.7. Stier, 6.7.-1.8. Zwilling , 2.8.-27.8. Krebs, 28.8.-21.9. Löwe, 22.9.-15.10. Jungfrau, 16.10.-8.11. Waage, 9.11.-2.12. Skorpion, 3.12.-26.12. Schütze, 27.12.-31.12. Steinbock, **1994** 1.1.-19.1. Steinbock, 20.1.-12.2. Wassermann, 13.2.-8.3. Fische, 9.3.-1.4. Widder, 2.4.-25.4. Stier, 26.4.-20.5. Zwilling, 21.5.-14.6. Krebs, 15.6.-10.7. Löwe, 11.7.-7.8. Jungfrau, 8.8.-7.9. Waage, 8.9.-31.12. Skorpion, **1995** 1.1.-6.1. Skorpion, 7.1.-4.2. Schütze, 5.2.-2.3. Steinbock, 3.3.-27.3. Wassermann, 28.3.-21.4. Fisch, 22.4.-16.5. Widder, 17.5.-10.6. Stier, 11.6.-4.7. Zwilling, 5.7.-29.7. Krebs, 30.7.-22.8. Löwe, 23.8.-15.9. Jungfrau, 16.9.-9.10. Waage, 10.10.-2.11. Skorpion, 3.11.-27.11. Schütze, 28.11.-21.12. Steinbock, 22.12.-31.12. Wassermann, **1996** 1.1.-14.1. Wassermann, 15.1.-8.2. Fisch, 9.2.-5.3. Widder, 6.3.-3.4. Stier, 4.4.-6.8. Zwilling, 7.8.-6.9. Krebs, 7.9.-3.10. Löwe, 4.10.-29.10. Jungfrau, 30.10.-22.11. Waage, 23.11.-16.12. Skorpion, 17.12.-31.12. Schütze, **1997** 1.1.-9.1. Schütze, 10.1.-2.2. Steinbock, 3.2.-26.2. Wassermann,

27.2.-22.3. Fische, 23.3.-15.4. Widder,16.4.-10.5. Stier, 11.5.-3.6. Zwilling, 4.6.-28.6. Krebs, 29.6.-23.7. Löwe, 24.7.-17.8. Jungfrau, 18.8.-11.9. Waage, 12.9.-7.10. Skorpion, 8.10.-4.11. Schütze, 5.11.-11.12. Steinbock, 12.12.-31.12. Wassermann, **1998** 1.1.-9.1. Wassermann, 10.1.-4.3. Steinbock, 5.3.-5.4. Wassermann, 6.4.-3.5. Fische, 4.5.-29.5. Widder, 30.5.-24.6. Stier, 25.6.-19.7. Zwilling, 20.7.-12.8. Krebs, 13.8.-7.9. Löwe, 8.9.-30.9. Jungfrau, 1.10.-24.10. Waage, 25.10.-17.11. Skorpion, 18.11.-11.12. Schütze, 12.12.-31.12. Steinbock, **1999** 1.1.-4.1. Steinbock, 5.1.-28.1. Wassermann, 29.1.-21.2. Fische, 22.2.-17.3. Widder, 18.3.-12.4. Stier, 13.4.-8.5. Zwilling, 9.5.-5.6. Krebs, 6.6.-12.7. Löwe, 13.7.-15.8. Jungfrau, 16.8.-7.10. Löwe,8.10.-8.11. Jungfrau, 9.11.-5.12. Waage, 6.12.-30.12. Skorpion, 31.12. Schütze, **2000** 1.1.-24.1. Schütze, 25.1.-17.2. Steinbock, 18.2.-12.3. Wassermann, 13.3.-6.4. Fische, 7.4.-30.4. Widder, 1.5.-24.5. Stier, 25.5.-18.6. Zwilling, 19.6.-12.7. Krebs, 13.7.-6.8. Löwe, 7.8.-30.8. Jungfrau, 31.8.-24.9. Waage, 25.9.-18.10. Skorpion, 19.10.-12.11. Schütze, 13.11.-7.12. Steinbock, 8.12.-31.12. Wassermann, **2001** 1.1.-3.1. Wassermann, 4.1.-2.2. Fisch, 3.2.-5.6. Widder, 6.6.-5.7. Stier, 6.7.-31.7. Zwilling, 1.8.-26.8. Krebs, 27.8.-20.9. Löwe, 21.9.-14.10. Jungfrau, 15.10.-8.11. Waage, 9.11.-1.12. Skorpion, 2.12.-25.12. Schütze, 26.12.-31.12. Steinbock, **2002** 1.1.-18.1. Steinbock, 19.1.-11.2. Wassermann, 12.2.-7.3. Fische, 8.3.-31.3. Widder, 1.4.-25.4. Stier, 26.4.-19.5. Zwilling, 20.5.-14.6. Krebs, 15.6.-10.7. Löwe, 11.7.-6.8. Jungfrau, 7.8.-7.9. Waage, 8.9.-31.12. Skorpion, **2003** 1.1.-7.1. Skorpion, 8.1-4.2. Schütze, 5.2.-2.3. Steinbock, 3.3.-27.3. Wassermann, 28.3.-21.4. Fisch, 22.4.-15.5. Widder, 16.5.-9.6. Stier, 10.6.-4.7. Zwilling, 5.7.-28.7. Krebs, 29.7.-22.8. Löwe, 23.8.-15.9. Jungfrau, 16.9.-9.10. Waage, 10.10.-2.11. Skorpion, 3.11.-26.11. Schütze, 27.11.-20.12. Steinbock, 21.12.-31.12. Wassermann, **2004** 1.1.–14.1. Wassermann, 15.1–8.2. Fische, 9.2.–5.3. Widder, 6.3.–3.4. Stier, 4.4.–7.8. Zwillinge, 8.8.–6.9. Krebs, 7.9.–3.10. Löwe, 4.10.–29.10. Jungfrau, 30.10.–22.11. Waage, 23.11.–16.12. Skorpion, 17.12.–31.12. Schütze, **2005** 1.1.–9.1. Schütze, 10.1.–2.2. Steinbock, 3.2.–26.2. Wassermann, 27.2.–22.3. Fische, 23.3.–15.4. Widder, 16.4.–10.5. Stier, 11.5.–3.6. Zwillinge, 4.6.–28.6. Krebs, 29.6.–23.7. Löwe, 24.7.–17.8. Jungfrau, 18.8.–11.9. Waage, 12.9.–8.10. Skorpion, 9.10.–5.11. Schütze, 6.11.–15.12. Steinbock, 16.12.–31.12. Wassermann, **2006** 1.1. Wassermann, 2.1.–5.3. Steinbock, 6.3.–6.4. Wassermann, 7.3.–3.5. Fische, 4.5.–29.5. Widder, 30.5.–24.6. Stier, 25.6.–19.7. Zwillinge, 20.7.–12.8. Krebs, 13.8.–6.9. Löwe, 7.9.–30.9. Jungfrau, 1.10.–24.10. Waage, 25.10.–17.11. Skorpion, 18.11.–11.12. Schütze, 12.12.–31.12. Steinbock, **2007** 1.1.–4.1. Steinbock, 5.1.–28.1. Wassermann, 29.1.–21.2. Fische, 22.2.–17.3. Widder, 18.3.–12.4. Stier, 13.4.–8.5. Zwillinge, 9.5.–5.6.

Krebs, 6.6.–14.7. Löwe, 15.7.–9.8. Jungfrau, 10.8.–8.10. Löwe, 9.10.–8.11. Jungfrau, 9.11.–5.12. Waage, 6.12.–30.12. Skorpion, 31.12. Schütze, **2008** 1.1.–24.1. Schütze, 25.1.–17.2. Steinbock, 18.2.–12.3. Wassermann, 13.3.–6.4. Fische, 7.4.–30.4. Widder, 1.5.–24.5. Stier, 25.5.–18.6. Zwilling, 19.6.–12.7. Krebs, 13.7.–6.8. Löwe, 7.8.–30.8. Jungfrau, 31.8.–24.9. Waage, 25.9.–18.10. Skorpion, 19.10.–12.11. Schütze, 13.11.–7.12. Steinbock, 8.12.–31.12. Wassermann.

F Mars

Mars schickt zündende Ideen, verleiht Startkraft und schenkt Courage. Er verleiht den richtigen Biss, um sich behaupten und Rivalen aus dem Weg schlagen zu können. Er verleiht die für Konkurrenzgerangel unerlässlichen spitzen Ellenbogen und programmiert auf Sieg. Mars steht auch einfach für Sex, Potenz und Triebkraft. In ganz besonderer Weise verrät die Marsposition die Art und Weise des Eroberungsspieles: Ob man direkt auf jemanden zugeht, abwartet oder gar zum Rückzug bläst – es ist Mars, der die Fäden zieht.
Mars ist der Herrscher der Tierkreisenergien Widder.

Für die Bestimmung Ihrer persönlichen Marsposition suchen Sie bitte Ihren Geburtstag in der folgenden Tabelle und entnehmen Ihr Marszeichen.
Notieren Sie sich Ihre persönliche Marsposition.

Mars-Tabelle

1920 1.1.–31.1. Waage, 1.2.–23.4. Skorpion, 24.4.–10.7. Waage, 11.7.–4.9. Skorpion, 5.9.–18.10. Schütze, 19.10.–27.11. Steinbock, 28.11.–31.12. Wassermann, **1921** 1.1.–4.1. Wassermann, 5.1.–12.2. Fische, 13.2.–24.3. Widder, 25.3.–5.5. Stier, 6.5.–18.6. Zwillinge, 19.6.–2.8. Krebs, 3.8.–18.9. Löwe, 19.9.–6.11. Jungfrau, 7.11.–26.12. Waage, 27.12.–31.12. Skorpion, **1922** 1.1.–18.2. Skorpion, 19.2.–13.9. Schütze, 14.9.–30.10. Steinbock, 1.11.–11.12. Wassermann. 12.12.–31.12. Fische,
1923 1.1.–20.1. Fische, 21.1.–3.3. Widder, 4.3.–15.4. Stier, 16.4.–30.5. Zwillinge, 31.5.–15.7. Krebs, 16.7.–31.8. Löwe, 1.9.–17.10. Jungfrau, 18.10.–3.12. Waage, 4.12.–31.12. Skorpion, **1924** 1.1.–19.1. Skorpion, 20.1.–6.3. Schütze, 7.3.–24.4. Steinbock, 25.4.–24.6. Wassermann, 25.6.–24.8. Fische, 25.8.–19.10. Wassermann, 20.10.–18.12. Fische, 19.12.–31.12. Widder, **1925** 1.1.–4.2. Widder, 5.2.–23.3. Stier, 24.3.–9.5. Zwillinge, 10.5.–25.6. Krebs, 26.6.–12.8. Löwe, 13.8.–28.9. Jungfrau, 29.9.–12.11. Waage, 13.11.–27.12. Skorpion, 28.12.–31.12. Schütze, **1926** 1.1.–8.2. Schütze, 9.2.–22.3. Steinbock, 23.3.–3.5. Wassermann, 4.5.–14.6. Fische, 15.6.–31.7. Widder, 1.8.–31.12. Stier, **1927** 1.1.–21.2. Stier, 22.2.– 16.4. Zwillinge, 17.4.–5.6. Krebs, 6.6.–24.7. Löwe, 25.7.–10.9. Jungfrau, 11.9.–25.10. Waage, 26.10.–7.12. Skorpion, 8.12.–31.12. Schütze,

1928 1.1.–18.1. Schütze, 19.1.–27.2. Steinbock, 28.2.–7.4. Wassermann, 8.4.–16.5. Fische, 17.5.–25.6. Widder, 26.6.–8.8. Stier, 9.8.–2.10. Zwillinge, 3.10.–20.12. Krebs, 21.12.–31.12. Zwillinge, **1929** 1.1.–10.3. Zwillinge, 11.3.–12.5. Krebs, 13.5.–3.7. Löwe, 4.7.–20.8. Jungfrau, 21.8.–5.10. Waage, 6.10.–17.11. Skorpion, 18.11.–28.12. Schütze, 29.12.–31.12. Steinbock, **1930** 1.1.–6.2. Steinbock, 7.2.–16.3. Wassermann, 17.3.–24.4. Fische, 25.4.–2.6. Widder, 3.6.–14.7. Stier, 15.7.–28.8. Zwillinge, 29.8.–20.10. Krebs, 21.10.–31.12. Löwe, **1931** 1.1.–16.2. Löwe, 17.2.–30.3. Krebs, 31.3.–10.6. Löwe, 11.6.–1.8. Jungfrau, 2.8.–17.9. Waage, 18.9.–14.10. Skorpion, 15.10.–9.12. Schütze, 10.12.–31.12. Steinbock, **1932** 1.1.–17.1. Steinbock, 18.1.–24.2. Wassermann, 25.2.–2.4. Fische, 3.4.–12.5. Widder, 13.5.–21.6. Stier, 22.6.–4.8. Zwillinge, 5.8.–20.9. Krebs, 21.9.–13.11. Löwe, 14.11.–31.12. Jungfrau, **1933** 1.1.–6.7. Jungfrau, 7.7.–26.8. Waage, 27.8.–8.10. Skorpion, 9.10.–18.11. Schütze, 19.11.–27.12. Steinbock, 28.12.–31.12. Wassermann, **1934** 1.1.–3.2. Wassermann, 4.2.–13.3. Fische, 14.3.–22.4. Widder, 23.4.–2.6. Stier, 3.6.–15.7. Zwillinge, 16.7.–30.8. Krebs, 31.8.–17.10. Löwe, 18.10.–11.12. Jungfrau, 12.12.–31.12. Waage, **1935** 1.1.–29.7. Waage, 30.7.–16.9. Skorpion, 17.9.–28.10. Schütze, 29.10.–6.12. Steinbock, 7.12.–31.12. Wassermann, **1936** 1.1.–14.1. Wassermann, 15.1.–21.2. Fische, 22.2.–1.4. Widder, 2.4.–12.5. Stier, 13.5.–25.6. Zwillinge, 26.6.–9.8. Krebs, 10.8.–26.9. Löwe, 27.9.–14.11. Jungfrau, 15.11.–31.12. Waage, **1937** 1.1.–5.1. Waage, 6.1.–13.3. Skorpion, 14.3.–14.5. Schütze, 15.5.–8.8. Skorpion, 9.8.–30.9. Schütze, 31.9.–11.11. Steinbock, 12.11.–21.12. Wassermann, 22.12.–31.12. Fische, **1938** 1.1.–30.1. Fische, 31.1.–11.3. Widder, 12.3.–23.4. Stier, 24.4.–6.6. Zwillinge, 7.6.–22.7. Krebs, 23.7.–8.9. Löwe, 9.9.–24.10. Jungfrau, 25.10.–11.12. Waage, 12.12.–31.12. Skorpion, **1939** 1.1.–28.1. Skorpion, 29.1.–20.3. Schütze, 21.3.– 24.5. Steinbock, 25.5.–20.7. Wassermann, 21.7.–23.9. Steinbock, 24.9.–19.11. Wassermann, 20.11.–31.12. Fische, **1940** 1.1.–3.1. Fische, 4.1.–16.2. Widder, 17.2.–1.4. Stier, 2.4.–17.5. Zwillinge, 18.5.–2.7. Krebs, 3.7.–19.8. Löwe, 20.8.–5.10. Jungfrau, 6.10.–20.11. Waage, 21.11.–31.12. Skorpion, **1941** 1.1.–4.1. Skorpion, 5.1.–17.2. Schütze, 18.2.– 2.4. Steinbock, 3.4.–15.5. Wassermann, 16.5.–1.7. Fische, 2.7.–31.12. Widder, **1942** 1.1.–11.1. Widder, 12.1.–6.3. Stier, 7.3.–25.4. Zwillinge, 26.4.–13.6. Krebs, 14.6.–31.7. Löwe, 1.8.–17.9. Jungfrau, 18.9.–1.11. Waage, 2.11.–15.12. Skorpion, 16.12.–31.12. Schütze, **1943** 1.1.–26.1. Schütze, 27.1.–8.3. Steinbock, 9.3.–16.4. Wassermann, 17.4.–26.5. Fische, 27.5.–7.7. Widder, 8.7.–23.8. Stier, 24.8.– 31.12. Zwillinge, **1944** 1.1.–27.3. Zwillinge, 28.3.– 22.5. Krebs, 23.5.–11.7. Löwe, 12.7.– 8.8. Jungfrau, 9.8.–13.10. Waage, 14.10.–25.11. Skorpion, 26.11–31.12. Schütze, **1945** 1.1.–5.1. Schütze, 6.1.–13.2. Steinbock, 14.2.–24.3. Wassermann, 25.3.–2.5. Fische, 3.5.–11.6. Widder, 12.6.–23.7. Stier, 24.7.–7.9. Zwillinge, 8.9.–11.11. Krebs, 12.11.–26.12. Löwe, 27.12.–31.12. Krebs, **1946** 1.1.–22.4. Krebs, 23.4.–19.6. Löwe, 20.6.–9.8. Jungfrau, 10.8.–24.9. Waage, 25.9.–6.11. Skorpion, 7.11.–17.12. Schütze, 18.12.–31.12. Steinbock, **1947** 1.1.–25.1. Steinbock, 26.1.–4.3. Wassermann, 5.3.–11.4. Fische, 12.4.–20.5. Widder, 21.5.–30.6. Stier, 1.7.–13.8. Zwillinge, 14.8.–30.9. Krebs, 1.10.–30.11. Löwe, 1.12.–31.12. Jungfrau, **1948** 1.1.–11.2. Jungfrau, 12.2.–18.5. Löwe, 19.5.–16.7. Jungfrau, 17.7.–3.9. Waage, 4.9.–16.10. Skorpion, 17.10.–26.11. Schütze, 27.11.–31.12. Steinbock, **1949** 1.1.–4.1. Steinbock, 5.1.–11.2. Wassermann, 12.2.–21.3. Fische, 22.3.–29.4. Widder, 30.4.–9.6. Stier, 10.6.–22.7. Zwillinge, 23.7.–6.9. Krebs, 7.9.–26.10. Löwe, 27.10.–25.12. Jungfrau, 26.12.–31.12. Waage, **1950** 1.1.–27.3. Waage, 28.3.–11.6. Jungfrau, 12.6.–10.8. Waage, 11.8.–25.9. Skorpion, 26.9.–5.11. Schütze, 6.11.–14.12. Steinbock, 15.12.–31.12. Wassermann, **1951** 1.1.–22.1. Wassermann, 23.1.–1.3. Fische, 2.3.–10.4. Widder, 11.4.–21.5. Stier, 22.5.–3.7. Zwillinge, 4.7.–17.8. Krebs, 18.8.–4.10. Löwe, 5.10.–23.11. Jungfrau, 24.11.–31.12. Waage, **1952** 1.1.–19.1. Waage, 20.1.–27.8. Skorpion, 28.8.–11.10. Schütze, 12.10.–21.11. Steinbock, 22.11.–30.12. Wassermann, 31.12. Fische, **1953** 1.1.–7.2. Fische, 8.2.–19.3. Widder, 20.3.–30.4. Stier, 1.5.–13.6. Zwillinge, 14.6.–29.7. Krebs, 30.7.–14.9. Löwe, 15.9.–1.11. Jungfrau, 2.11.–20.12. Waage, 21.12.–31.12. Skorpion, **1954** 1.1.–9.2. Skorpion, 10.2.–12.4. Schütze, 13.4.–2.7. Steinbock, 3.7.–24.8. Schütze, 25.8.–21.10. Steinbock, 22.10.–3.12. Wassermann, 4.12.–31.12. Fische, **1955** 1.1.–14.1. Fische, 15.1.–25.2. Widder, 26.2.–10.4. Stier, 11.4.–25.5. Zwillinge, 26.5.–10.7. Krebs, 11.7.–26.8. Löwe, 27.8.–12.10. Jungfrau, 13.10.–28.11. Waage, 29.11.–31.12. Skorpion, **1956** 1.1.–13.1. Skorpion, 14.1.–28.2. Schütze, 29.2.–14.4. Steinbock, 15.4.–2.6. Wassermann, 3.6.–5.12. Fische, 6.12.–31.12. Widder, **1957** 1.1.–28.1. Widder, 29.1.–17.3. Stier, 18.3.–4.5. Zwillinge, 5.5.–20.6. Krebs, 21.6.–7.8. Löwe, 8.8.–23.9. Jungfrau, 24.9.–8.11. Waage, 9.11.–22.12. Skorpion, 23.12.–31.12. Schütze, **1958** 1.1.–3.2. Schütze, 4.2.–17.3. Steinbock, 18.3.–26.4. Wassermann, 27.4.–6.6. Fische, 7.6.–20.7. Widder, 21.7.–20.9. Stier, 21.9.–28.10. Zwillinge, 29.10.–31.12. Stier, **1959** 1.1.–10.2. Stier, 11.2.–9.4. Zwillinge, 10.4.–31.5. Krebs, 1.6.–19.7. Löwe, 20.7.–5.9. Jungfrau, 6.9.–21.10. Waage, 22.10.–3.12. Skorpion, 4.12.–31.12. Schütze, **1960** 1.1.–13.1. Schütze, 14.1.–22.2. Steinbock, 23.2.–1.4. Wassermann,

2.4.–10.5. Fische, 11.5.–19.6. Widder, 20.6.–1.8. Stier, 2.8.–20.9. Zwillinge, 21.9.–31.12. Krebs, **1961** 1.1.–5.5. Krebs, 6.5.–28.6. Löwe, 29.6.–16.8. Jungfrau, 17.8.–1.10. Waage, 2.10.–13.11. Skorpion, 14.11.–24.12. Schütze, 25.12.–31.12. Steinbock, **1962** 1.1.–1.2. Steinbock, 2.2.–11.3. Wassermann, 12.3.–19.4. Fische, 20.4.–28.5. Widder, 29.5.–8.7. Stier, 9.7.–21.8. Zwillinge, 22.8.–11.10. Krebs, 12.10.–31.12. Löwe, **1963** 1.1.–2.6. Löwe, 3.6.–26.7. Jungfrau, 27.7.–11.9. Waage, 12.9.–25.10. Skorpion, 26.10.–4.12. Schütze, 5.12.–31.12. Steinbock, **1964** 1.1.–12.1. Steinbock, 13.1.–19.2. Wassermann, 20.2.–29.3. Fische, 30.3.–6.5. Widder, 7.5.–16.6. Stier, 17.6.–29.7. Zwillinge, 30.7.–14.9. Krebs, 15.9.–5.11. Löwe, 6.11.–31.12. Jungfrau, **1965** 1.1.–28.6. Jungfrau, 29.6.–19.8. Waage, 20.8.–3.10. Skorpion, 4.10.–13.11. Schütze, 14.11.–22.12. Steinbock, 23.12.–31.12. Wassermann, **1966** 1.1.–29.1. Wassermann, 30.1.–9.3. Fische, 10.3.–17.4. Widder, 18.4.–28.5. Stier, 29.5.–10.7. Zwillinge, 11.7.–25.8. Krebs, 26.8.–12.10. Löwe, 13.10.–3.12. Jungfrau, 4.12.–31.12. Waage, **1967** 1.1.–11.2. Waage, 12.2.–31.3. Skorpion, 1.4.–19.7. Waage, 20.7.–9.9. Skorpion, 10.9.–22.10. Schütze, 23.10.–1.12. Steinbock, 2.12.–31.12. Wassermann, **1968** 1.1.–8.1. Wassermann, 9.1.–16.2. Fische, 17.2.–27.3. Widder, 28.3.–8.5. Stier, 9.5.–20.6. Zwillinge, 21.6.–5.8. Krebs, 6.8.–21.9. Löwe, 22.9.–8.11. Jungfrau, 9.11.–29.12. Waage, 30.12.–31.12. Skorpion, **1969** 1.1.–24.2. Skorpion, 25.2.–20.9. Schütze, 21.9.–4.11. Steinbock, 5.11.–15.12. Wassermann, 16.12.–31.12. Fische, **1970** 1.1.–24.1. Fische, 25.1.–6.3. Widder, 7.3.–18.4. Stier, 19.4.–1.6. Zwillinge, 2.6.–17.7. Krebs, 18.7.– 2.9. Löwe, 3.9.–19.10. Jungfrau, 20.10.–6.12. Waage, 7.12.–31.12. Skorpion, **1971** 1.1.–22.1. Skorpion, 23.1.–11.3. Schütze, 12.3.–3.5. Steinbock, 4.5.–6.11. Wassermann, 7.11.–26.12. Fische, 27.12.–31.12. Widder, **1972** 1.1.–10.2. Widder, 11.2.–26.3. Stier, 27.3.–12.5. Zwillinge, 13.5.–28.6. Krebs, 29.6.–14.8. Löwe, 15.8.–30.9. Jungfrau, 1.10.–15.11. Waage, 16.11.–30.12. Skorpion, 31.12. Schütze, **1973** 1.1.–11.2. Schütze, 12.2.–26.3. Steinbock, 27.3.–7.5. Wassermann, 8.5.–20.6. Fische, 21.6.–12.8. Widder, 13.8.–29.10. Stier, 30.10.–23.12. Widder, 24.12.–31.12. Stier, **1974** 1.1.–26.2. Stier, 27.2.–19.4. Zwillinge, 20.4.–8.6. Krebs, 9.6.–27.7. Löwe, 28.7.–12.9. Jungfrau, 13.9.–27.10. Waage, 28.10.–10.12. Skorpion, 11.12.–31.12. Schütze, **1975** 1.1.–21.1. Schütze, 22.1.–2.3. Steinbock, 3.3.–11.4. Wassermann, 12.4.–20.5. Fische, 21.5.–30.6. Widder, 1.7.–14.8. Stier, 15.8.–16.10. Zwillinge, 17.10.–25.11. Krebs, 26.11.–31.12. Zwillinge, **1976** 1.1.–18.3. Zwillinge, 19.3.–16.5. Krebs, 17.5.–5.7. Löwe, 6.7.–23.8. Jungfrau, 24.8.–8.10. Waage, 9.10.–20.11. Skorpion, 21.11.–31.12. Schütze, **1977** 1.1.–9.2. Steinbock, 10.2.–19.3. Wassermann, 20.3.–27.4. Fische,

28.4.–5.6. Widder, 6.6.–17.7. Stier, 18.7.–31.8. Zwillinge, 1.9.–26.10. Krebs, 27.10.–31.12. Löwe, **1978** 1.1.–25.1. Löwe, 26.1.–10.4. Krebs, 11.4.–13.6. Löwe, 14.6.–3.8. Jungfrau, 4.8.–19.9. Waage, 20.9.–1.11. Skorpion, 2.11.–12.12. Schütze, 13.12.–31.12. Steinbock, **1979** 1.1.–20.1. Steinbock, 21.1.–27.2. Wassermann, 28.2.–6.4. Fische, 7.4.–15.5. Widder, 16.5.–25.6. Stier, 26.6.–8.8. Zwillinge, 9.8.–24.9. Krebs, 25.9.–19.11. Löwe, 20.11.–31.12. Jungfrau, **1980** 1.1.–11.3. Jungfrau, 12.3.–3.5. Löwe, 4.5.–10.7. Jungfrau, 11.7.–28.8. Waage, 29.8.–11.10. Skorpion, 12.10.–21.11. Schütze, 22.11.–30.12. Steinbock, 31.12. Wassermann, **1981** 1.1.–6.2. Wassermann, 7.2.–16.3. Fische, 17.3.–24.4. Widder, 25.4.–18.7. Zwillinge, 19.7.–1.9. Krebs, 2.9.–20.10. Löwe, 21.10.–15.12. Jungfrau, 16.12.–31.12. Waage, **1982** 1.1.–3.8. Waage, 4.8.–19.9. Skorpion, 20.9.–31.10. Schütze, 1.11.–9.12. Steinbock, 10.12.–31.12. Wassermann, **1983** 1.1.–17.1. Wassermann, 18.1.–24.2. Fische, 25.2.–5.4. Widder, 6.4.–16.5. Stier, 17.5.–28.6. Zwillinge, 29.6.–13.8. Krebs, 14.8.–29.9. Löwe, 30.9.–17.11. Jungfrau, 18.11.–31.12. Waage, **1984** 1.1.–10.1. Waage, 11.1.–17.8. Skorpion, 18.8.–4.10. Schütze, 5.10.–15.11. Steinbock, 16.11.–31.12. Wassermann, **1985** 1.1.–2.2. Fische, 3.2.–14.3. Widder, 15.3.–25.4. Stier, 26.4.–8.6. Zwillinge, 9.6.–24.7. Krebs, 25.7.–9.9. Löwe, 10.9.–27.10. Jungfrau, 28.10.–14.12. Waage, 15.12.–31.12. Skorpion, **1986** 1.1.–1.2. Skorpion, 2.2.–27.3. Schütze, 28.3.–8.10. Steinbock, 9.10.–25.11. Wassermann, 26.11.–31.12. Fische, **1987** 1.1.–7.1. Fische, 8.1.–20.2. Widder, 21.2.–5.4. Stier, 6.4.–20.5. Zwillinge, 21.5.–6.7. Krebs, 7.7.–22.8. Löwe, 23.8.–8.10. Jungfrau, 9.10.–23.11. Waage, 24.11.–31.12. Skorpion, **1988** 1.1.–8.1. Skorpion, 9.1.–22.2. Schütze, 23.2.–6.4. Steinbock, 7.4.–21.5. Wassermann, 22.5.–13.7. Fische, 14.7.–23.10. Widder, 24.10.–1.11. Fische, 2.11.–31.12. Widder, **1989** 1.1.–18.1. Widder, 19.1.–10.3. Stier, 11.3.–28.4. Zwillinge, 29.4.–16.6. Krebs, 17.6.–3.8. Löwe, 4.8.–19.9. Jungfrau, 20.9.–2.11. Waage, 3.11.–17.12. Skorpion, 18.12.–31.12. Schütze, **1990** 1.1.–29.1. Schütze, 30.1.–11.3. Steinbock, 12.3.–20.4. Wassermann, 21.4.–30.5. Fische, 31.5.–12.7. Widder, 13.7.–31.8. Stier, 1.9.–14.12. Zwillinge, 15.12.–31.12. Stier, 1991 1.1.–21.1. Stier, 22.1.–2.4. Zwillinge, 3.4.–25.5. Krebs, 26.5.–15.7. Löwe, 16.7.–31.8. Jungfrau, 1.9.–16.10. Waage, 17.10.–28.11. Skorpion, 29.11.–31.12. Schütze, **1992** 1.1.–8.1. Schütze, 9.1.–17.2. Steinbock, 18.2.–27.3. Wassermann, 28.3.–5.5.Fische, 6.5.–14.6. Widder, 15.6.–26.7. Stier, 27.7.–11.9. Zwillinge, 12.9.–31.12. Krebs, **1993** 1.1.–27.4. Krebs, 28.4.–22.6. Löwe, 23.6.–11.8. Jungfrau, 12.8.–26.9. Waage, 27.9.–8.11. Skorpion, 9.11.–19.12. Schütze, 20.12.–31.12. Steinbock, **1994** 1.1.–27.1. Steinbock, 28.1.–6.3. Wassermann,7.3.–14.4. Fische, 15.4.–23.5. Widder, 24.5.–3.7. Stier, 4.7.–16.8. Zwillinge, 17.8.–4.10. Krebs, 5.10.–12.12. Löwe, 13.12.–31.12. Jungfrau, **1995** 1.1.–23.1. Jungfrau, 24.1.–25.5. Löwe, 26.5.–20.7. Jungfrau, 21.7.–6.9. Waage, 7.9.–20.10. Skorpion, 21.10.–30.11. Schütze, 1.12.–31.12. Steinbock, **1996** 1.1.–7.1. Steinbock, 8.1.–14.2. Wassermann, 15.2.–23.3. Fische, 24.3.–2.5. Widder, 3.5.–12.6. Stier, 13.6.–25.7. Zwillinge, 26.7.–9.9. Krebs, 10.9.–29.10. Löwe, 30.10.–31.12. Jungfrau, **1997** 1.1.–3.1. Jungfrau, 4.1.–8.3. Waage, 9.3.–19.6. Jungfrau, 20.6.–13.8. Waage, 14.8.–28.9. Skorpion, 29.9.–8.11. Schütze, 9.11.–17.12. Steinbock, 18.12.–31.12. Wassermann, **1998** 1.1.–24.1. Wassermann, 25.1.–4.3. Fische, 5.3.–12.4. Widder, 13.4.–23.5. Stier, 24.5.–5.7. Zwillinge, 6.7.–20.8. Krebs, 21.8.–7.10. Löwe, 8.10.–26.11. Jungfrau, 27.11.–31.12. Waage, **1999** 1.1.–26.1. Waage, 27.1.–5.5. Skorpion, 6.5.–5.7. Waage, 6.7.–2.9. Skorpion, 3.9.–16.10. Schütze, 17.10.–25.11. Steinbock, 26.11.–31.12. Wassermann, **2000** 1.1.–3.1. Wassermann, 4.1.–11.2. Fische, 12.2.–22.3. Widder, 23.3.–3.5. Stier, 4.5.–15.6. Zwillinge, 16.6.–31.7. Krebs, 1.8.–16.9. Löwe, 17.9.–3.11. Jungfrau, 4.11.–22.12. Waage, 23.12.–31.12. Skorpion, **2001** 1.1.–13.2. Skorpion, 14.2.–7.9. Schütze, 8.9.–26.10. Steinbock, 27.10.–7.12. Wassermann, 8.12.–31.12. Fische, **2002** 1.1.–18.1. Fische, 19.1.–1.3. Widder, 2.3.–12.4. Stier, 13.4.–27.5. Zwillinge, 28.5.–12.7. Krebs, 13.7.–28.8. Löwe, 29.8.–14.10. Jungfrau, 15.10.–1.12. Waage, 2.12.–31.12. Skorpion, **2003** 1.1.–15.1. Skorpion, 16.1.–3.3. Schütze, 4.3.–20.4. Steinbock, 21.4.–15.6. Wassermann, 16.6.–15.12. Fische, 16.12.–31.12. Widder, **2004** 1.1.–3.2. Widder, 4.2.–21.3. Stier, 22.3.–7.5. Zwilling, 8.5.–23.6. Krebs, 24.6.–10.8. Löwe, 11.8.–26.9. Jungfrau, 27.9.–11.11. Waage, 12.11.–25.12. Skorpion, 26.12.–31.12. Schütze, **2005** 1.1–6.2. Schütze, 7.2.–20.3. Steinbock, 21.3.–1.5. Wassermann, 2.5.–12.6. Fische, 13.6.–28.7. Widder, 29.7.–31.12 Stier, **2006** 1.1–17.2. Stier, 18.2.–14.4. Zwillinge, 15.4.–3.6. Krebs, 4.6.–22.7. Löwe, 23.7.–8.9. Jungfrau, 9.9.–23.10. Waage, 24.10.–6.12. Skorpion, 7.12.–31.12. Schütze, **2007** 1.1.–16.1. Schütze, 17.1.–26.2. Steinbock, 27.2.–6.4. Wassermann, 7.4.–15.5. Fische, 16.5.–24.6. Widder, 25.6.–7.8. Stier, 8.8.–28.9. Zwilling, 29.9.–31.12. Krebs, **2008** 1.1. Krebs, 2.1–4.3. Zwilling, 5.3.–9.5. Krebs, 10.5.–1.7. Löwe, 2.7.–19.8. Jungfrau, 20.8.–4.10. Waage, 5.10.–16.12. Skorpion, 17.12.–27.12. Schütze, 28.12.–31.12. Steinbock.

G Jupiter

Die Position Jupiters im Horoskop verweist einerseits auf tiefe Einsichten: Jupiter sorgt dafür, dass uns „ein Licht aufgeht“, wir letzten Endes weise werden. Auf der anderen Seite verkörpert Jupiter eine Gestalt, der große Liebe zukommt. Sinnbildlich gesprochen, sehnt sich der

Mensch danach, sich mit dem göttlichen Jupiter zu vereinigen. Des weiteren repräsentiert Jupiter den großen Helfer und Heiler. Dort, wo er im Horoskop steht, findet der Mensch Kräfte, sich und andere zu trösten und zu stärken.
Jupiter ist der Herrscher der Tierkreisenergien Schütze.

Für die Bestimmung Ihrer persönlichen Jupiterposition suchen Sie bitte Ihren Geburtstag in der folgenden Tabelle und entnehmen Ihr Jupiterzeichen.
Notieren Sie sich Ihre persönliche Jupiterposition.

Jupiter-Tabelle
1920 1.1.-27.8. Löwe, 28.8.-31.12. Jungfrau, **1921** 1.1.-25.9. Jungfrau, 26.9.-31.12. Waage, **1922** 1.1.-26.10. Waage, 27.10.-31.12. Skorpion, **1923** 1.1.-24.11. Skorpion, 25.11.-31.12. Schütze, **1924** 1.1.-18.12. Schütze, 19.12.-31.12. Steinbock, **1925** 1.1.-31.12. Steinbock, **1926** 1.1.-6.1. Steinbock, 7.1.-31.12. Wassermann, **1927** 1.1.-18.1. Wassermann, 19.1.-6.6. Fisch, 7.6.-11.9. Widder, 12.9.-31.12. Fisch, **1928** 1.1.-23.1. Fisch, 24.1.-4.6. Widder, 5.6.-31.12. Stier, **1929** 1.1.-12.6. Stier, 13.6.- 31.12. Zwilling, **1930** 1.1.-26.6. Zwillinge, 27.6.-31.12. Krebs **1931** 1.1.-16.7. Krebs, 17.7.-31.12. Löwe, **1932** 1.1.-10.8. Löwe, 11.8.-31.12. Jungfrau, **1933** 1.1.-9.9. Jungfrau, 10.9.-31.12. Waage, **1934** 1.1.-10.10. Waage, 11.10.-31.12. Skorpion, **1935** 1.1.-8.11 Skorpion, 9.11.-31.12. Schütze, **1936** 1.1.-1.12. Schütze, 2.12.-31.12. Steinbock, **1937** 1.1.-19.12. Steinbock, 20.12.-31.12. Wassermann **1938** 1.1.-13.5. Wassermann 14.5.-30.7. Fische, 31.7.-29.12. Wassermann 30.12.-31.12. Fische, **1939** 1.1.-10.5. Fische, 11.5.-30.10. Widder, 31.10.-20.12. Fisch, 21.12.-31.12. Widder, **1940** 1.1.-15.5. Widder, 16.5.-31.12. Stier, **1941** 1.1.-25.5. Stier, 26.5.-31.12. Zwillinge, **1942** 1.1.-9.6. Zwillinge, 10.6.-31.12. Krebs, **1943** 1.1.-30.6. Krebs, 1.7.-31.12. Löwe, **1944** 1.1.-25.7. Löwe, 26.7.-31.12. Jungfrau, **1945** 1.1.-24.8. Jungfrau, 25.8.-31.12. Waage, **1946** 1.1.-24.9. Waage, 25.9.-31.12. Skorpion, **1947** 1.1.-23.10. Skorpion, 24.10.-31.12. Schütze **1948** 1.1.-14.11 Schütze, 15.11.-31.12. Steinbock, **1949** 1.1.-12.4. Steinbock, 13.4.-27.6. Wassermann 28.6.-30.11. Steinbock 1.12.-31.12. Wassermann **1950** 1.1.-14.4. Wassermann 15.4.-15.9. Fische, 16.9.-1.12. Wassermann 2.12.-31.12. Fische, **1951** 1.1.-21.4. Fische, 22.4.-31.12. Widder, **1952** 1.1.-28.4. Widder, 29.4.-31.12. Stier, **1953** 1.1.-9.5. Stier, 10.5.-31.12. Zwillinge, **1954** 1.1.-23.5. Zwillinge, 24.5. 31.12. Krebs, **1955** 1.1.-12.6. Krebs, 13.6.-16.11. Löwe, 17.11.-31.12. Jungfrau, **1956** 1.1.-18.1. Jungfrau, 19.1.-7.7. Löwe, 8.7.-12.12. Jungfrau, 13.12.-31.12. Waage, **1957** 1.1.-19.2. Waage, 20.2.-6.8. Jungfrau, 7.8.-31.12. Waage, **1958** 1.1.-13.1. Waage, 14..1.-20.3. Skorpion, 21.3.-6.9. Waage, 7.9.-31.12. Skorpion, **1959** 1.1.-9.2. Skorpion, 10.2.-24.4. Schütze, 25.4.-5.10. Skorpion, 6.10.-31.12. Schütze **1960** 1.1.-1.3.

Schütze, 2.3.-10.6. Steinbock, 11.6.-25.10. Schütze, 26.10.-31.12. Steinbock, **1961** 1.1.-14.3. Steinbock, 15.3.-12.8. Wassermann 13.8.-3.11. Steinbock, 4.11.-31.12. Wassermann **1962** 1.1.-25.3. Wassermann 26.3.-31.12. Fische, **1963** 1.1.-3.4. Fische, 4.4.-31.12. Widder, **1964** 1.1.-11.4. Widder, 12.4.-31.12. Stier, **1965** 1.1.-22.4. Stier, 23.4.-20.9. Zwillinge, 21.9.-17.11. Krebs, 18.11.-31.12. Zwillinge, **1966** 1.1.-5.5. Zwillinge, 6.5.-27.9. Krebs, 28.9.-31.12. Löwe, **1967** 1.1.-16.1. Löwe, 17.1.-22.5. Krebs, 23.5.-18.10. Löwe, 19.10.-31.12. Jungfrau, **1968** 1.1.-27.2. Jungfrau, 28.2.-15.6. Löwe, 16.6.-15.11. Jungfrau, 16.11.-31.12. Waage, **1969** 1.1.-30.3. Waage, 31.3.-15.7. Jungfrau, 16.7.-16.12. Waage, 17.12.-31.12. Skorpion, **1970** 1.1.-30.4. Skorpion, 1.5.-15.8. Waage, 16.8.-31.12. Skorpion, **1971** 1.1.-13.1. Skorpion, 14.1.-5.6. Schütze, 6.6.-11.9. Skorpion, 12.9.-31.12. Schütze, **1972** 1.1.-6.2. Schütze, 7.2.-24.7. Steinbock, 25.7.-25.9. Schütze, 26.9.-31.12. Steinbock, **1973** 1.1.-22.2. Steinbock, 23.2.-31.12. Wassermann **1974** 1.1.-8.3. Wassermann 9.3.-31.12. Fische, **1975** 1.1.-18.3. Fische, 19.3.-31.12. Widder, **1976** 1.1.-25.3. Widder, 26.3.-23.8. Stier, 24.8.-16.10. Zwillinge, 17.10.-31.12. Stier, **1977** 1.1.-3.4. Stier, 4.4.-19.8. Zwillinge, 20.8.-31.12. Krebs, **1978** 1.1.-11.4. Zwillinge, 12.4.-4.9. Krebs, 5.9.-31.12. Löwe, **1979** 1.1.-1.3. Löwe, 2.3.-20.4. Krebs, 21.4.-28.9. Löwe, 29.9.-31.12. Jungfrau, **1980** 1.1.-26.10. Jungfrau, 27.10.-31.12. Waage, **1981** 1.1.-26.11. Waage, 27.11.-31.12. Skorpion, **1982** 1.1.-25.12. Skorpion, 26.12.-31.12. Schütze, **1983** 1.1.-31.12. Schütze, 1984 1.1.-19.1. Schütze, 20.1.-31.12. Steinbock, **1985** 1.1.-6.2. Steinbock, 7.2.-31.12. Wassermann **1986** 1.1.-20.2. Wassermann 21.2.-31.12. Fische, **1987** 1.1.-2.3. Fische, 3.3.-31.12. Widder, **1988** 1.1.-8.3. Widder, 9.3.-21.7. Stier, 22.7.-30.11. Zwillinge, 1.12.-31.12. Stier, **1989** 1.1.-10.3. Stier, 11.3.-30.7. Zwillinge, 31.7.-31.12. Krebs, **1990** 1.1.-17.8. Krebs, 18.8.-31.12. Löwe, **1991** 1.1.-11.9. Löwe, 12.9.-31.12. Jungfrau, **1992** 1.1.-10.10. Jungfrau, 11.10.-31.12. Waage, **1993** 1.1.-9.11. Waage, 10.11.-31.12. Skorpion, **1994** 1.1.-8.12. Skorpion, 9.12.-31-12 Schütze, **1995** 1.1.-31.12. Schütze, **1996** 1.1.-2.1. Schütze, 3.1.-31.12. Steinbock, **1997** 1.1.-21.1. Steinbock 22.1.-31.12. Wassermann **1998** 1.1.-4.2. Wassermann 5.2.-31.12. Fische, **1999** 1.1.-12.2. Fische, 13.2.-27.6. Widder, 28.6.-23.10. Stier, 24.10.-31.12. Widder, **2000** 1.1.-14.2. Widder, 15.2.-29.6. Stier, 30.6.-31.12. Zwillinge, **2001** 1.1.-12.7. Zwillinge, 13.7.-31.12. Krebs, **2002** 1.1.-1.8. Krebs, 2.8.-31.12. Löwe, **2003** 1.1.-26.8. Löwe, 27.8.-31.12. Jungfrau, **2004** 1.1.–25.9. Jungfrau, 26.9.–31.12. Waage, **2005** 1.1.–26.10. Waage, 27.10.–31.12. Skorpion, **2006** 1.1.–24.11. Skorpion, 25.11.–31.12. Schütze, **2007** 1.1.–18.12. Schütze, 19.12.–31.12. Steinbock **2008** Steinbock.

H Saturn

Saturn bietet die Chance, stark zu werden. Er „schmiedet" den Menschen, macht ihn hart, widerstandsfähig, ausdauernd. Wer immer etwas Großes erreicht in seinem Leben, der schafft es mit Hilfe Saturns und seinen Wechselbädern.
Dort, wo er im Horoskop steht, müssen wir lernen und in die Schule gehen, dort werden wir gestreckt und zusammen geschoben, kritisiert, trainiert – bis wir Perfektion erlangen.
Saturn ist der Herrscher der Tierkreisenergien Steinbock.

Für die Bestimmung Ihrer persönlichen Saturnposition suchen Sie bitte Ihren Geburtstag in der folgenden Tabelle und entnehmen Ihr Saturnzeichen.
Notieren Sie sich Ihre persönliche Saturnrposition.

Saturn-Tabelle

1920 Jungfrau, **1921** 1.1.–8.10. Jungfrau, 9.10.–31.12. Waage, **1922** Waage, **1923** 1.1.–20.12. Waage, 21.12.–31.12. Skorpion, **1924** 1.1.–6.4. Skorpion, 7.4.–14.9. Waage, 15.9.–31.12. Skorpion, **1925** Skorpion, **1926** 1.1.–2.12. Skorpion, 3.12.–31.12. Schütze, **1927–1928** Schütze, **1929** 1.1.–15.3. Schütze, 16.3.–5.5. Steinbock, 6.5.–30.11. Schütze, 2.–31.12. Steinbock, **1930–1931** Steinbock, **1932** 1.1.–23.2. Steinbock, 24.2.–13.8. Wassermann, 14.8.–19.11. Steinbock, 20.11.–31.12. Wassermann, **1933–1934** Wassermann, **1935** 1.1.–14.2. Wassermann, 15.2.–31.12. Fische, **1936** Fische, **1937** 1.1.–24.4. Fische, 25.4.–18.10. Widder, 19.10.–31.12. Fische, **1938** 1.1.–13.1. Fische, 14.1.–31.12. Widder, **1939** 1.1.–5.7. Widder, 6.7.–23.9. Stier, 24.9.–31.12. Widder, **1940** 1.1.–19.3. Widder, 20.3.–31.12. Stier, **1941** Stier, **1942** 1.1.–9.5. Stier, 10.5.–31.12. Zwillinge, **1943** Zwillinge, **1944** 1.1.–19.6. Zwillinge, 20.6.–31.12. Krebs, **1945** Krebs, **1946** 1.1.–2.8. Krebs, 3.8.–31.12. Löwe, **1947** Löwe, **1948** 1.1.–18.9. Löwe, 19.9.–31.12. Jungfrau, **1949** 1.1.–3.4. Jungfrau, 4.4.–29.5. Löwe, 30.5.–31.12. Jungfrau, **1950** 1.1.–20.11. Jungfrau, 21.11.–31.12. Waage, **1951** 1.1.–7.3. Waage, 8.3.–13.8. Jungfrau, 14.8.–31.12. Waage, **1952** Waage, **1953** 1.1.–22.10. Waage, 23.10.–31.12. Skorpion, **1954–1955** Skorpion, **1956** 1.1.–12.1. Skorpion, 13.1.–14.5. Schütze, 15.5.–9.10. Skorpion, 10.10.–31.12. Schütze, **1957–1958** Schütze, **1959** 1.1.–5.1. Schütze, 6.1.–31.12. Steinbock, **1960–1961** Steinbock, **1962** 1.1.–3.1. Steinbock, 4.1.–31.12. Wassermann, **1963** Wassermann, **1964** 1.1.–23.3. Wassermann, 24.3.–17.9. Fische, 18.9.–15.12. Wassermann, 16.12.–31.12. Fische, **1965–1966** Fische, **1967** 1.1.–3.3. Fische, 4.3.–31.12. Widder, **1968** Widder, **1969** 1.1.–29.4. Widder, 30.4.–31.12. Stier, **1970** Stier, **1971** 1.1.–18.6. Stier, 19.6.–31.12. Zwillinge, **1972** 1.1.–10.1. Zwillinge, 11.1.–21.2. Stier, 22.2.–31.12. Zwillinge, **1973** 1.1.–1.8. Zwillinge, 2.8.–31.12. Krebs, **1974** 1.1.–7.1. Krebs, 8.1.–18.4. Zwillinge, 19.4.–31.12. Krebs, **1975** 1.1.–16.9. Krebs, 17.9.–31.12. Löwe, **1976** 1.1.–14.1. Löwe , 15.1.–4.6. Krebs, 5.6.–31.12. Löwe, **1977** 1.1.–16.11. Löwe, 17.11.–31.12. Jungfrau, **1978** 1.1.–5.1. Jungfrau, 6.1.–25.7. Löwe, 26.7.–31.12. Jungfrau, **1979** Jungfrau, **1980** 1.1.–20.9. Jungfrau, 21.9.–31.12. Waage, **1981** Waage, **1982** 1.1.–28.11. Waage, 29.11.–31.12. Skorpion, **1983** 1.1.–6.5. Skorpion, 7.5.–24.8. Waage, 25.8.–31.12. Skorpion, **1984** Skorpion, **1985** 1.1.–16.11. Skorpion, 17.11.–31.12. Schütze, **1986–1987** Schütze, **1988** 1.1.–14.2. Schütze, 15.2.–31.12. Steinbock, **1989–1990** Steinbock, **1991** 1.1.–6.2. Steinbock, 7.2.–31.12. Wassermann, **1992–1993** Wassermann, **1994** 1.1.–28.1. Wassermann, 29.1.–31.12. Fische, **1995** Fische, **1996** 1.1.–6.4. Fische, 7.4.–31.12. Widder, **1997** Widder, **1998** 1.1.–8.6. Widder, 9.6.–24.10. Stier, 25.10.–31.12. Widder, **1999** 1.1.–28.2. Widder, 1.3.–31.12. Stier, **2000** 1.1.–9.8. Stier 10.8.–15.10. Zwillinge, 16.10.–31.12. Stier, **2001** 1.1.–20.4. Stier, 21.4.–31.12. Zwillinge, **2002** Zwillinge, **2003** 1.1.–3.6. Zwillinge, 4.6.–31.12. Krebs, **2004** Krebs, **2005** 1.1.–16.7. Krebs, 17.7.–31.12. Löwe, **2006** Löwe, **2007** 1.1.–2.9. Löwe, 3.9.–31.12. Jungfrau, **2008** Jungfrau.

I Uranus
Der Planet Uranus öffnet eine Türe in die Freiheit. Er steht uns bei, wenn wir uns aufmachen, unsere Einmaligkeit zu entdecken und zu entwickeln.
Uranisch sein, heißt Grenzen zu überschreiten, das Vorgefundene zu hinterfragen und aufzulösen. Uranus wurde 1781 entdeckt und als Regent der Wassermannenergie zugeordnet. Damit löste er den Planeten Saturn ab, der bis zu diesem Zeitpunkt dort beherrschte. Und das ist auch seine Bestimmung: Hinter die Grenze Saturns zu gelangen, Grenzen zu überschreiten. Wer seinen Uranus lebt, befreit sich von seiner Vergangenheit und sucht eine, seine, eigene Zukunft.

Für die Bestimmung Ihrer persönlichen Uranusposition suchen Sie bitte Ihren Geburtstag in der folgenden Tabelle und entnehmen Ihr Uranuszeichen.
Notieren Sie sich Ihre persönliche Uranusposition.

Uranus-Tabelle
1920 1.1.–22.1. Wassermann, 23.1.–31.12. Fische, **1921–1926** Fische, **1927** 1.1.–31.3. Fische, 1.4.–4.11. Widder, 5.11.–31.12. Fische, **1928** 1.1.– 13.1. Fische, 14.1.–31.12. Widder, **1929–1933** Widder, **1934** 1.1.–6.6. Widder, 7.6.–10.10. Stier, 11.10.–31.12. Widder, **1935** 1.1.–28.3. Widder, 29.3.–31.12. Stier, **1936–1940** Stier, **1941** 1.1.–7.8. Stier, 8.8.–5.10. Zwillinge, 6.10.–31.12. Stier, **1942** 1.1.–15.5. Stier, 16.5.–31.12. Zwillinge, **1943–1947** Zwillinge, **1948** 1.1.–30.8. Zwillinge, 31.8.–12.11.

Krebs, 13.11.–31.12. Zwillinge, **1949** 1.1.–10.6. Zwillinge, 11.6.–31.12. Krebs, **1950–1954** Krebs, **1955** 1.1.–24.8. Krebs, 25.8.–31.12. Löwe, **1956** 1.1.–28.1. Löwe, 29.1.–9.6. Krebs, 10.6.–31.12. Löwe, **1957–1960** Löwe, **1961** 1.1.–1.11. Löwe, 2.11.–31.12. Jungfrau, **1962** 1.1.–10.1. Jungfrau, 11.1.–9.8. Löwe, 10.8.–31.12. Jungfrau, **1963–1967** Jungfrau, **1968** 1.1.–28.9. Jungfrau, 29.9.–31.12. Waage, **1969** 1.1.–21.5. Waage, 22.5.–23.6. Jungfrau, 24.6.–31.12. Waage, **1970–1973** Waage, **1974** 1.1.–21.11. Waage, 22.11.–31.12. Skorpion, **1975** 1.1.–1.5. Skorpion, 2.5.–8.9. Waage, 9.9.–31.12. Skorpion, **1976–1980** Skorpion, **1981** 1.1.–16.2. Skorpion, 17.2.–21.3. Schütze, 22.3.–16.11. Skorpion, 17.11.–31.12. Schütze, **1982–1987** Schütze **1988** 1.1.–14.2. Schütze, 15.2.–27.5. Steinbock, 28.5.–2.12. Schütze, 3.12.–31.12. Steinbock, **1989–1994** Steinbock, **1995** 1.1.–1.4. Steinbock, 2.4.–9.6. Wassermann, 10.6.–31.12. Steinbock, **1996** 1.1.–12.1. Steinbock, 13.1.–31.12. Wassermann , **1997–2002** Wassermann, **2003** 1.1.–10.3. Wassermann, 11.3.–15.9. Fische, 16.9.–31.12. Wassermann, **2004–2008** Fische.

J Neptun

Neptun ist der geheimnisvollste Planet unter den Gestirnen. Er öffnet uns eine Tür in das Reich des Übersinnlichen. Er hat zu tun mit Träumen, Fantasie, mit Ahnungen, Intuition. Es ist Neptun, der uns zum Beispiel eine Gefahr ahnen lässt. Es ist dieser Planet, der sogenannte Dejavu-Erlebnisse ermöglicht. Gemeint sind damit Geschehnisse, bei denen man etwas erlebt, was man bereits erlebt zu haben glaubt. Es ist Neptun, der manche Menschen mit der Gabe der Vision, der Vorhersehung, beschenkt. Für Neptun existiert weder Raum noch Zeit. Das bedeutet, dass uns dieser Planet zu jeder Zeit mit jedem Ort in diesem Universum verbinden kann. Und genauso spielt für ihn Zeit keine Rolle. Wir können mit Hilfe von Neptun eine Zeitreise in die Vergangenheit genauso wie in die Zukunft unternehmen. Es ist, als wären wir vor den Augen Neptuns nicht einzelne Wesen, sondern alle über ein unsichtbares Netz miteinander verbunden. Als wären wir eine einzige große Einheit. Neptun ist der Herrscher der Fischeenergie.

Für die Bestimmung Ihrer persönlichen Neptunposition suchen Sie bitte Ihren Geburtstag in der folgenden Tabelle und entnehmen Ihr Neptunzeichen.
Notieren Sie sich Ihre persönliche Neptunposition.

Neptun-Tabelle

1920-1927 Löwe, **1928** 1.1.-21.9. Löwe, 22.9.-31.12. Jungfrau, **1929** 1.1.-18.2. Jungfrau, 19.2.-24.7. Löwe, 25.7.-31.12. Jungfrau, **1930-1941** Jungfrau, **1942** 1.1.-3.10. Jungfrau, 4.10.-31.12. Waage, **1943** 1.1.-17.4. Waage, 18.4.-2.8. Jungfrau, 3.8.-31.12. Waage, **1944-1954** Waage, **1955**, 1.1.-24.12. Waage, 25.12.-31.12. Skorpion, **1956** 1.1.-

12.3. Skorpion, 13.3.-19.10. Waage, 20.10.-31.12. Skorpion, **1957** 1.1.-16.6. Skorpion, 17.6.-5.8. Waage, 6.8.-31.12. Skorpion, **1958-1969** Skorpion, **1970** 1.1.-4.1. Skorpion, 5.1.-3.5. Schütze, 4.5.-6.11. Skorpion, 7.11.-31.12. Schütze, **1971-1983** Schütze, **1984** 1.1.-21.11. Schütze, 22.11.-31.12. Steinbock, **1985-1997** Steinbock, **1998** 1.1.-28.1. Steinbock, 29.1.-23.8. Wassermann, 24.8.-27.11. Steinbock, 28.11.-31.12. Wassermann, **1999-2008** Wassermann.

K Pluto
Pluto ist sehr klein und zieht seine Bahn weit entfernt von der Sonne. Er ist ein Winzling verglichen mit Saturn oder gar Jupiter. Aber er besitzt eine kolossale Wirkung. Er hat mit dem Tod zu tun. Er war bei den Griechen der Gott des Totenreiches Hades. Und er ist in der Astrologie der Planet, der uns mit dem Tod verbindet – aber auch mit der Überwindung, der Transformation des Todes. Pluto ist der Herrscher der Skorpionenergie.

Für die Bestimmung Ihrer persönlichen Plutoposition suchen Sie bitte Ihren Geburtstag in der folgenden Tabelle und entnehmen Ihr Plutozeichen.
Notieren Sie sich Ihre persönliche Plutoposition.

Pluto-Tabelle
1920-1936 Krebs, **1937** 1.1. -7.10. Krebs, 8.10-25.11. Löwe, 26.11.-31.12. Krebs, **1938** 1.1.-3.8. Krebs, 4.8.-31.12. Löwe, **1939** 1.1.-7.2. Löwe, 8.2.-14.6. Krebs, 15.6.-31.12. Löwe, **1940-1955** Löwe, **1956** 1.1.-20.10. Löwe, 21.10.-31.12. Jungfrau, **1957** 1.1.-15.1. Jungfrau, 16.1.-19.8. Löwe, 20.8.-31.12. Jungfrau, **1958** 1.1.-12.4. Jungfrau, 13.4.-10.6.58 Löwe, 11.6.-31.12. Jungfrau. **1959-1970** Jungfrau, **1971** 1.1.-5.10. Jungfrau, 6.10.-31.12. Waage, **1972** 1.1.-17.04. Waage, 18.4.-30.07. Jungfrau, 31.7.-31.12. Waage, **1973-1982** Waage, **1983** 1.1.-5.11. Waage, 6.11.-31.12. Skorpion, **1984** 1.1.-18.5. Skorpion, 19.5.-28.8. Waage, 29.8.-31.12. Skorpion, **1985-1994** Skorpion, **1995** 1.1.-17.1. Skorpion, 18.1.-21.4.95 Schütze, 22.4.-10.11. Skorpion 11.11.-31.12. Schütze, **1996-2003–2007** Schütze, **2008** 1.1.–25.1. Schütze, 26.1.–14.6. Steinbock, 15.6.–26.11. Schütze, 27.11.–31.12. Steinbock.